AMV

1. Auflage 1971
2. Auflage 1972
3. Auflage 1974
4. Auflage 1975
5. Auflage 1979
6. Auflage 1982
7. Auflage 1986

Dr. med. vet. Helmut Ende

in Zusammenarbeit mit
Dr. med. vet. Ewald Isenbügel

Mit Beiträgen von Prof. Dr. H. Wilkens, Hannover,
und Dr. D. Breuer, München

Die Stallapotheke

So hilft man kranken Pferden

Unter besonderer Berücksichtigung
der Stutenbedeckung und Fohlenaufzucht

Mit 36 Zeichnungen, 36 Photos
und 3 Farbtafeln

Siebente, auf den neuesten Stand gebrachte Auflage

Albert Müller Verlag
Rüschlikon-Zürich · Stuttgart · Wien

Im Buch namentlich genannte Medikamente, Geräte und Hilfsmittel haben sich in der Praxis des Autors bewährt. Selbstverständlich gibt es in vielen Fällen andere gleicherweise bewährte Mittel. Der gewissenhafte Pferdehalter wird die Verordnungen seines Tierarztes genau befolgen.

Es wird ausdrücklich darauf hingewiesen, daß die pharmazeutischen Spezialitäten für die Hersteller-Firmen markengeschützt sind.

 – ISBN 3 275 00441 7. – 39/44-86. – Printed in Switzerland 1986.

Inhalt

Einleitung

Immer wieder müssen wir feststellen, wie leichtfertig viele Pferdebesitzer mit der Gesundheit ihrer Tiere umgehen. Haltung und sportliche Nutzung eines Pferdes verpflichten den Betreuer, seinem Pflegling ein möglichst gesundes und der Psyche des Pferdes angemessenes Leben zu garantieren. Die Kenntnis des Pferdekörpers, des Baus und der Leistung seiner Organe und das Wissen um die natürlichen Abläufe eines Pferdelebens von der Geburt bis zum Tode sind dazu Voraussetzung. Sie sind auch die Grundlage einer fachkundigen Ersten Hilfe, die viel Unheil vermeiden ließe.

Oft fehlt dem Fachkundigen das Medikament und dem Besitzer einer herrlichen Stallapotheke die Fachkenntnis. Der aufmerksame Leser wird bald beides besitzen. Das vorliegende Buch ist auf Anregung vieler Pferdehalter entstanden. Immer wieder kommt es vor, daß der Tierarzt zu Bagatellfällen gerufen wird, die eigentlich keiner tierärztlichen Hilfe bedurft hätten. Ebenso oft allerdings ergreift der gutmeinende Tierhalter falsche Maßnahmen. Er fügt seinem Pferd dadurch erheblichen Schaden zu und verschlechtert die Ausgangsposition für eine erfolgreiche kundige Behandlung.

Die zahlenmäßig starke Entwicklung des Reitsportes beruht nicht nur auf der Zunahme der Sportreitpferde, sondern noch mehr darauf, daß das Reiten zu einer immer beliebteren Freizeitbewegung geworden ist. Nun kommen Leute mit dem Pferd in Kontakt, die ihre Kenntnisse nicht mehr aus den alten Quellen der bäuerlichen Züchter oder der Kavallerie erwerben konnten. Sie stehen vielmehr dem lebendigen Pferde-Organismus oft recht hilflos gegenüber. Wir hoffen, im folgenden dem Neuling im Pferdesport ebenso wie dem erfahrenen Züchter eine Handhabe zu geben, wie er selbst zur Gesundheit seines Pferdes beitragen kann. Es soll weniger der Verlauf der Pferdekrankheiten besprochen als vielmehr die Aufmerksamkeit des Tierhalters auf die ersten Krankheitszeichen gelenkt werden. Durch Lektüre und Beobachtung soll er den Blick für die Unterscheidung zwischen Unwichtigem und Wichtigem bekommen. Dann wird er sich in vielem selbst helfen können.

Bei Haltung und Gebrauch eines Reitpferdes spielt die *Vorbeuge* eine sehr wichtige Rolle. Viele Krankheiten lassen sich vermeiden, wenn bestimmte Haltungs- und Fütterungsvoraussetzungen erfüllt werden. Das ursprünglich als Steppentier lebende Pferd braucht sehr viel Bewegung, frische Luft und Heu mit Blüten und Blättern. Daher richtet man sein Pferd zugrunde, wenn man es weniger als eine Stunde täglich bewegt, die Luftzirkulation im niedrigen Stall durch ständig geschlossene Fenster einengt und ausgelaugtes Heu verfüttert. Die Domestikation macht gewisse Krankheitsvorbeugemaßnahmen erforderlich, die nur bei regelmäßiger Durchführung wirksam sein können. Man sollte sich diese tierärztlichen Maßnahmen in einem Schema festhalten: Es empfiehlt sich, den Gesundheitsplan (s. S. 168) vergrößert zu kopieren, mit den entsprechenden Eintragungen zu versehen und in einer Klarsichtfolie im Pferdestall jedem zugänglich aufzuhängen. Dann bietet er einen raschen Überblick über die bisher erfolgten Behandlungen und die zu unternehmenden Maßnahmen.

Das Buch sollte weder beim Urlaub zu Pferde noch in der Stallapotheke fehlen. Durch seine übersichtliche Gliederung und das Schlagwortregister dient es im Notfall zur Schnellinformation und schafft die Voraussetzungen für eine eigene Behandlung.

Einige Grundkenntnisse:

Krankheitsdisposition: Wie beim Menschen können wir auch beim Pferd von echten Berufskrankheiten sprechen. So leiden Springpferde im Hochleistungssport oft an einer Hufrollenentzündung, Jagdpferde an einer Zerrung des Unterstützungsbandes zu dem Mittelfußknochen und Rennpferde an einer Zerrung der oberflächlichen und tiefen Beugesehne. Dressurpferde erkranken durch die starke Beanspruchung der Nachhand beim Untersetzen in den Schulgängen häufig an den Sprunggelenken, und der Spat wird als Berufskrankheit der Traberpferde bezeichnet. Natürlich spielen für die Erkrankungsmöglichkeit neben dem Verwendungszweck auch die jeweilige Rasse und das Lebensalter des Pferdes eine Rolle. Wir kennen die Disposition des Islandpferdes zur Sommerräude sowie die tödlich verlaufende Überfettung des Blutes wegen falscher Ernährung und unnatürlicher Haltung beim Shetland-Pony. Darüber hinaus öffnet die Art der Haltung manchem Leiden Tür und Tor. In Tiefställen eingestellte Pferde sind der Strahlfäule vermehrt ausgesetzt, und kurzgeschorene Hallenturnierpferde erkälten sich bei dem geringsten Durchzug. Sie ziehen sich leicht die gefürchtete Infektion der oberen und unteren Luftwege zu. Das jahrelange Einatmen von Schimmelpartikeln aus dem Heu und Stroh in schlecht durchlüfteten Ställen führt zu einer Überempfindlichkeit des Atmungsapparates, die beim Hinzukommen eines leichten ansteckenden Hustens zu einer unheilbaren Dämpfigkeit werden kann.

Die Kenntnis dieser Voraussetzungen und Möglichkeiten bietet uns eine gute Handhabe zu den entsprechenden Vorbeugungs- und Verhütungsmaßnahmen sowie zur Ersten Hilfe.

Krankheiten der Gliedmaßen: Der Aufbau der Gliedmaßen und ihre Arbeitsweise spielen eine bedeutende Rolle, da diese besonders starken Belastungen ausgesetzt sind und sehr häufig erkranken. Bei den schnellen Gangarten verschiebt sich der Schwerpunkt des Pferdes aus der Rückenmitte in die Gegend des Widerristes nach vorn. Dadurch muß die Vorhand das Gewicht von Pferd und Reiter auffangen, während die Hinterhand nur eine vorwärtsschiebende Funktion besitzt.

Es ist also leicht verständlich, daß an der Vorhand Krankheitsprozesse *im unteren Gliedmaßenbereich,* die auf eine vermehrte Belastung der Vordergliedmaßen beim Auffangen des Körpers im Bewegungsablauf zurückzuführen sind, überwiegen, wie Hufrollenentzündungen und Sehnenzerrungen. Störungen in der Gliedmaßenstatik beim Anreiten junger Pferde führen zu Wucherungen an den Griffelbeinen (Überbeine).

An den Hintergliedmaßen erkranken im Gegensatz zu den Vordergliedmaßen am häufigsten die *oberen Gelenke,* die beim Vorwärtsschieben des Pferdekörpers infolge ihrer Hebelwirkung einer stärkeren Belastung ausgesetzt sind.

Akute und chronische Erkrankungen: Je nach der Dauer einer Erkrankung unterscheidet man zwischen einem akuten und einem

chronischen Leiden. Ersteres tritt in der Regel plötzlich und unvermittelt unter oft recht dramatischen Erscheinungsbildern auf und wird daher vom Pferdebesitzer sofort bemerkt. Hierzu gehören die unter schmerzhaften Kolik-Symptomen verlaufenden Erkrankungen des Magens und der Därme oder der an schmerzhafter Versteifung erkennbare Kreuzverschlag.
Wir sprechen von einer chronischen Krankheit, wenn diese sich langsam entwickelt und längere Zeit anhält. Vielfach wird geglaubt, eine chronische Krankheit sei eine unheilbare Krankheit. Das muß aber keinesfalls sein. Viele chronische Krankheiten werden dadurch geheilt, daß sie zunächst wieder in einen akuten Zustand gebracht werden. Das gilt z. B. für Sehnenschäden und Überbeine. Viele chronische Krankheiten haben nicht wieder gut zu machende Folgen. Durch die häufig unauffälligeren Symptome läßt sich z. B. der Wurmbefall nicht immer im Anfangsstadium erkennen. Erst beim Auftreten allgemeiner Symptome wie struppigem, glanzlosem Haarkleid, mangelndem Temperament, Abmagerung und schneller Ermüdung schöpft der Betreuer des Pferdes Verdacht.
Selbstverständlich sind alle Übergangsstadien zwischen einem akuten und chronischen Leiden möglich, wobei sehr häufig nach einem akuten Beginn die Krankheit in ein schleichendes chronisches Stadium übergeht. Dies ist z. B. der Fall, wenn einer akuten Grippeerkrankung mit Husten nicht die genügende Sorgfalt geschenkt wird und die Erkrankung über eine Bronchitis schließlich zum Lungendampf führt.

1. Kapitel

Wunden

Einer Wunde sieht man nicht ohne weiteres an, wie tief sie reicht und ob lebenswichtige Teile wie Gelenkhöhlen und Sehnenscheiden verletzt sind. Während oberflächliche Wunden, z. B. Hautabschürfungen, mit Mitteln der Stallapotheke behandelt werden können, muß bei tieferen Wunden auf jeden Fall ein Tierarzt hinzugezogen werden. Bis zum Eintreffen des Tierarztes ist außer der Blutstillung jegliches Auswaschen und Untersuchen der Wunden durch Sondieren zu unterlassen.

1. Frische Wunden

Oberflächliche Wunden:
Frische, oberflächliche Wunden am *Rumpf* versorgt man mit Jodtinktur, einem Antibiotikum-Puder oder Antibiotikum-Spray. Verletzungen an den *Gliedmaßen* führen nicht selten zu einem sogenannten «Einschuß» (eitrige Unterhautentzündung, die tierärztliche Behandlung notwendig macht). Solche Wunden müssen besonders sorgfältig betreut werden. Als erstes wird ein feuchter Watteverband angelegt, der mit einem milden Desinfektionsmittel (z. B. Rivanol, Entozon oder Kamillosan) getränkt wird. Auf den Medikamentenpackungen ist genau angegeben, wie man die geeignete Verdünnungslösung herstellt. Daher ist es wichtig, die Medikamente in der Stallapotheke in der sauberen Originalpackung aufzubewahren oder die Prospekte der in der Apotheke enthaltenen Medikamente in einem gesonderten Ringheft stets griffbereit unterzubringen. In den nächsten zwei Tagen wird der Verband dreimal täglich mit der gleichen Verdünnung angegossen. Am dritten Tag nimmt man ihn ab und hält die Wunde von nun an mittels Antibiotika-Puder trocken. Damit die Wundränder sich nicht vorwölben, wird die Wunde nach zwei Tagen unter einen trockenen Watteverband genommen. Es ist wichtig, daß der Verband alle zwei Tage entfernt und die Wunde einige Stunden

der frischen Luft ausgesetzt wird. Jede stickige Reifung unter einem ungepflegten Verband begünstigt das Ansiedeln von Bakterien und verschlechtert die Wundheilung.

Tiefe Wunden:
Die Behandlung tiefer Wunden bleibt dem Tierarzt vorbehalten. Nur er kann entscheiden, ob Sehnen-, Knochen- oder Gelenksverletzungen vorliegen oder Organe in Mitleidenschaft gezogen sind. Um die Gefahr einer starken Keimeinschleppung zu verhüten, ist es wichtig, die Wunde bis zum Eintreffen des Arztes durch einen sauberen Verband zu schützen. Der Tierarzt wird je nach Art der Wundverletzung eine Auffrischungsimpfung gegen Wundstarrkrampf vornehmen, um die vorhandene Grundimmunität gegen diese gefährliche Krankheit neu zu mobilisieren. Es gilt als Selbstverständlichkeit, daß die Pferde jährlich zur Vorsorge gegen Wundstarrkrampf (Tetanus) geimpft werden (s. Behandlungsplan S. 164). Tetanussporen finden sich im Pferdekot, an Weidezäunen, auf der Erde, kurz überall. Sie entwickeln sich am besten, wenn Sauerstoff keinen Zutritt hat. Daher sind tiefe Verletzungen, die wenig bluten, wie Nageltritte, besonders gefährdet.
Der Tierarzt spült in der Regel tiefe Wunden mit einem Desinfektionsmittel aus. Dazu hält man sauberes, lauwarmes Wasser in einem peinlich gereinigten Gefäß bereit. Gegebenenfalls werden tiefe Wundtaschen gespalten und Gegenöffnungen angelegt, damit das sich bildende Wundwasser abfließen kann.

Stark blutende Wunden:
Spritzt gleichmäßig pulsierend hellrotes Blut aus einer Wunde, so ist eine Schlagader (Arterie) getroffen, und es besteht bei Verletzung eines größeren Blutgefäßes Verblutungsgefahr. Durch Anlegen eines festen Druckverbandes – notfalls auch durch Abdrükken mit dem Finger – können kleinere arterielle Blutungen bis zum Eintreffen des Tierarztes in der Regel gestillt werden. Bei Verletzung größerer Arterien ist die Abbindung herzwärts mit einem Fahrradschlauch oder einem Taschentuch erforderlich. Bis zum Eintreffen des Arztes muß die Abbindung alle halbe Stunde gelockert werden, um ein Absterben der unterbundenen Gliedmaße zu verhindern.

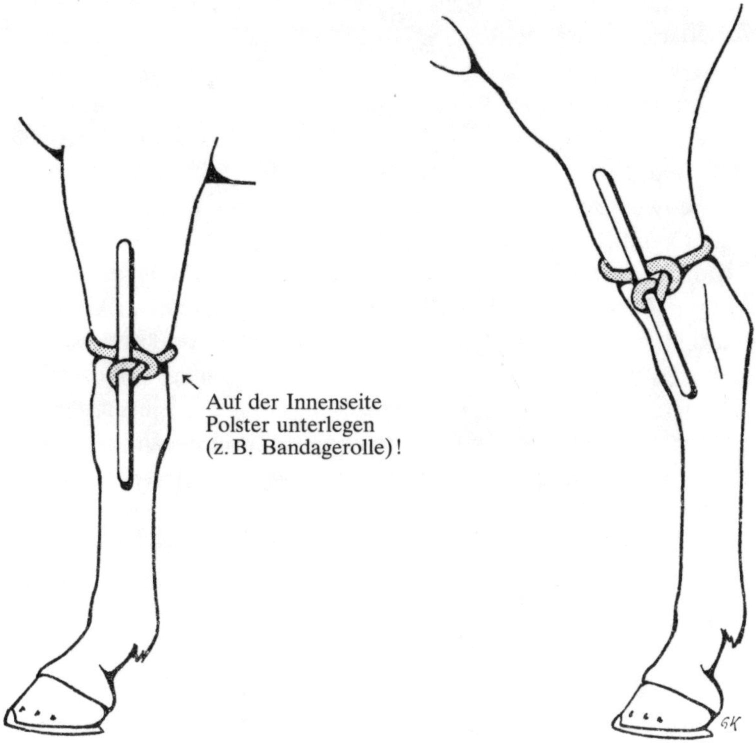

Bei Verletzung eines venösen Gefäßes – erkennbar durch die dunkelrote Farbe des Blutes – genügt meist ein fester Wattedruckverband (notfalls Wicklungen mit Toilettenpapier).
Sind auf einem Ausritt keine anderen Mittel zur Hand, kann bei stark blutenden Wunden auch Schnee, Eis oder kaltes Wasser verwendet werden, wodurch sich die Blutgefäße verengern. Großflächige Wunden, aus denen auf der ganzen Fläche Blut strömt, sind mit blutstillender Watte oder Gaze zu verbinden.
Blut hat auf einer festen Unterlage wie z. B. Stallboden durch seine schaumige Beschaffenheit die Tendenz, schnell eine große Fläche einzunehmen und bedrohlich auszusehen. In der Regel ist der Blutverlust geringer, als vom Laien angenommen wird. Es bleibt daher genügend Zeit, mit Ruhe und Besonnenheit die oben beschriebenen Maßnahmen zu ergreifen.

2. Alte Wunden

Bei einige Tage alten Verletzungen hat sich entweder eine harte Kruste, der sogenannte Wundschorf, gebildet, oder die Oberfläche sieht durch Bakterienbesiedelung eitrig schmutzig aus. Nur wer einige Erfahrung besitzt, sollte die weitere Behandlung dieser Wunden selbst vornehmen. Es wird ein feuchter Watteverband angelegt und mehrmals täglich mit einer Desinfektionslösung (Rivanol, Entozon, Kamillosan usw.) getränkt. Der Verband wird täglich gewechselt. Nach drei Tagen kann trocken weiterbehandelt werden. Häufig bildet sich auf der Wunde das sogenannte wilde Fleisch, ein unkontrolliertes Wachstum von Granulationsgewebe. Dieses verzögert die Heilung und muß durch Anwendung von Ätzmitteln (z.B. Silbernitrat-Stift oder -Puder) zurückgeätzt werden. Zwischen die offene, verbandlose Behandlung mit Ätzpulvern muß manchmal zum Aufweichen der Wundränder wieder ein stundenweise angebrachter kamillosangetränkter Verband angelegt werden. Bei der Behandlung großflächiger Wunden kann «Wundbad» täglich aufgetupft werden. Anschließend Verband anlegen! Täglich wird der Wundrand mit Lebertransalbe massiert. Diese zwischen Einsalben, Anfeuchten, Ätzen und Pudern wechselnde Behandlung erfordert Geschick und Erfahrung. Durch unsachgemäße Behandlung können große Narben zurückbleiben, die sich nie ganz schließen und zu Lahmheit führen können. Bei großflächigen Gliedmaßenwunden kann meist auf einen Verband nicht verzichtet werden, bis die Wundfläche endgültig mit neuem Gewebe abgedeckt ist. Die notwendige Behandlung erstreckt sich unter Umständen über Monate. Die langsam heilende Wunde erzeugt beim Pferd ein Reizgefühl und veranlaßt es, die Wunde mit den Zähnen zu bearbeiten. Daran ist es zu hindern durch Auftragen von stark riechenden Mitteln auf den Verband, durch Anlegen eines Maulkorbes, eines Halskragens oder einer Stangenverbindung zwischen Bauchgurt und Kopfstück.

Grundsätzlich müssen alle Verbände in mindestens dreitägigem Abstand erneuert werden, bei starker Sekretbildung täglich.

3. Einschuß

Als Folge einer Wunde stellt sich vielfach der sogenannte Einschuß oder die Phlegmone ein. Unter Einschuß versteht man eine eitrige Entzündung des Unterhautbindegewebes. Die auslösende Verletzung ist infolge ihrer Kleinheit oft nicht aufzufinden. Es genügen winzige Wunden, wie sie z. B. beim Springen oder beim Streifen der Pferde, beim Gegenstoßen eines Hufs an die gegenüberliegende innere Hufwand entstehen können. Das Pferd äußert beim Druck heftigen Schmerz. Das Bein ist angeschwollen, hart und wärmer als gewöhnlich. Auch Lahmheit und Fieber treten als Symptome auf. Bis zum Eintreffen des Tierarztes legt man kühlende Verbände an und gießt diese in stündlichen Abständen mit kaltem sauberem Wasser an. Auf Anordnung des Tierarztes wird gegebenenfalls die ständige Beinkühlung auch während der folgenden drei Tage durchgeführt. Nach tierärztlicher Allgemeinbehandlung und nach dem Abklingen der ersten Hitze am entzündeten Bein erzeugt man mit Prießnitz-Verband (s. S. 147) Wärme an der betreffenden Gliedmaße. Unter keinen Umständen darf der Prießnitz-Verband länger als zwei Tage am Bein belassen werden, weil sonst Haarausfall und Hautfäulnis die Folgen sind. Am darauffolgenden Tag verbindet man trocken. Danach wird je nach tierärztlichem Rat das Bein mit Ichthyolsalbe oder Jod-Kampfer-Salbe eingerieben oder ein Verband mit Kampfer-Spiritus angelegt. Diese Verbände müssen ebenfalls täglich gewechselt werden. Spätestens in Abständen von 3 Tagen wird die betreffende Gliedmaße gründlich mit lauwarmem Seifenwasser gereinigt und ein trockener Watteverband angelegt.
Erst nach Abklingen des Fiebers und bei Nachlassen des Schmerzes wird das Pferd dreimal täglich 15 Minuten im Schritt geführt. So läßt sich am ehesten das Zurückbleiben einer chronischen Verdickung der Gliedmaße verhüten.

4. Wundvorbeuge

Pferdeboxen und -stände sollen regelmäßig auf herausragende Nägel oder Holzsplitter untersucht werden. Auch Hindernisse

dürfen keine hervorstehenden scharfen Kanten oder Nägel haben. Leider sind die Stacheldrahtweiden auch heute noch, vor allem bei Jungpferden, eine Hauptquelle für Wundverletzungen und Ursache für Wundstarrkrampf. Sind Stacheldrahtweiden unvermeidlich, kann man den Draht durch eingeknotete Tuchstreifen besser sichtbar machen oder entlang des Zaunes drei Furchen pflügen und so eine optische Grenze vortäuschen, die häufig respektiert wird. Nützt dies jedoch nichts, so hilft nur das Vorspannen eines möglichst bunten Elektrozaunes, dessen Sichtbarkeit durch bunte Absperrbänder aus dem Straßenbau noch verstärkt wird. Der finanzielle Aufwand für solche im Winde flatternden grellfarbenen Plastikbänder lohnt sich immer.
Nach jedem Ritt kontrolliert ein gewissenhafter Reiter sein Pferd auf kleine Verletzungen, vor allem an den Gliedmaßen. Ein Antibiotikum-Spray sorgt für schnelle, komplikationslose Heilung oberflächlicher Wunden. Entdeckt der Reiter am Pferdebein viele kleine Verletzungen, dann legt er vorsorglich eine feuchte Rivanol-Bandage für die Dauer von zwei Tagen an. Bei längeren Ausritten ist es unbedingt notwendig, eine Mindestausrüstung als «Erste Hilfe» mitzunehmen: Antibiotikum-Spray, Watte und Bandagen für Roß und Reiter.

2. Kapitel

Hufkrankheiten

Da das Reiten auf befestigten Wegen den Pferdehuf ungleich mehr beansprucht als die freie Bewegung auf natürlichem Untergrund, muß der Huf mit erhöhter Sorgfalt gepflegt werden. Ohne Hufbeschlag würden die Hufe durch harte Wege oder Straßenpflaster schneller abgenutzt als sie nachwachsen. Durch Abnutzung des Tragrandes würden Sohle und Strahl dem Geländeuntergrund vermehrt ausgesetzt, und baldige Lahmheit wäre die Folge.

1. Hufmechanismus

Während der Fortbewegung fußen die Pferde, bedingt durch das Vorwärtsschwingen ihrer Gliedmaßen, zuerst mit dem hinteren Hufteil, den Trachten, auf, während der vordere Zehenteil durch eine gleichsam abrollende Bewegung erst später belastet wird. Beim Stützen und Stemmen dehnt sich der von Pferd- und Reitergewicht belastete Huf ein wenig aus, weil die Trachten etwas auseinanderweichen. Beim Abfußen und Vorwärtsschwingen kehrt der Huf wieder in seine normale Form zurück. Dadurch entsteht eine gleichsam saugpumpenähnliche Wirkung auf die Blutzirkulation, die für das Wachstum und die Ernährung aller lebenswichtigen Teile des Hufes sehr wichtig ist. Hufnägel im hinteren Trachtenbereich würden diese Ausdehnung des Hufes einschränken. Ein derart unsachgemäßer Beschlag und zu eng gerichtete Eisen sind häufige Lahmheitsursachen, besonders auf festem Boden.

In weichem Boden heben die Pferde ihre Hufe höher an und fußen gleichzeitig mit der gesamten Sohlenfläche oder den Zehenspitzen.

Da der Huf an der Stelle des kräftigsten Druckes am schnellsten wächst, wird der Zehenteil bei Pferden, die auf lockerem Grund gehalten werden, länger als bei Pferden, die auf hartem Untergrund laufen. Bei freilebenden Wildequiden, die seit langem in den gleichen Geländeformationen leben, hat sich ein natürliches Gleichgewicht zwischen Wachstum und Abrieb des Hufes eingestellt, welches keiner Korrektur bedarf. Schon bei einem in den Zoologischen Garten verbrachten Zebra ergeben sich Probleme mit dem übermäßigen Hornwachstum, da die Hufabnutzung wegen des eingeschränkten Lebensraums und des veränderten Bodenuntergrunds vermindert ist.

Ein zu lang gewachsener Huf wird durch die veränderte Winkelung der Gelenke und durch die veränderte Gliedmaßenachse Sehnenschäden hervorrufen; er prädisponiert zur Hufrollenentzündung.

Das Wachstum der Trachtenpartien am Huf kommt der starken Abnutzung beim gerittenen Pferd gewöhnlich nicht nach. Infolge des Auseinanderfederns der Trachten bei der Lastaufnahme unterliegen sie stärkerem Substanzverlust durch Abreibung als

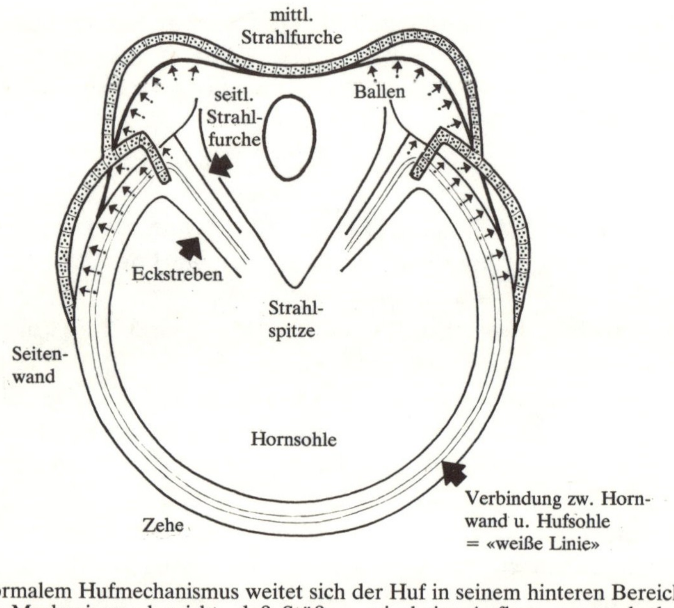

Bei normalem Hufmechanismus weitet sich der Huf in seinem hinteren Bereich. Dieser Mechanismus bewirkt, daß Stöße – wie beim Aufkommen nach dem Sprung etwa – um ein gewisses Maß entschärft werden, bevor die oberen Gliedmaßenbereiche das Gewicht übernehmen. Weicher Boden ist der Pflege des Hufmechanismus sehr förderlich, zu tiefer Boden hingegen überanstrengt wiederum Sehnen und Bänder.

die Zehenpartien. So verlängert sich der Huf binnen weniger Wochen an der Zehe, verkürzt sich an den Trachten und erscheint in der Seitenansicht spitz gewinkelt. Durch das Kürzerwerden der Trachten sinken die hinteren inneren Partien des Hufes herab, und die Beugesehnen und Hufrollen werden übermäßig beansprucht. Die Tendenz zu spitz gewinkelten Hufen und untergeschobenen Trachten wird bei vielen Reitpferden durch zu kurz und zu eng angepaßte Vorderhufeisen noch verstärkt.

2. Hufkorrektur, Beschlag

Aus dem vorher Gesagten ist leicht zu ersehen, daß der Hufbeschlag zur Verhinderung der übermäßigen Tragrandabnutzung unbedingt notwendig ist. Schon Xenophon beschreibt, daß griechische Militärpferde durch zu starke Hufabnutzung dienstuntauglich wurden und daß er Anweisung zur speziellen Haltung

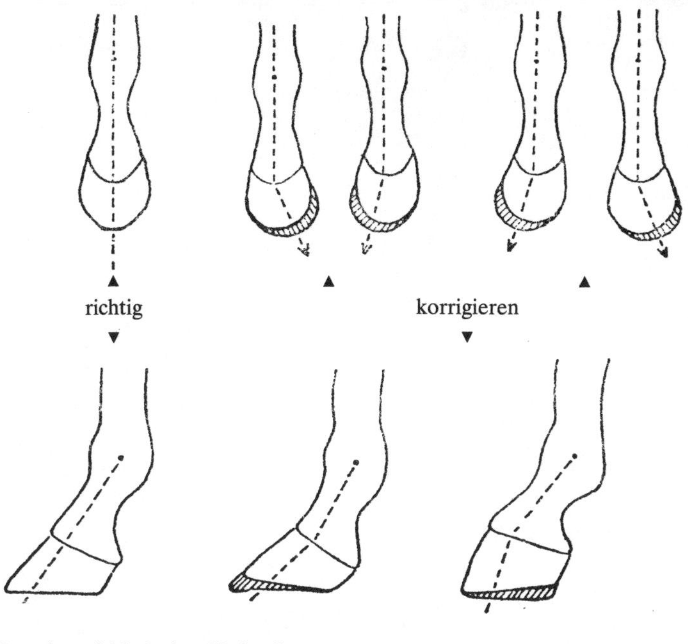

Korrektur fehlerhafter Hufstellungen.
Die gestrichelten Teile müssen weggeraspelt werden.

auf Kieselsteinböden gab, damit sich das Hufhorn regeneriere. Das durch den Beschlag vor Abnutzung geschützte Horn wächst unter dem Eisen natürlich weiter. Darum muß bei jedem neuen Beschlag durch den Hufschmied eine sogenannte Hufkorrektur vorgenommen werden. Eine Beschlagsperiode dauert bei einem Sportpferd ungefähr 4–6 Wochen.

Anzeichen für fälligen Hufbeschlag:
In der Seitenansicht stellen beschlagsbedürftige Pferde die Vorhand deutlich nach vorn. Die Achse Fesselbein-Hufvorderfläche erscheint geknickt, und der Huf sieht spitz gewinkelt aus. Bei

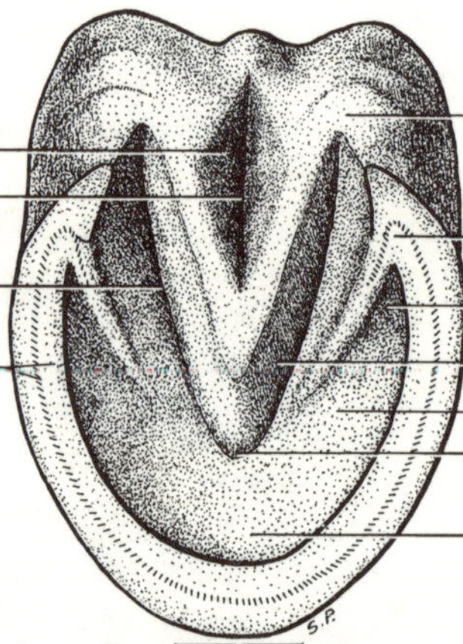

1 Hornstrahl: Nicht mehr kürzen, als es Fäulnisherde unbedingt erforderlich machen. *2 Mittlere Strahlfurche:* Häufigste Ansammlung von Fäulnisherden; nicht zu tief auskratzen, evtl. Kupfersulfat und Watte eindrücken! *3 Seitliche Strahlfurche:* Auf eingedrungene Steinchen achten! *4 Tragerand* mit weißer Linie (auf eingetretene Steinchen achten) und Hornwand. *5 Zehenspitze:* Nur an dieser Stelle sollte der Huf gekürzt werden, wenn 6 Wochen seit der letzten Hufkorrektur verstrichen sind. Der Ungeübte benutzt hierfür ausschließlich die Hufraspel! Der gesamte Tragerand muß gleichmäßig den Boden berühren. Daher ist Bearbeitung mit dem Messer nicht einfach. *6 Eckstrebe:* Sie ist für den Hufmechanismus unbedingt erforderlich, darf nicht gekürzt werden! *7 Sohlenwinkel:* Hier sammeln sich oft Steinchen an und verursachen eitrige Hufgeschwüre. Also: Gründlich sauberhalten! *8 Strahlschenkel:* Er darf nicht gekürzt werden, es sei denn, darin vorhandene jauchige Spalten machen es erforderlich. Der Strahl muß beim Auftreten den Boden berühren. *9 Sohlenschenkel:* Hier bilden sich oft doppelte Hornlagen, die Lahmheitsursachen sein können. *10 Strahlspitze. 11 Sohlenkörper:* Er sollte keine Unebenheiten haben und trichterförmig zur Hufmitte hin verlaufen.

lange vernachlässigtem Hufbeschlag zeigen die Pferde nicht selten Stolpern, und es treten Reaktionen an den überanstrengten Beugesehnen auf. Hier hilft keine Behandlung der Sehnen, sondern man muß das Grundübel beseitigen und den vernachlässigten Hufbeschlag vornehmen.

Tägliche Hufpflege:
Mindestens täglich befreit man die Hufunterseite (vgl. Zeichnung S. 22) mit einem Hufkratzer (am besten aus Holz) gründlich von Schmutz und eingetretenen Steinen. Dabei wird gleichzeitig der Sitz des Eisens und der Nägel kontrolliert. Die gereinigten mittleren und seitlichen Strahlfurchen werden auf die ersten Anzeichen von Hufkäule mit Auge und Nase überprüft. Bei mangelhafter Hufpflege können die unter das Eisen eingeklemmten kleinen Fremdkörper vor allem während des Reitens schmerzhaften Druck ausüben und zu Steingallen führen.
Bei beschlagenen Pferden, ganz gleich welcher Rasse, muß die Hufkontrolle regelmäßig durchgeführt werden. Dies gilt auch für robuste Pferde, deren Robustheit sich eben nicht auf die Unnötigkeit gewisser pflegerischer Maßnahmen bezieht. Auch bei einem Islandpferd muß vor und nach dem Ausritt der Huf gereinigt werden.

Zwangsmaßnahmen zum Aufheben der Hufe:
Das korrekte Aufnehmen der Hufe zeigen die Abbildungen 1a–d bei Seite 32.
Trotz Anlegung einer Nasenbremse entziehen sich manche Pferde jeglicher Behandlungsmaßnahme. Der Schmied kann die Hufe nicht richtig kürzen, und die Folge ist vielfach eine fehlerhafte Beinstellung. Die Zeichnungen auf S. 24 zeigen, wie man sich mit Stricken behelfen kann. Wesentlich besser ist es jedoch, die Fohlen durch frühzeitiges regelmäßiges Aufheben der Hufe auf die Korrektur- und Beschlagsmaßnahmen vorzubereiten. Werden Fohlen vom ersten Lebenstag an daran gewöhnt, sich anfassen, insbesondere aber die Beine aufheben zu lassen, wird für später vieles leichter. In der Jugend Gelerntes haftet ein Leben lang.
Jeder Pferdetierarzt weiß von zahlreichen Fällen zu berichten, bei denen Jungpferde mit ernsten Krankheiten nicht behandelt wer-

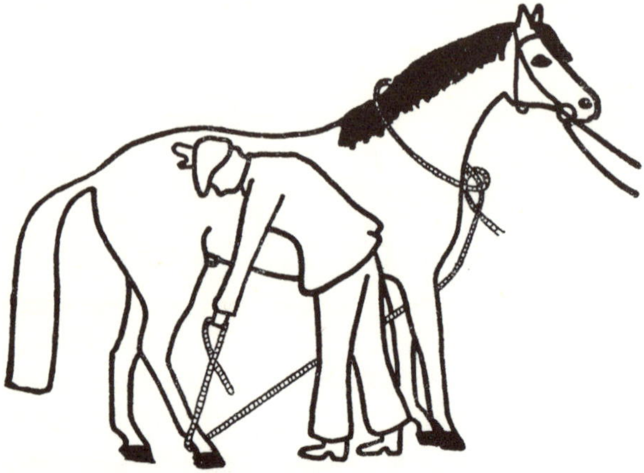

Aufnehmen der Hinterhand mittels Longe bei schlagenden Pferden. Vorsicht! Verletzungsgefahr in der Fesselbeuge!

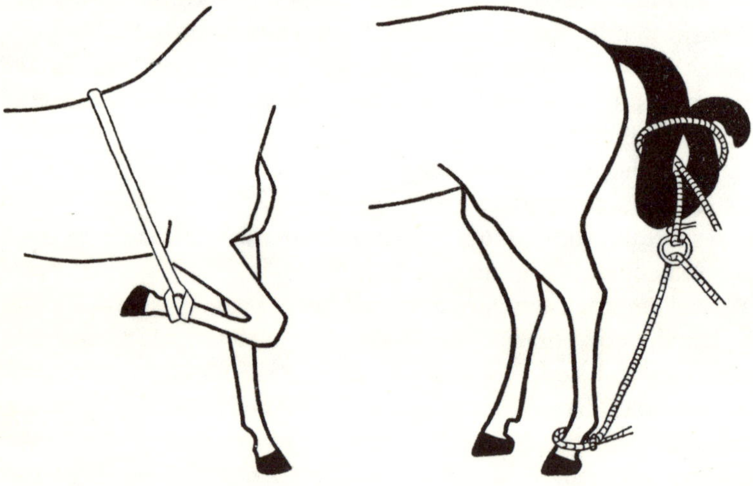

Das so gefesselte Pferd kann mit den Vorderhufen nicht mehr schlagen. Man kann als Fessel einen Riemen, eine Longe oder einen dicken Strick verwenden. (Der Strick wird über den Rücken des Pferdes gelegt und auf der anderen Seite von einer Hilfsperson gehalten).

Aufheben der Hinterhand zur Hufkorrektur bei schlagenden Pferden. Der Ring muß unterhalb der Schweifrübe fest im Schweif verknotet werden.

den konnten, weil sie noch nie Kontakt mit Menschen gehabt hatten. Schwere Gesundheitsschäden und leider auch manchmal der Tod waren die Folgen. Ganz abgesehen von diesen ernsten Folgen ist der gesamte spätere Umgang mit solchen Pferden schwieriger, z.B. beim Verladen, Anreiten, Verabreichen von Wurmmitteln und vielem anderen mehr.

3. Strahlfäule

Ein durch mangelhafte Pflege und beginnende Strahlfäule zerfressener Strahl berührt den Boden nicht mehr bei jedem Schritt. Damit entfällt ein wesentlicher Bestandteil des Hufmechanismus, weil der Strahl die Last des Pferdes nicht mehr federnd an die inneren Hufteile weitergeben kann. Trotz gegenteiliger Wünsche der Pferdebesitzer wird daher der korrekte Schmied die Sohlenfläche und die Strahlfurchen nie durch Beschneiden verändern, sondern nur aufgefaserte, lockere Hornbestandteile entfernen.
Nur bei bereits durch Fäulnisbakterien verändertem Strahl wird der Schmied oder der Tierarzt die Fäulnisherde mit dem Messer entfernen. In tiefe Fäulnisherde wird 1× täglich ein Wattebausch gedrückt, der mit Strahlätzmittel getränkt wurde (S. 160). Mehrmals in der Woche sollen die Hufe gründlich ausgewaschen werden. Oder man reitet durch feuchtes Gras; dies bewirkt nicht nur eine natürliche Hufwaschung, sondern ist gleichzeitig eine ausgezeichnete Pflege für die Sehnen. Hat die Hornwand, die ja nicht allein aus totem Gewebe besteht, sich mit Wasser vollgesogen, wird der Huf mit einwandfreiem Huffett, also nicht mit ranzigem Talg oder Wagenschmiere, eingefettet. Die Wachstumszone am Kronsaum ist zu meiden. Das Fett schützt den Huf vor schädlichem Austrocknen und erhält ihn elastisch.
Bei Robustpferden, die in Offenställen und ganzjährigem Weidegang frei gehalten werden, ist das Einfetten der Hufe zu unterlassen, da diese durch Tau und Regen genügend Feuchtigkeit aufnehmen können. Durch Einfetten würden jedoch die Hufe wasserabstoßend gemacht. Spröde und schlecht wachsende Hufe aller Rassen werden in der Kronsaumgegend täglich 10 Minuten kräftig mit Lorbeeröl (nicht mit gewöhnlichem Huffett) massiert.

Krankhaftes Hufhorn:
Mürbes Horn bewirkt das Ausbrechen am Tragrand. Feuchtigkeit ist zu meiden. Also kein Tiefstreustall, sondern trockene Einstreu! Einstreichen mit Terpentin bewirkt die Härtung des Hornes. Das Gegenteil hierzu stellen *harte, spröde Hufe* dar. Sie müssen feucht gehalten werden. Täglich sind die Hufe nach der Waschung zu trocknen und einzufetten. Solche Pferde gehören in den Tiefstreustall!

4. Fehlerhafte Hufformen

Gesunde Hufe und Gliedmaßen sind die erste Voraussetzung für die Verwendung als Reitpferd. Da Gliedmaßenerkrankungen nicht selten auf fehlerhaften Hufformen beruhen, muß dem korrekten Huf besondere Bedeutung geschenkt werden. Die Kontrolle der Hufform hat daher schon beim Füllen zu beginnen und setzt sich über die gesamte Gebrauchsperiode fort.
Die Zehenwand des Vorderhufes bildet mit dem Boden einen Winkel von 45 bis 50°, die Winkelung der Hinterhufe ist etwas steiler. Wir sprechen von einem Flachhuf, wenn der Winkel weniger als 45° mißt. Diese Abweichung vom normalen Idealhuf ist nicht so bedenklich wie der steile Huf mit einem größeren Winkel als 50°. Diese Pferde wirken auf den Laien häufig sehr gefällig, neigen jedoch zu Beinleiden.
Häufig begegnet man dem Zwanghuf, dessen hintere Hufbereiche eingerollt und verengt sind. Der Strahl erscheint sehr schmal. Leider wird die Zwanghufbildung durch zu eng gerichtete Eisenschenkel nicht selten künstlich erzeugt.
Bei einer korrekten Huf- und Gliedmaßenstellung werden alle Gelenke der Gliedmaßen gleichmäßig belastet. Durch früh einsetzende und regelmäßige gekonnte Korrektur am Huf können geringfügige Abweichungen ausgeglichen und das Wachstum der Gliedmaßen zur korrekten Stellung beeinflußt werden. Ein ausgewachsenes Pferd hat sich an die ungleichmäßige Gelenksbelastung infolge ungünstiger Huf- und Gliedmaßenstellung gewöhnt. Es würde bei einer zu starken Korrektur mit Lahmheit reagieren. Deshalb: Stellungsfehler bei ausgewachsenen Pferden sind nur durch jahrelange Hufkorrekturen zu beeinflussen!

Dies gilt besonders für die zahlenmäßig immer stärker zunehmenden Robustpferde, z. B. die Islandpferde. Unsere Schmiede sind bestrebt, das Idealbild und Zuchtziel der korrekten Gliedmaßen und des geraden Ganges zu erreichen, und versuchen, die vielfachen Stellungsabweichungen bei Robustpferden zu korrigieren. Beim Islandpferd hängt eine von der Norm abweichende Huf- und Gliedmaßenstellung nicht selten mit den der Rasse eigenen Gangarten zusammen und sollte beim Beschlag nur nach genauer Überlegung korrigiert werden.

5. Stellung der Gliedmaßen

Grobe Stellungsfehler sind vielfach der indirekte Grund für das Entstehen von Krankheitsprozessen an den Gliedmaßen. Die Beurteilung einer Gliedmaßenstellung hat stets von der Seite und bei den Vordergliedmaßen von vorn, bei den Hintergliedmaßen von hinten zu erfolgen.

Bei der Vordergliedmaße, von vorn gesehen, trifft eine von der Mitte des Schultergelenks gefällte Senkrechte die Mitte des Vorderhufes und halbiert alle Gelenke. Bei der Hintergliedmaße, von hinten gesehen, halbiert ein vom Sitzbeinhöcker gefälltes Lot das Sprunggelenk und die darunterliegenden Gelenke.

Zwangsläufig werden bei allen von der Norm abweichenden Gliedmaßenformen die Gelenkflächen ungleichmäßig und überflüssig kraftraubend belastet, wenngleich nicht alle Abweichungen von der Norm die Leistung hemmen und zur Krankheit disponieren müssen. Das beweisen sehr viele Hochleistungssportpferde. Stellungsfehler wie boden- und zehenweite Stellung vorn, bodenenge und zehenweite Stellung hinten, Beschlagsbedürftigkeit und falsch beschnittene Wände führen beim Streichen und Bügeln der Pferde zu Verletzungen von Krone, Fessel und Schienbein der belasteten Gliedmaße durch die vorführende Gliedmaße. Dort entstehen Wunden und Auftreibungen, die zu Überbeinen werden können. Führen auch Spezialeisen, die an der streifenden Stelle gerade, enger und ohne Nagelung sein müssen, nicht zum Ziel, und ist eine Hufkorrektur wegen der Veränderung der aufeinander abgestimmten Gelenkflächen nicht ratsam, helfen nur noch Streichkappen und Bandagen.

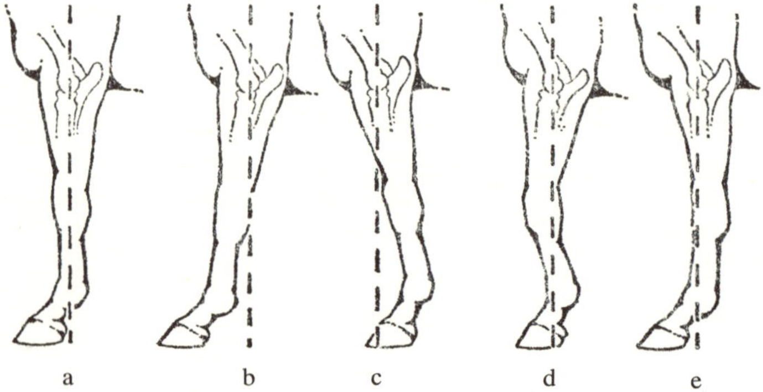

Seitliche Beurteilung der Vordergliedmaße

a: Normal. Eine Senkrechte von der Mitte des Ellenbogengelenks nach abwärts teilt Unterarm, Fußwurzel und Röhrbein in der Mitte und trifft genau hinter dem Ballen auf den Boden.
b: Vorständig (entsteht bei steiler Schulter und Fesselung zur Verbesserung des Gleichgewichts).
c: Rückständig (als Ausgleich bei zu langen und zu weichen Fesseln).
d: Vorbiegig («hängendes Knie», «Soldatenknie». Auch angeboren, meist Folge vieler Arbeit. Bei normaler Fesselung ungeschmälerter Gebrauchswert und genügend Gangsicherheit. Bei steiler Fessel verliert das Vorderfußwurzelgelenk seinen Halt, und das Pferd stolpert leicht. Zittert dieses Gelenk nach jeder Anstrengung, so spricht man von «lockeren Vorderbeinen». Abnützungserscheinung oder bei jungen Pferden konstitutionelle Schwäche. Fehlerhaft).
e: Rückbiegig (der schlimmere Fehler! Oft angeboren; noch nachteiliger bei langer Fessel. Übergroße Beanspruchung des Vorderfußwurzelgelenkes).

Greifen:

Hört man beim Reiten, wenn die Hinterhufe auf dem Untergrund oder an den Ballen der Vorderhufe anschlagen, Schritt für Schritt ein klapperndes Geräusch, ist das ein Anzeichen dafür, daß ebenfalls sogenannte Greif- oder Einhauverletzungen entstehen. Längst fälliger Hufbeschlag, zu lange und zu schwere Eisen, besonders bei jungen, übermüdeten oder lahmgehenden Pferden sind hierfür die Ursachen. Es ist nun Aufgabe des Schmiedes, solche Pferde mit Greifhufeisen zu beschlagen. Beim Vordereisen verkürzt er dazu die hinteren Eisenschenkel und schrägt sie nach vorn ab. Die Hintereisen werden mit zwei seitlichen Aufzügen versehen, etwas zurückversetzt, an der Zehenpartie abgeschliffen und mit einer sogenannten Abdachung ausgestattet. In leichteren Fällen finden Greifkappen und Gummiglocken Anwendung.

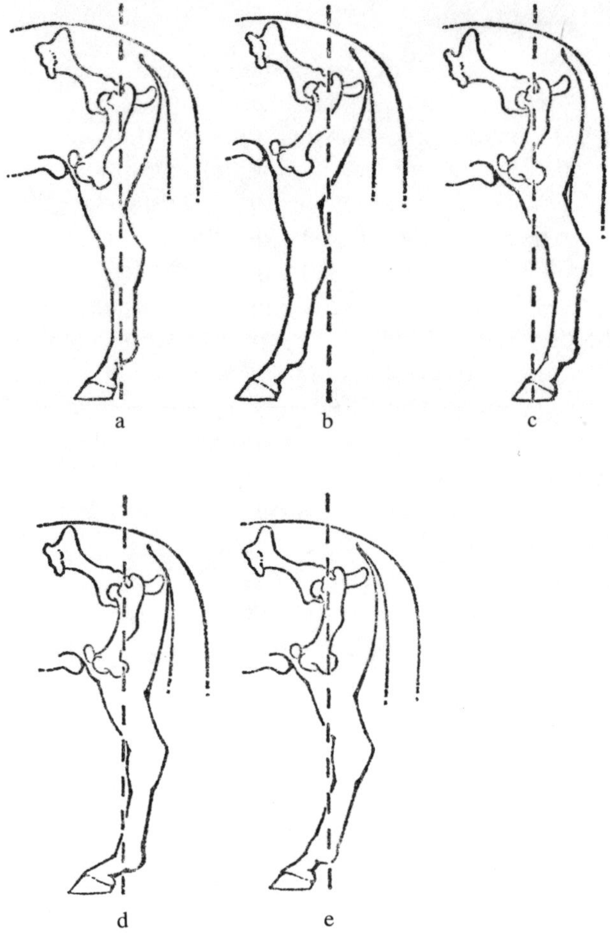

Seitliche Beurteilung der Hintergliedmaße

a: Normal. Eine Senkrechte unmittelbar hinter dem Huf nach aufwärts berührt das Hüftgelenk. Das Fersenbein liegt annähernd unter dem Sitzbeinhöcker.
b: Vorständig.
c: Rückständig.
d Bärentatzig.
e: Säbelbeinig.

Aus: Alfred Knopfhart, *Beurteilung und Auswahl von Reitpferden* (Verlag Paul Parey, Berlin und Hamburg 1963), S. 44, 55/56.

6. Fremdkörper im Huf

Eingetretene Nägel dringen in der Regel schräg von vorn ein. Sie werden in Richtung der Zehe aus dem Huf herausgezogen. Das Horn wird in der Umgebung der Einstichstelle verdünnt und die gesamte Sohlenfläche sorgfältig mit Wasser und einem Desinfektionsmittel ausgewaschen. Ist jedoch nur die Einstichstelle sichtbar, dann muß so tief nachgeschnitten werden, bis der Fremdkörper erfaßt werden kann. Anschließend wird jodiert.
An starkem, plötzlich auftretendem Lahmen ist der Nageltritt (oft sind auch Scherben die Ursache!) sofort feststellbar. Bei allen tieferen Verletzungen, die Hufvereiterung nach sich ziehen können, ist der Tierarzt zu benachrichtigen. Er wird die Antibiotikainjektionen und die Wundstarrkrampfimpfung vornehmen sowie einen richtigen Verband, z. B. einen Prießnitz-Schwitzverband, anlegen. Bis zum Eintreffen des Tierarztes kann mit einfachen Mitteln zum Schutz der Verletzungsstelle ein Splintverband angelegt werden. Auch bei Bagatellverletzungen im Bereich des Hufes ist das Pferd in den nächsten zwei bis drei Tagen sorgfältig zu beobachten, da tiefergehende Verletzungen dem Laien oft verborgen bleiben.

7. Vernagelung

Wegen schlechter Hornbeschaffenheit oder Abwehrreaktion des Pferdes, aber auch wegen mangelhaft angepaßter Eisen oder schlecht durchgeführten Beschlags kann es zu einer Vernagelung kommen, indem die Nägel nicht genau in der weißen Linie innerhalb der unempfindlichen Röhrchenschicht des Hufes nach oben außen geführt werden. Wird der Nagel direkt in das Lebendige eingeschlagen, zeigt das Pferd momentane Reaktion, der Nagel kann entfernt werden, und es genügt in der Regel eine gute Desinfektion mit Jodtinktur. Sitzt der eingeschlagene Nagel jedoch nur zu nahe an der druckempfindlichen Blättchenschicht, handelt es sich um einen Nageldruck, dessen Auswirkung oft erst nach einer Woche bemerkbar wird. Häufig gehen dann die Pferde erst einige Tage nach dem Beschlag lahm. Man stellt verstärkte Pulsation am Fesselkopf fest und findet mit der Hufuntersuchungszange an einem bestimmten Nagel eine Schmerzreaktion. Dieser Nagel wird entfernt und als Erste Hilfe ein Verband mit gekochtem, warmem Leinsamen angelegt (Tetanusimpfung!).

8. Hufrollenentzündung, Strahlbeinlahmheit

Als Hufrolle bezeichnet man folgende Funktionseinheit des Hufes: die tiefe Beugesehne, welche den mit einem Schleimbeutel abgepolsterten, rollenartigen Knochen (Strahlbein) überbrückt. Die Hufrollenentzündung oder Strahlbeinlahmheit wird in Reiterkreisen zumeist fälschlich Hufrolle genannt. Sie stellt eine schleichende, durch andauernde Überbelastung der Vorhand verursachte Erkrankung dar. Es handelt sich um eine der Berufskrankheiten unserer Sportpferde, die besonders verursacht wird bei Überbelastung der Vordergliedmaßen beim Landen im Springsport, bei unvernünftigem Gebrauch auf dem Pflaster sowie bei zu frühem und zu häufigem Einsatz von talentierten, sich anbietenden Leistungspferden.
Um das Verständnis des Lesers für die entsprechenden Maßnahmen zu gewinnen, sei kurz erklärt, wie es zu einer Hufrollenentzündung kommt. Die tiefe Beugesehne fasert an der Stelle ihrer stärksten Biegung über dem Strahlbein nach und nach aus. Ihre Oberfläche wird rauh, und der Knorpelüberzug des Strahlbeines nutzt sich ab. Knochen und Knorpel entzünden sich. Es treten Schmerzen auf, und das Pferd beginnt zu lahmen. Die dadurch entstehende erhöhte Durchblutung führt zu einer Anschwellung, die Druck auf die umliegenden Teile ausübt, was wiederum zusätzliche Schmerzen auslöst. Bei einer schon bestehenden, deutlich sichtbaren Lahmheit ist kaum noch mit einer Heilung zu rechnen. Es ist also wichtig, bereits vorher eine anfangende Strahlbeinlahmheit zu erkennen. Dies ist bei einer einseitig beginnenden Strahlbeinlahmheit leichter, als wenn das Pferd bei beidseitig vorn veränderten Strahlbeinen nur einen gleichmäßig klammen Gang zeigt. Der Verdacht verstärkt sich, wenn die Pferde bei der Arbeitsaufnahme sehr vorsichtig aus dem Stall heraustreten, bei engen Wendungen auf der Vorhand Schwierigkeiten und Schmerzen zeigen und die Vordergliedmaßen durch Heben oder Vorstellen zu entlasten versuchen.

Eine vom Pferdehalter noch auszuführende Untersuchung ist die *Brettprobe* (s. Abb. 5 bei S. 48). Ein ca. 2 Meter langes, 15 Zentimeter breites Brett, das sich nicht durchbiegt, wird in Längsrichtung vor den zu untersuchenden Vorderhuf des Pferdes geschoben. Der Huf wird auf das Brettende aufgesetzt und die andere Vordergliedmaße von einem Helfer hochgehalten. Hebt man nun das Brett langsam an, so verändert sich die Winkelung der Gelenke, die Hufrolle und die tiefe Beugesehne werden vermehrt beansprucht. Liegen Veränderungen in diesem Bereich vor, zwingt der steigende Schmerz das Pferd sehr bald, vom Brett abzuspringen. Als Gegenprobe wiederholt man die Untersuchung am anderen Vorderhuf. Seitliche Belastungen können durch seitliches Anheben der Hufe mit der gleichen Methode vorgenommen werden.
Bei der *Keilprobe* wird der zu untersuchende Huf auf einen Holzkeil gestellt, so daß die vorderen Hufteile höher stehen als die hinteren. Nun wird der andere Fuß zwei Minuten lang aufgehoben, so daß das Gewicht der ganzen Vorhand auf einem Huf ruht. Beim anschließenden Trab an der Hand zeigt das Pferd mit beginnendem Schaden Lahmheit.
Die *Hammermethode* ermöglicht eine weitere Diagnosestellung ohne besondere Hilfsmittel. Am aufgehobenen Huf schlägt man viermal mit einem Hammer kräftig auf die Mitte des Strahlkörpers. Anschließende Lahmheit im Trab verstärkt den Krankheitsverdacht. Eine genaue Diagnose ist jedoch nur mittels Röntgenuntersuchung und Unempfindlichmachen bestimmter Gliedmaßenabschnitte mit einer Injektion durch den Tierarzt möglich.

Vorbeuge:

Die besten Vorbeugemaßnahmen gegen Hufrollenentzündung sind neben einer gesunden nährstoff-, kalk- und vitaminreichen

Abb. 1a. Zum Aufheben der Vorhand wird das Vorderfußwurzelgelenk mit der einen Hand eingeknickt. Die andere Hand hebt den Fuß auf.
Abb. 1b. Richtiges Aufhalten der Vorhand.
Abb. 1c. Beim Aufheben der Hintergliedmaße stützt man sich mit der einen Hand am Hüfthöcker des Pferdes und zieht zunächst mit der anderen Hand das Hinterbein nach vorn. Erst wenn das Pferd hierbei nicht schlägt, kann die Hand vom Hüfthöcker auf die Innenseite des Beins herabgleiten.
Abb. 1d. Richtiges Aufhalten der Hinterhand.

a ▲ ▼ Abb. 1c Abb. 1b ▲ ▼ Abb. 1

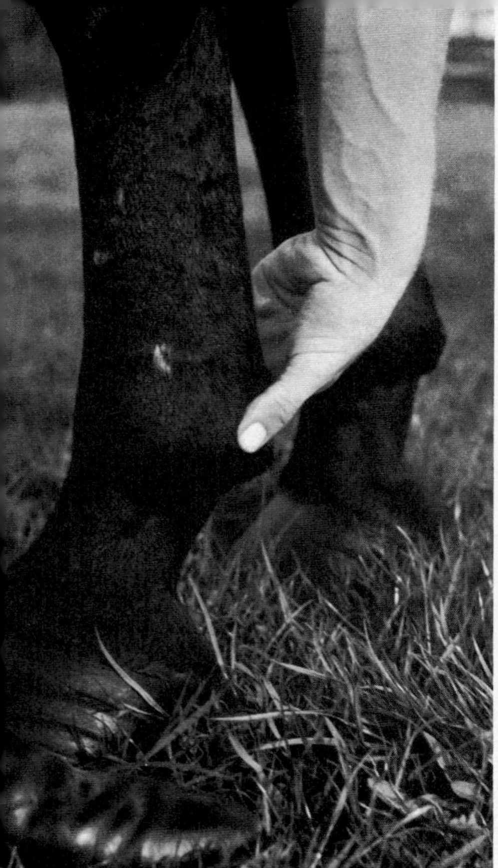

Abb. 2

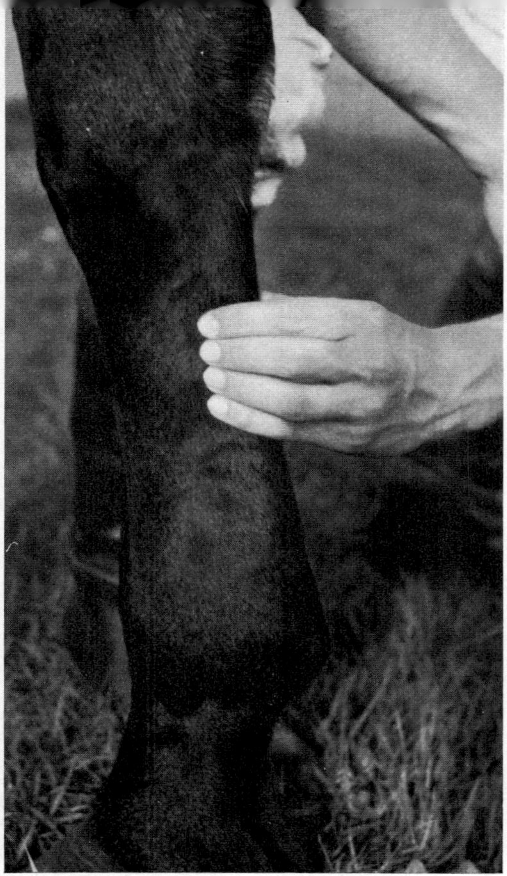

Abb. 3

Abb. 4

Durch Anheben der hinteren Hufteile wird die Hufrolle entlastet. Also stets darauf achten, daß die Hufzehe nicht zu lang wird. Wer den Schmied zu selten an sein Pferd läßt, riskiert die Hufrolle!

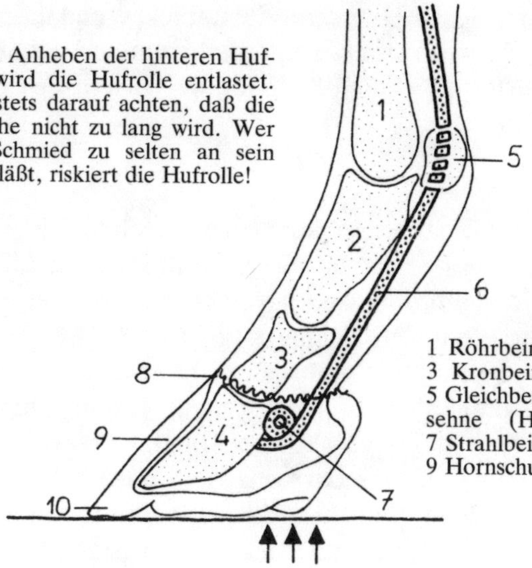

1 Röhrbein – 2 Fesselbein – 3 Kronbein – 4 Hufbein – 5 Gleichbein – 6 tiefe Beugesehne (Hufbeinbeuger) – 7 Strahlbein – 8 Kronsaum – 9 Hornschuh – 10 Hufzehe

Aufzucht die Geduld des Reiters, jungen Pferden genügend Zeit zur Reife zu lassen, ohne ihnen in unvernünftig kurzer Zeit Leistungen abzuverlangen, die ihren Ausbildungsstand und ihre Konstitution überfordern. Beim Leichttraben ist häufig der Fuß zu wechseln. Das Pferd ist auf möglichst *großen* Zirkeln zu longieren, Vorhandwendungen sind zu vermeiden. Tiefer Sandboden führt ebenso zur Überbeanspruchung wie harter Untergrund. Spitz zulaufende Hufe oder rückständige Beinstellung, kurze Trachten und zu lange Zehen fordern die Krankheit heraus. Bei derartigen Hufen sollten die hinteren Hufteile breitflächig mittels Hufkissenbeschlag zum Tragen herangezogen und etwas angehoben werden. Letzteres kann durch verdickte Hufeisenschenkel oder durch schmale, auf das Eisen aufgeschweißte *Keile* geschehen. Das oft geübte Anbringen von *Stollen* an den Hufeisen strahlbeingeschädigter Pferde ist zwecklos, da die Stollen sich in

Abb. 2. Prüfung der Pulsation am Fesselkopf. An dieser Stelle ist eine starke Pulswelle fühlbar, wenn unterhalb des Fesselkopfes eine schmerzhafte Entzündung vorliegt.
Abb. 3. Prüfung der Pulsation am Röhrbein des Vorderfußes (innen).
Abb. 4. Die drei wichtigsten und fühlbaren Beugesehnen mit Unterstützungsband sind an den Stellen des Beins gekennzeichnet, an denen sie fühlbar sind.

Einstreu und im weichen Untergrund eindrücken und das Pferd genauso flach steht wie vorher. Außerdem hemmen die Stollen das unbedingt erforderliche stoßmindernde Gleiten des Hufes auf dem Untergrund.

Behandlung:
Strahlbeinlahmheiten sprechen im frühen Stadium leider sehr schlecht auf die Therapie an. Im fortgeschrittenen Fall hilft nur noch die operative Entfernung eines Nervenstückes in der Fesselbeuge, die dem Pferd den Schmerz an der Hufrolle nimmt. Dadurch wird die Krankheit natürlich nicht geheilt. Außerdem wiederholt sich die Lahmheit nicht selten nach ein bis zwei Jahren, da sich wieder eine nervliche Verbindung bildet. In den letzten Jahren wurde eine mehrmonatige Cumarin-Kur angewandt, die vielfach Erfolg brachte. Wichtig bleibt trotzdem: der vernünftige Gebrauch des Reitpferdes, das langsame Beginnen der Lektionen, Ausritte im Schritt und die Entlastung der Vordergliedmaßen durch vermehrtes Heranreiten der Hinterhand und das überlegte Springen. Die Reiter sollten sich der Tatsache bewußt sein, daß das Pferd als ursprünglich flüchtiger Steppenbewohner Hindernisse umgeht und nicht springt und daß es eigentlich nicht als Reittier für den Menschen «konstruiert» wurde, wenngleich das ursprüngliche Pferd durch bewußte Zuchtwahl in dieser Richtung verändert worden ist.
Bei engen Hufen bringen zwei senkrechte oder waagrechte Rillen im Trachtenbereich Erleichterung. Erstere beginnen beim Kronsaum, reichen bis auf die schmerzempfindlichen Teile in die Tiefe und führen zum Tragrand hin.
Größere Erfolge beim Weiten der Hufe werden allerdings durch einen geschickt ausgeführten Hufkissenbeschlag oder einen wergunterpolsterten Ledersohlenbeschlag erreicht.

9. Vermeintliche Schulterlahmheit

Nicht selten vermutet der Pferdebesitzer, wenn er eine Lahmheit feststellt, daß die Ursache in der Schulter zu suchen sei, und bittet den Tierarzt telephonisch um die Angabe eines Mittels zum Ein-

reiben. Tatsächlich jedoch ist die Schulterlahmheit sehr selten, und die Ursache der meisten vermeintlichen Schulterlahmheiten liegt im Huf.
Es ist oft schwierig, die erkrankte Gliedmaße auf den ersten Blick zu erkennen. Im Trabe ist die Lahmheitsdiagnose am ehesten möglich. In dieser Gangart wird die erkrankte Gliedmaße kurz und vorsichtig aufgesetzt und die Last des Körpers schnell auf das andere Bein übertragen. Es sieht daher so aus, als ob das Pferd auf die gesunde Gliedmaße fallen würde. Sobald die gesunde Gliedmaße den Boden berührt, senkt das Pferd bei der Lastübernahme den Kopf. Hat man die erkrankte Gliedmaße herausgefunden, wird man diese durch Abtasten auf etwaige Veränderungen näher untersuchen und dabei das andere Bein stets als Vergleich heranziehen. Temperaturunterschiede zwischen gesunden und erkrankten Gliedmaßen sowie zum Entzündungsgebiet führende prallgefüllte Blutgefäße, die im Rhythmus des Herzschlages pulsieren, sprechen für schmerzhafte Huferkrankungen.
Verhältnismäßig leicht läßt sich der Puls am Fesselkopf fühlen, da bei einer Erkrankung unterhalb des Fesselkopfes dieses Gebiet kräftiger durchblutet ist (s. Abb. 2 und 3 bei S. 33).
Dazu ergreift man den Fesselkopf von hinten zwischen Daumen und Zeigefinger und läßt die breiteste Stelle des Fesselgelenkes unter sanftem Druck von vorn nach hinten unter den Fingern vorbeigleiten. Dabei ist ungefähr alle zwei Sekunden eine Pulswelle spürbar.

10. Hufgeschwür

Bei verstärkter Pulsation vermuten wir als eine der häufigsten Entzündungsursachen und Lahmheitsgründe ein Hufgeschwür, eine Eiteransammlung im Hufinnern. Das Hufgeschwür wird je nach Lage des Eiterherdes unter der Hornwand, der Sohle oder dem Strahl bezeichnet. Hufgeschwüre entstehen durch Infektion nach Nageltritten, Nagelstichen oder Vernagelungen sowie bei tiefgehenden Verletzungen des Krongebietes oder Ballentritten. Der sich ausdehnende Eiter übt Druck auf die empfindlichen Innenteile wie die Huflederhaut aus und läßt das Pferd meist

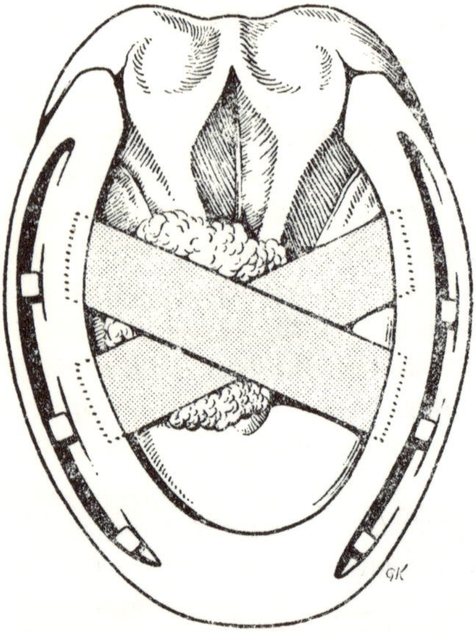

hochgradig lahm gehen. Mit der Hufuntersuchungszange (s. Abb. 6 bei S. 48) wird der Sitz des Hufgeschwüres ausfindig gemacht. Beim Druck auf eine bestimmte Stelle des Hufes zeigt das Pferd eine mehr oder weniger erhebliche Schmerzreaktion. Der Tierarzt entscheidet, ob das Hufgeschwür schon für einen chirurgischen Eingriff reif ist. Er öffnet die Hornschicht über der schmerzempfindlichsten Stelle und verschafft dem Eiter Abfluß. Eventuell wird er durch Anlegen eines luftdichten Schwitzverbandes mit Rivanollösung den Reifungsprozeß beschleunigen. Ein derartiger Schwitzverband wird zumeist drei Tage am Pferd belassen. Je nach Sachlage wird der Tierarzt ein Antibiotikum und Wundstarrkrampfserum injizieren.

Vorbeuge:
Die Sohlenflächen des Hufes sowie die Strahlfurchen sind vor und nach jedem Ausritt sorgfältig mit einem Hufreiniger zu säubern, der Huf selbst ist auf eingetretene Fremdkörper oder verfärbte Hornstellen zu untersuchen. Die tägliche Hufreinigung, unabhängig vom Reiten, gehört zur normalen Pferdepflege. Steinchen, die bei unbeschlagenen Hufen in die weichen Hufrandbezirke nahe der weißen Linie eingetreten sind, deuten auf Beschlagsbedürftigkeit hin.

Auch bei ganzjährig in Offenstallhaltung und Weidegang lebenden Robustpferden ist die Hufreinigung und -kontrolle unbedingt notwendig. Die Robustheit dieser Pferderassen erstreckt sich keineswegs auf die Überflüssigkeit der pflegerischen Fürsorge.

Behandlung:
Wird der Eiterherd eines Hufgeschwüres nicht vollständig freigelegt, kann es nach einigen Wochen zur erneuten Bildung eines Geschwüres kommen. Der Schwitzverband muß vorschriftsgemäß so lange am Huf belassen werden, wie es der Tierarzt verordnet. Erst wenn dieser Verband mindestens einen Tag lang abgenommen worden ist, hat der neue Huf genügend Zeit zur Austrocknung gehabt, und der neue Beschlag kann vorgenommen werden.
Befindet sich die Hufgeschwüröffnung an einer vom Eisen nicht bedeckten Stelle, kann der Schmied die Öffnung mit festgestopfter Gaze und mit einem Deckeleisen oder zwei gekreuzten Metallsplinten, die unter das Eisen geschoben werden, verschließen, so daß das Pferd wieder geritten werden kann (s. Zeichnung S. 36).

11. Pflasterlahmheit, Pflasterrehe

Bemerkt man Pulsation an den Sehnenarterien mehrerer Gliedmaßen, so muß man an eine nicht eitrige Huflederhautentzündung denken, die nach längeren Ritten als Pflasterlahmheit zu beobachten ist. Hufverbände, die mit Burowscher Mischung oder klarem Wasser stündlich befeuchtet werden, lindern die Schmerzen und ermöglichen ein Weiterreiten am anderen Tag.

12. Hufrehe

Eine nicht so leicht zu behebende Lahmheitsursache der Vorderhufe ist die sogenannte Hufrehe. Sie ist außerordentlich schmerzhaft für das Pferd, da die geschwollene, entzündete Huflederhaut in der festen Hornkapsel des Hufes keine Ausdehnungsmöglichkeit besitzt. Als Ursache kommen in Frage: Diätfehler – wie Eiweißüberfütterung durch zuviel Hafer –, zuviel junges Grün im Frühjahr oder auch Vergiftungen durch Nachgeburtsreste, die nach der Geburt zu lange in der Gebärmutter liegengeblieben sind. Eine Rehe kann auch bei Überbelastung der Hufléderhaut durch Überanstrengung oder lange Transporte hervorgerufen werden.

Behandlung:
Die tierärztliche Hilfe soll möglichst schnell in Anspruch genommen werden. Bis sie einsetzt, verschaffen kühlende Verbände, die fleißig mit kaltem Wasser begossen werden müssen, den Hufen Linderung. Von Vorteil wäre es, wenn die Tiere mit den Vordergliedmaßen in fließendes Wasser oder in Schlamm gestellt würden. Eine chronische oder schlecht behandelte Rehe kann zu einer Veränderung des Hufes und zur Ausbildung des sogenannten Rehehufes führen. Reheanfälligen Pferden gönne man nach jedem Ritt ein ausgiebiges Hufbad, am besten in einem fließenden Gewässer.

Ähnlich wie bei Hufrehe geht ein Pferd, bei dem anläßlich der Hufberundungen viel Horn entfernt wurde. Die Hufe sind dann ebenfalls warm. An den betroffenen Stellen fallen rötliche Bezirke (besonders am Tragrand) auf. Auch hier sollte man für Kühlung der Hufe sorgen. Nach wenigen Tagen können die Pferde wieder auf weichem Boden gearbeitet werden.

13. Vorbeugung gegen Hufkrankheiten

Beim Ackerpferd früherer Zeiten wurden auf weichem Boden die Hufe bei jedem Schritt durchmassiert und geweitet. Zwanghufe bildeten sich zurück, und der Hufrollenentzündung wurde vorgebeugt. Als hervorragende Maßnahme zur Stoßdämpfung und Förderung eines gesunden Hufwachstums hat sich das Hufpolster (Hufkissen) bewährt. Eine schnellhärtende Gummimasse kann von jedem Schmied zwischen Hufeisen und Huf angebracht werden. Um der Fäulnisbildung am Huf entgegenzuwirken, kann die Hufsohle nach gründlicher Reinigung vor der Anbringung mit Formalinlösung oder Kupfervitriol bestrichen werden.

3. Kapitel

Sehnenschäden

Die Gliedmaßensehnen haben die Aufgabe, die im oberen Gliedmaßenbereich erzeugte Muskelkraft nach der Art eines Stahlseiles in ihren Wirkungsbereich zu übertragen, der in Hufnähe liegt. An der Rückseite des Mittelfußknochens (Röhrbein) sind drei Sehnen deutlich spürbar, die beim stehenden Pferd tatsächlich den Eindruck gespannter Stahlseile machen (s. Abb. 4 bei S. 33). Beim aufgehobenen Huf lassen sich die nunmehr entspannten Sehnen unter der Haut hin und her schieben und als weiche Stränge abtasten. Die Beugesehnen können einige Stunden nach einer Überanstrengung anschwellen, ohne direkte Lahmheit zu verursachen. Wird diese Schwellung rechtzeitig erkannt, so ist der Sehnenschaden meist heilbar. Wird ein Pferd trotzdem weiter beansprucht, kommt es zu Veränderungen, die eine langwierige Behandlung nötig machen, wenn nicht das Pferd überhaupt irreparabel geschädigt ist. Daher kontrolliert ein gewissenhafter Reiter die Sehnen seines Pferdes nach jedem anstrengenden Ritt und einige Stunden später auf vermehrte Wärme, Schwellung oder Schmerzhaftigkeit. Liegt Verdacht auf eine Überanstrengung vor, hebt man das betreffende Bein auf und versucht, die entspannten Sehnen durch sanften Druck voneinander zu trennen. Liegt eine Schädigung vor, ist die Schmerzreaktion nicht zu übersehen.

Die häufigsten Sehnenschäden entstehen durch eine Beanspruchung über die Elastizitätsgrenze hinaus, wobei einzelne Fäserchen innerhalb einer Sehne zerreißen. Mittels stärkerer Durchblutung dieser geschädigten Zonen versucht der Organismus, den Schaden zu beheben. Die Sehnen verdicken und erwärmen sich. Während das Pferd im Anfangsstadium nur auf Druck Schmerz äußert, lahmt es im fortgeschrittenen Stadium deutlich sichtbar. Es werden in der Hauptsache drei Arten von Sehnenschäden unterschieden:

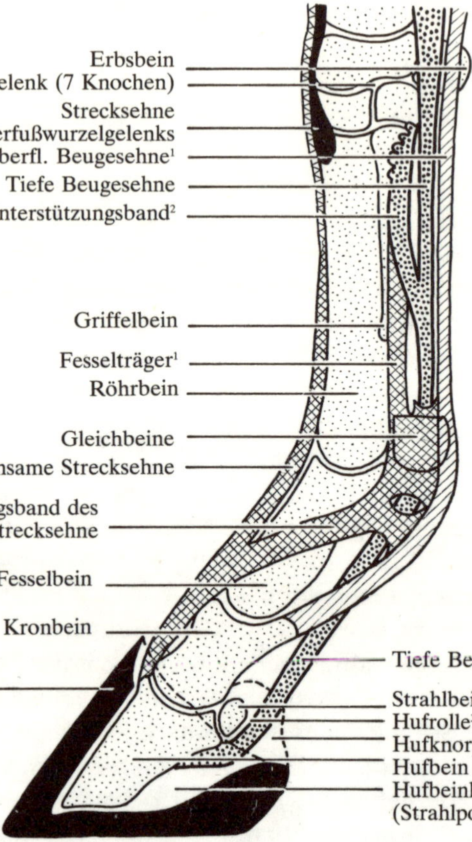

[1] Häufigster Sehnenschaden beim Galopprennpferd.
[2] Häufigster Schaden beim Jagdpferd.
[3] Häufigster Schaden beim Springpferd.

Schematische Darstellung der Halteeinrichtung einer Vordergliedmaße.

Die Überdehnung:
Die Sehnenüberdehnung bildet sich langsam über Stunden oder gar Tage. Sie ist meist heilbar. Temperaturanstieg und Schwellung sind erst einige Stunden nach der Überdehnung feststellbar.

Sehnenzerrung:
Die Sehnenzerrung entsteht schnell. Das Pferd lahmt unverzüg-

lich, während äußerlich kaum eine Veränderung an den Sehnen sichtbar ist. Auch hier besteht noch Heilungsaussicht.

Sehnenzerreißung:
Auch die Zerreißung der Beugesehnen geschieht schnell. Die Umrisse des Beines verändern sich dabei deutlich sichtbar. Beim Niederbruch, der schlimmsten Form einer Sehnenzerreißung, berührt das Fesselgelenk fast den Boden. Hier besteht wenig Aussicht auf Heilung. Alle Übergänge zwischen Zerreißung und Dehnung sind möglich. Wie bei den meisten anderen Erkrankungen ist es außerordentlich wichtig, sich möglichst früh über den beginnenden Schaden klarzuwerden. Nur dann haben richtig angewandte Therapiemaßnahmen begründete Aussicht auf Heilungserfolg.

Behandlung von Sehnenschäden:
Jede Bewegung ist schädlich. Das Pferd braucht absolute Stallruhe. Um den Stallmut einzudämmen und dadurch hervorgerufene unkontrollierte Bewegungen auf ein Mindestmaß zu beschränken, ist die Kraftfuttermenge unter Umständen bis zur Hälfte der Normalration zu reduzieren. Bei der Behandlung muß grundsätzlich zwischen einem frischen und einem alten Sehnenschaden unterschieden werden. Frische Sehnenschäden und Gelenkkapselüberdehnungen werden mit einem Verband versehen und mit Burowscher Mischung oder Rivanollösung angegossen, wonach das Bein mit abschwellenden und kühlenden Salben (Lasonil, Hirudoid) eingerieben wird. Alte Sehnenschäden behandelt man mittels wärmender Einreibungen und massiert sie mit kampfer- oder jodhaltigen Salben.
Spätestens beim Auftreten von Lahmheiten überlasse man die Behandlung jedoch einem Fachmann. Er wählt das geeignete Einreibemittel aus, wird gegebenenfalls eine Injektionsbehandlung vornehmen und orthopädischen Spezialbeschlag verordnen. Sehnenschäden benötigen eine außerordentlich lange Erholungszeit, die sich über Monate bis zu einem Jahr ausdehnen kann.

Vorbeuge:
Die Entstehung eines Sehnenschadens macht man sich am besten

an folgendem Beispiel klar: Beim Abschleppen eines Autos muß das Zugfahrzeug langsam anfahren, damit nicht durch plötzlichen Ruck das Abschleppseil zerreißt. Die Sehne eines Pferdebeins wird durch Muskeln in einer ständigen Spannung gehalten. Wenn nun während der Arbeit die Muskeln ermüden, können sie die Sehne nicht mehr gleichmäßig stramm halten. Bei jedem Galoppsprung wird die Sehne ruckartig angezogen. An Stelle der gleichmäßig schonenden Anspannung der Sehne wird sie ruckartig überstrapaziert. So können bei jedem Galoppsprung einige Sehnenfasern zerreißen.

Gut trainierte Pferde ermüden weniger schnell und ziehen sich deshalb auch weniger leicht einen Sehnenschaden zu. Nicht umsonst galoppieren erfahrene Vielseitigkeitsreiter ihr Pferd täglich viele Kilometer im leichten Sitz auf gerader Bahn. Noch besser ist es, das Pferd schwimmend zu trainieren, denn hierbei erreicht man eine Kräftigung des Muskelapparates, ohne die Sehnen stark zu beanspruchen.

Daraus folgt, daß es nicht allein damit getan ist, für Kühlung und Massage der Sehnen zu sorgen; vielmehr müssen die Muskeln des

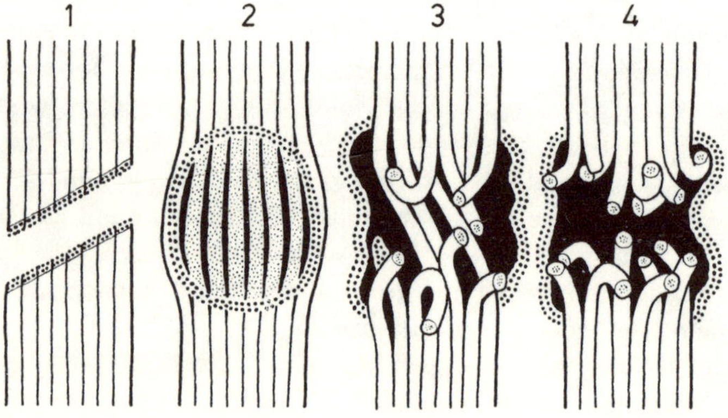

1. Scharfer Schnitt, kommt nur an ganz oberflächlichen Sehnen vor. Folge: Funktion vollständig unmöglich. Niederbruch.
2. Hochschmerzhafter Bluterguß innerhalb der Sehne, durch Angaloppieren entstanden. Heilbar!
3. Teilzerreißung, fast immer Vorwarnung Tage zuvor durch Schmerzhaftigkeit. Heilung zweifelhaft.
4. Vollständige Zerreißung, Heilung unmöglich!

Pferdes so trainiert werden, daß sie während einer geforderten Höchstleistung nicht allzu stark ermüden.

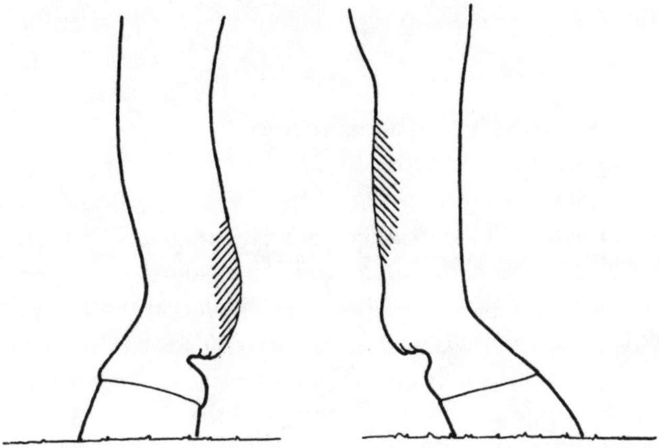

Ist ein Sehnenschaden derartig stark ausgeprägt und nicht mehr warm und schmerzhaft, gilt er als unheilbar und wird nach jeder Anstrengung wieder zur Lahmheit führen.

4. Kapitel

Knochenschäden

1. Überbeine, Knochenauftreibungen

Die häufigsten Knochenauftreibungen finden sich am Mittelfußknochen der Vorhand. Sie entstehen nach Reizung der Knochenhaut durch Anschlagen der Hufe an den Innenseiten des gegenüberliegenden Beines, seltener durch Anschlagen an Hindernissen, etwa beim Springen. Je nach Lage der Knochenauftreibungen an der Gliedmaße reicht die Beeinträchtigung vom reinen Schönheitsfehler bis zur schweren Lahmheitsursache.

Wir unterscheiden je nach Lage drei Arten von Überbeinen: 1. das seitliche Überbein zwischen Griffelbein und Röhre, 2. das hintere Überbein am hinteren Rande des Griffelbeines und 3. das tiefe Überbein an der Rückseite der Röhre und der Ansatzstelle des Fesselträgers. Während das seitliche Überbein seltener Anlaß zu Lahmheiten gibt, ist das hintere Überbein wegen der Gefahr, den Fesselträger einzuengen, häufig die Ursache chronischer Lahmheit. Tiefe Überbeine finden wir nicht selten bei jungen Pferden, deren Sehnenansatzstellen an der Röhre Belastungen zu früh ausgesetzt worden sind. Sie führen gemeinsam mit Überbelastungen der Wirbelsäule und Bauchmuskulatur zur Remonte-Lahmheit (s. auch S. 56).

Entstehung der Überbeine:
Abgesehen von äußeren Einwirkungen wie Gegenschlagen können Überbeine Folgeerscheinungen des ersten Korrekturbeschlages sein. Während der gesamten Wachstumsperiode erfahren die dem Mittelfußknochen seitlich anliegenden Griffelbeine einen gleichmäßigen Druck durch die Knochen des Vorderfußwurzelgelenkes. Dieser Druck ist je nach der Stellung der Vordergliedmaßen des Pferdes ungleichmäßig verteilt. Nun versucht der Schmied, durch Stellungskorrektur und Aufschlagen eines orthopädischen Hufeisens die Position der Gliedmaßen zu beein-

flussen. Erfolgt dieser Eingriff nicht in kleinen aufeinanderfolgenden Schritten, z. B. innerhalb eines Jahres, werden die statischen Verhältnisse der Gliedmaßen so plötzlich verändert, daß sich die Verklebung zwischen Mittelfußknochen und Griffelbeinen lösen kann, wobei sich die umgebende Knochenhaut entzündet und Wucherungen bildet. Diese Wucherungen sind zunächst weich und schmerzhaft. Sie verhärten sich nach einigen Wochen, wenn Griffelbein und Mittelfußknochen wieder fest miteinander verwachsen sind. Je nach der beschriebenen Lage der Knochenwucherungen treten die Lahmheitserscheinungen auf.

Schale und Leist:
Ähnliche Ursachen haben die knöchernen Auftreibungen in der Gegend des Fessel-, Kron- oder Hufbeines. Eine einseitige Knochenveränderung wird als Leist, eine beidseitige Knochenveränderung als Schale und eine zirkulär verlaufende Knochenveränderung als Ringbein bezeichnet. Sie entstehen durch übermäßige Beanspruchung an den Ansatzstellen von Sehnen und Bändern. Die zunächst entstehenden entzündlichen Veränderungen führen später zu einem chronischen Entzündungsprozeß mit ständiger Knochenneubildung. Diese Neuanlagerung von Knochenmaterial kann den Verlauf von Sehnen und Bändern stark beeinträchtigen, die freie Beweglichkeit der Gelenke behindern und zu schweren Lahmheiten führen. Stellungsfehler, starke Beschläge sowie falsches Beschneiden mit zu hohen Trachten wirken begünstigend.

Behandlung:
Begegnet man einer Knochenauftreibung noch im schmerzhaften Stadium, läßt sie sich recht erfolgversprechend beeinflussen. Einreiben mit Lasonil- oder Benadryl-Lotion wirkt entzündungshemmend; die geöffneten Blutgefäße transportieren Ablagerungssubstanzen fort. Der konsultierte Tierarzt wird durch verschiedene Cortison-Präparate ebenfalls günstig einwirken können. Auch Kühlung mit Wasserberieselung oder Einstellen in fließende Gewässer können in sehr frühen Entzündungsstadien noch heilend wirken.
Bei fortgeschrittener Entzündung ist eine wärmende Einreibung

angezeigt (Jodsalbe, Kampfersalbe). Auch ein feuchter Schwitzverband (s. S. 147) kann Wunder wirken. Bei alten chronischen Überbeinen kann nur der Tierarzt noch versuchen, durch scharfe Einreibungen oder Punktfeuer einen neuen Entzündungsherd zu setzen, bei dessen Abheilung die alten Veränderungen ebenfalls etwas abklingen.

2. Spat

Besonders bei älteren Pferden und bei stark beanspruchten Dressurpferden entsteht durch die Verknöcherung mehrerer Gelenkspalten auf der Innenseite des Sprunggelenkes eine Knochenauflagerung, die als Spat bezeichnet wird. Diese Verknöcherungsprozesse sind für das Pferd äußerst schmerzhaft und zeigen sich in einer Lahmheit besonders während der ersten Schritte nach der Stallruhe. Bei Traberpferden tritt diese Veränderung ebenfalls auf. Sie wird dort als eine richtige Berufskrankheit bezeichnet. Die beim Antreten gezeigte Lahmheit kann nach wenigen Schritten abklingen.

Spatprobe:
Bei Verdacht auf Spat wird die zu untersuchende Hintergliedmaße durch Hochheben zwei Minuten lang extrem gebeugt. Bei vorhandenen Spatveränderungen zeigt das Pferd anschließend im Trab eine zunächst hochgradige, dann eine schnell wieder abnehmende Lahmheit.

Behandlung:
Die Behandlung zielt darauf ab, den Verknöcherungsprozeß zu beschleunigen, um die schon physiologischerweise sehr wenig beweglichen Knochen des Sprunggelenkes miteinander verschmelzen zu lassen und die Entzündung zum Stillstand zu bringen. Dadurch wird der Spat selber zwar nicht geheilt, aber die die Lahmheit auslösende Schmerzursache beseitigt. Verschiedene Maßnahmen bieten sich an: 1. scharfes Einreiben mit rotem Blister (Salbe); 2. Brennen; 3. operativer Eingriff; 4. Einreibungen mit kühlenden entzündungshemmenden Mitteln (Cortexilar DMSO

mit Zusätzen) bei beginnendem Spat. In jedem Fall ist unbedingt orthopädischer Hufbeschlag anzuraten.

3. Knochenbrüche

Die meisten Frakturen ereignen sich an den Vordergliedmaßen. Diese haben in erster Linie eine Stützfunktion und sind bei unebenem Boden und großen Geschwindigkeiten einer erheblichen Dreh- und Knick-Beanspruchung ausgesetzt. Besonders bei Spring- und Rennpferden besteht beim Abfangen des Körpergewichtes eine extrem hohe Belastung.
In vielen Fällen entsteht vor einem definitiven Knochenbruch mit Verschiebung der Bruchstücke ein Knochenriß. Die Pferde mit Röhrbeinrissen werden plötzlich auffallend langsamer und zeigen hochgradige Lahmheit. Kann der Reiter sofort durchparieren und wird das Pferd zur Untersuchung transportiert, hat es oftmals mit dem Knochenriß sein Bewenden, und die Heilungschancen sind nicht schlecht. Ein derartiges plötzliches Abfallen im Galopp mit nachfolgend bestätigter Knochenriß-Diagnose kann man vor allem beim Galopprennsport beobachten. Ebenso häufig wie im Bereich der Röhre kommt es am Fesselbein zu Knochenbrüchen, die vor allem auf schiefes Auftreten, Fehltritte beim Ausgleiten, Stürze und heftiges Anschlagen an Hindernissen zurückzuführen sind. Auch am Fesselbein geht der endgültigen Fraktur meist der Knochenriß (Fissur) voraus.

Erste Maßnahmen:
Lahmt ein Pferd plötzlich an einer Gliedmaße sehr hochgradig und steht es nur auf drei Beinen, muß immer an einen Knochenriß oder an eine Fraktur gedacht werden. Die genaue Diagnose kann jedoch nur der Tierarzt mittels Röntgenaufnahme stellen. In der Regel macht sich schon wenige Minuten nach dem Unfall eine verstärkte Pulsation bemerkbar, ferner schwillt der ganze Bereich um den frakturierten Knochen an. Die Schwellung erweist sich bei der geringsten Berührung als hochgradig schmerzhaft. Bei den heutigen Möglichkeiten der Veterinärmedizin ist es absolut verfrüht, das Pferd aus falschem Mitleid vor der genauen Diagnose- und

Prognosestellung einzuschläfern. Bis zum Eintreffen des Tierarztes kann bei Verdacht auf Röhrbeinfissuren oder -frakturen eine Schiene angelegt werden.
Für einen Ungeübten ist es nicht einfach, ein gebrochenes Bein bis zur weiteren Behandlung völlig ruhigzustellen. Folgende Methode hat sich bewährt: Man nehme ein möglichst großes mit Federn gefülltes Kopfkissen und wickle dieses stramm um das Bein. Über dieses Polster können nun einzeln abgepolsterte Holz- oder Metallstäbe fest bandagiert werden, so daß das Pferdebein fixiert ist, ohne daß Druckstellen entstehen.

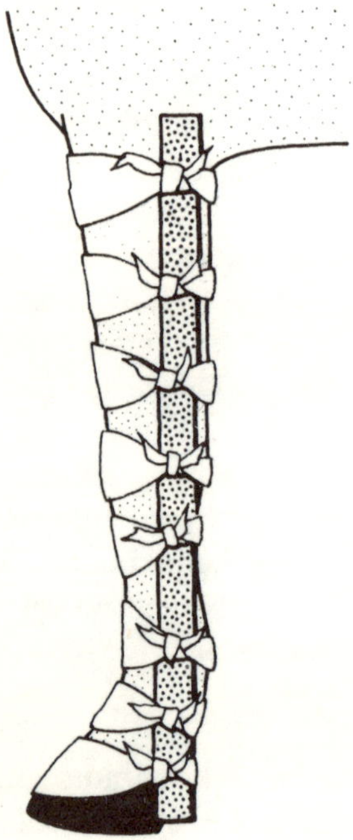

Geschiente Vorderröhre:
Ungepolstert, wie hier, nur für kurzen Transport geeignet. Die einwandfreie Schienung erfordert ebenfalls längere Holz-, oder Metallstäbe, mit denen *nach guter Polsterung* mittels *sehr* strammer Bandage die beiden Gelenke ober- und unterhalb des fissurverdächtigen Knochens ruhiggestellt werden.

Behandlung:

Gewöhnlich heilt eine Knochenfissur bei richtiger Behandlung innerhalb von acht Wochen, während die Heilung eines Knochen-

Abb. 5. Brettprobe.
Abb. 6. Schmerzprobe mit der Hufuntersuchungszange. Die einzelnen Bezirke werden nacheinander mit der Hufzange abgedrückt. Kommt man dabei an eine schmerzhafte Zone, zuckt das Pferd zusammen.

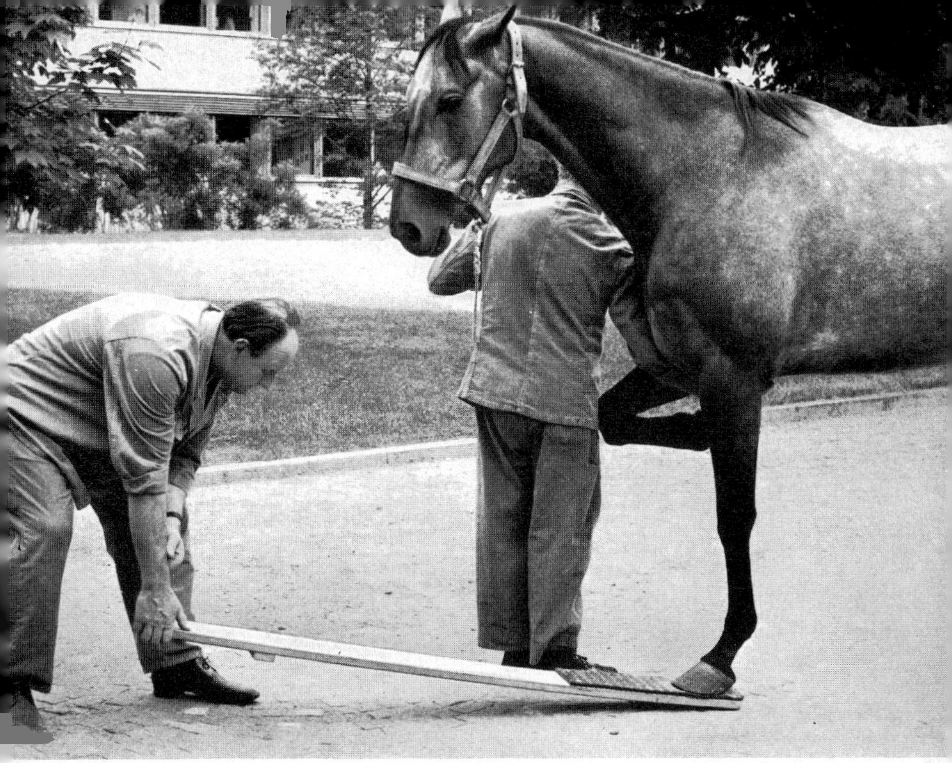

▲ ▼ Abb. 6

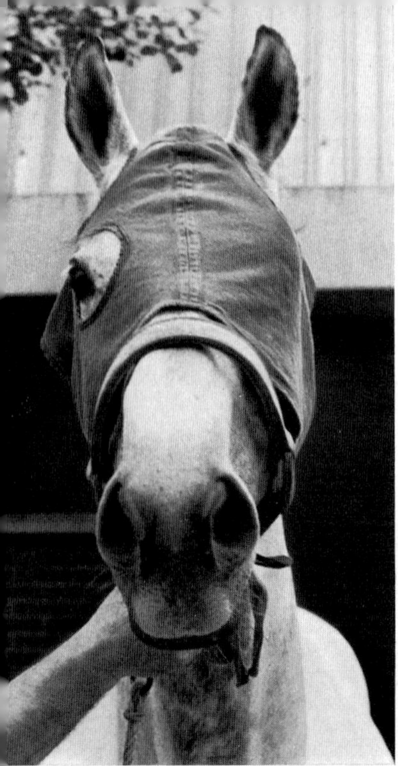

Abb. 7a ▲

Abb. 7b ▲

▼ A

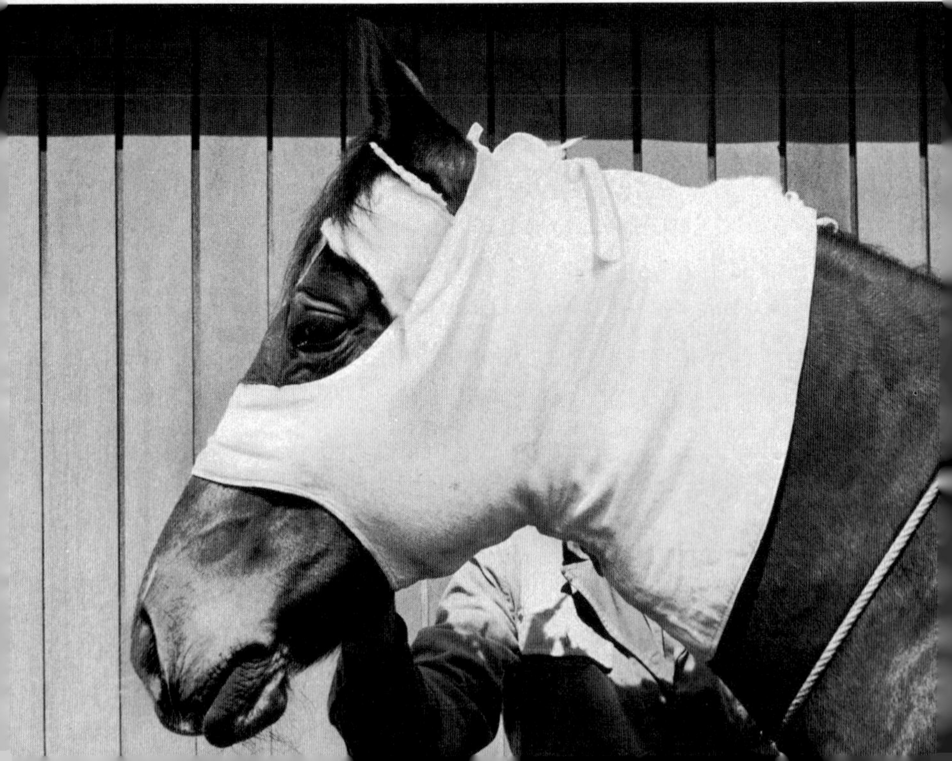

bruches, wenn sie überhaupt erfolgt, mindestens vier Monate in Anspruch nimmt. Absolute Ruhe ist oberstes Gebot. Das Pferd wird in eine enge Box gestellt und so knapp gefüttert, daß einerseits die Gefahr des Kreuzverschlages ausgeschlossen wird, andererseits der Stallmut weitgehend vermieden wird. Auch zum Reinigen des Stalles wird der Patient nicht aus dem Stand genommen. Den größten Schaden richten Besitzer an, die ihre Ungeduld nicht bezähmen können und sich schon nach wenigen Wochen davon überzeugen möchten, ob ihr Pferd noch lahm geht. Beim Vorführen verschieben sich nämlich die angebrochenen Knochenteile, die begonnene Heilung wird unterbrochen, die bisherigen Bemühungen waren umsont. Oft ist die Tötung dann nicht mehr zu umgehen.
Bereits seit langer Zeit ist die Veterinärwissenschaft bestrebt, Knochenbrüche des Pferdes zu heilen. Die Schwierigkeit liegt darin, daß das Pferd sein erkranktes Bein nicht wochenlang schont. Bei längerem Liegen treten Darm- und Kreislaufstörungen auf, und das Pferd zieht sich schwerheilende Hautabschürfungen zu. Auch das längere Halten in Hängegurten beeinträchtig die physiologischen Lebensabläufe des Pferdes sehr stark. Gipsverbände brechen, wenn sie nicht, um genügend Festigkeit zu geben, so dick angelegt werden, daß das Pferd über Gebühr belastet ist. Dagegen erzielte man mit modernen Fiberglasverbänden bessere Ergebnisse. In Ausnahmefällen kommen auch Knochenschraubungen oder eine Marknagelung in Frage.
Es ist jedoch für den Pferdebesitzer wichtig, zu wissen, daß nicht jedes Pferd mit einer Fissur oder Fraktur getötet werden muß. Provisorische Schienung – evtl. mit einer aufblasbaren Kunststoffmanschette aus einem Ärztenotkoffer – und der schnelle Transport zu einer Klinik bedeuten in vielen Fällen die Rettung eines wertvollen Pferdes. Meist werden aber gerade bei diesem Transport so große Fehler gemacht, daß aus dem verschlossenen Bruch ein offener Bruch wird und dadurch das Pferd unrettbar verloren ist. Daher sei nochmals auf unbedingte Ruhigstellung der gebrochenen Gliedmaße hingewiesen, durch gut sitzende Stütz-

Abb. 7a und b. Augenverband.
Abb. 8 Drusehalstuch.

verbände mit Versteifungen. Man sollte nicht vom Tierarzt verlangen, daß er schmerzstillende Mittel verabreicht, denn gerade der Schmerz verhindert, daß das Pferd das erkrankte Bein beim Transport aufsetzt. Ein Pferd unter schmerzbetäubendem Mittel kann sich beim Transport das angebrochene Bein gänzlich brechen.

Als Hilfsmaßnahme bei Knochennagelungen und -schraubungen ist bereits folgende, allerdings nicht billige Methode erfolgreich angewandt worden: Den Außenkonturen eines Pferdes entsprechend wird eine mit Luft gefüllte Gummimanschette in Pferdegröße hergestellt. Das in Narkose liegende Pferd wird nach der Nagelung des Knochenbruches mit einem Kran in diese aufgeblasene Manschette hineingesenkt, so daß seine Rücken- und Halspartien frei bleiben. Nun wird das mit Gummipolster umgebene Pferd in ein Wasserbad gehoben, aber so, daß das Pferd das Wasser nicht sehen kann, denn es soll keine reflektorischen Schwimmbewegungen ausführen.

Das Tier «schwimmt» dann einige Wochen bis zur Knochenheilung, kann aber auch stundenweise mit dem Kran zur Pflege und tierärztlichen Behandlung herausgehoben werden.

5. Kapitel

Gallen

Der Ausdruck Galle ist leider etwas irreführend. Er hat nichts mit dem Verdauungssaft zu tun, vielmehr versteht man hierunter die vermehrte Füllung 1. eines Gelenkes, 2. einer Sehnenscheide oder 3. eines Schleimbeutels. In jedem normalen Gelenk befindet sich eine gewisse Menge Gelenkschmiere. Wird nun aus irgendeinem Grund übermäßig viel Gelenkschmiere produziert, dann wölbt sich der Gelenksack an derjenigen Stelle vor, an der die Gelenkkapsel nicht durch feste Bänder in ihrer Umgebung eingeengt wird, beispielsweise über dem Fesselkopf seitlich hinten.
Eine weiche Galle enthält gesunde, fast wasserklare Gelenkflüssigkeit unter einem weichen Schleimhautsack. Eine harte Galle hingegen, die sich meist aus der weichen Galle entwickelt, besteht aus festem bindegewebigem Material unter einer verdickten Umkleidung. Während erstere lediglich einen Schönheitsfehler darstellt, kann die harte Galle die Beweglichkeit eines Gelenkes erheblich einschränken, zu schmerzhaften Entzündungen an den Gelenkrändern führen und somit die Gebrauchsfähigkeit des Pferdes einschränken.

Entstehung von Gallen:
1. Vielfach kommt es infolge schwerer Ansteckungskrankheiten (z. B. Druse, Fohlenlähme) an einem oder mehreren Gelenken zur vermehrten Füllung.
2. Äußerliche Einwirkungen (gegen Stallwände schlagen, Scheuer- und Druckstellen von Verbänden, Gamaschen, Sätteln) können diejenigen Schleimhautzellen zur vermehrten Arbeit anregen, die Gelenk- und Schleimbeutelflüssigkeit produzieren.
3. Entzündungsvorgänge in der Nachbarschaft dieser Schleimhautzellen (Wunden, Prellungen) können zur vermehrten Flüssigkeitsbildung führen.
4. Bei heranwachsenden Pferden ist Gallenbildung oft ein Zeichen für mangelhafte Vitamin- und Mineralstoffversorgung und

für starken Wurmbefall. Die Gallen sind letztlich nur das äußerlich sichtbare Zeichen für eine schlechte Aufzucht, Entwicklung und Gesundheit des Tieres.
5. Oft sind Gallen ein Zeichen dafür, daß infolge von Stellungsfehlern oder einer Überforderung durch den Reiter die Gelenke überbeansprucht wurden oder
6. das Pferd auf zu tiefem oder zu hartem Boden oder an steilen Berghängen herangewachsen ist.

Vorbeuge und Behandlung:
Auch mit heutigen Medikamenten ist es nicht immer möglich, eine Galle mit Sicherheit zu beseitigen. Handelt es sich bei einer Galle lediglich um einen Schönheitsfehler, sollte man von einer risikoreichen Behandlung absehen. Geht jedoch die Galle mit einer Lahmheit einher, ist eine Behandlung unbedingt erforderlich: Der Tierarzt wird Einreibungen vornehmen oder die Galle absaugen und ein Medikament in den Raum einfüllen oder, falls im Röntgenbild Veränderungen an den Gelenkflächen erkennbar werden, einen operativen Eingriff vornehmen müssen. Die Behandlung einer Gelenk- und Sehnenscheidengalle durch operativen Eingriff ist sehr risikoreich, während ein vermehrt gefüllter Schleimbeutel sich vielfach operativ entfernen läßt.
Bei Fohlen sollte bei Gallenbildung stets darauf geachet werden, daß diese Erkrankung auch ein Ausdruck einer Mangelerscheinung sein kann. Ausreichend Vitamine im Futter und gezielte Gaben von Mineralstoffen sind ebenso wichtig wie regelmäßige Wurmkuren.
Auch in anderen Fällen ist es wichtiger, die Ursache abzustellen, die zur Galle geführt hat, als die Galle selbst zu behandeln. Dies gilt insbesondere bei Gliedmaßenstellungsfehlern, die nur durch regelmäßige Hufkorrekturen und orthopädische Hufeisen in fünfwöchigen Abständen beeinflußt werden können.
Alle warmen, schmerzhaften Gallen bedürfen einer längeren Ruhepause und anschließend schonender, langsam aufbauender Arbeit. Wie bei vielen Krankheiten ist auch bei der Galle die zeitige Behandlung für den weiteren Fortgang sehr wichtig: Der kluge Reiter spritzt die Beine seines Pferdes nach jedem anstrengenden Ritt mit hartem Wasserstrahl ab oder reitet durch fließen-

des kaltes Gewässer oder stellt gar die Pferdebeine in einen von fließendem Wasser durchströmten Gummischuh.
Die Piephacke sollte 10 Tage lang mit Heparin-Salbe behandelt werden, danach täglich mit 50%iger Ichthyol-Salbe.

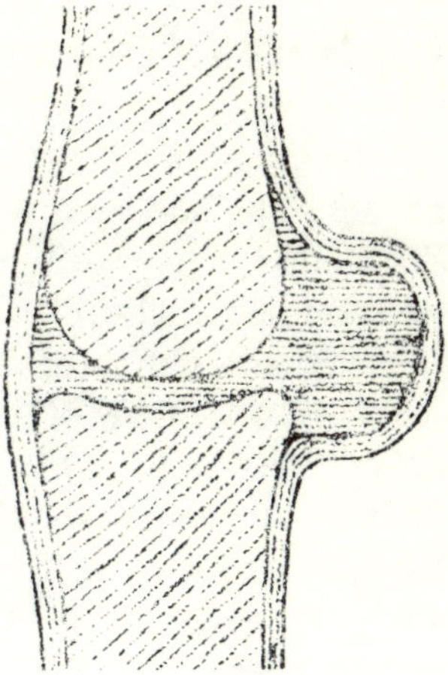

Schematischer Querschnitt eines Gelenkes mit Galle.

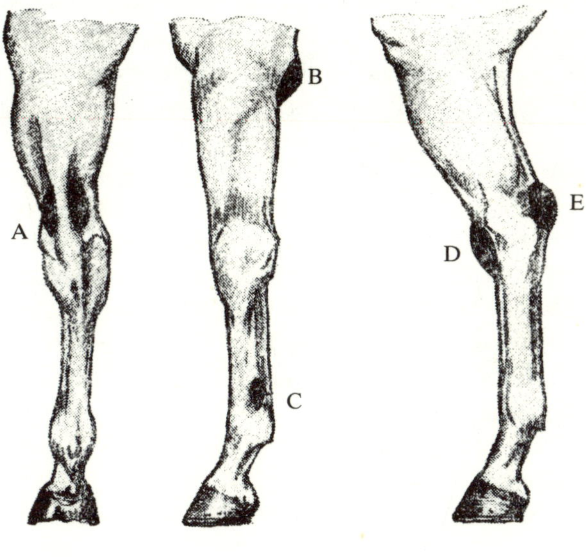

A Eiergallen
B Stollbeule
C Fesselgalle
D Kreuzgalle
E Piephacke

6. Kapitel

Bewegungsstörungen

1. Lahmheits-Diagnose (s. auch S. 34)

Die exakte Feststellung, auf welchem Bein ein Pferd lahmt und wo die Lahmheit sitzt, ist in der Tat schwieriger als sie scheint. Zur Beurteilung einer Lahmheit läßt man das Pferd am geeignetsten auf einer etwa 10 Meter entfernten Geraden im Trabe zunächst von sich weg, dann auf sich zu und schließlich an sich vorbei traben. Beim Kehren des Pferdes achte man sehr genau auf einen eventuell vorhandenen Wendeschmerz. Das Pferd tritt jeweils mit dem gesunden Huf kräftiger auf, um im selben Moment den Kopf zu senken; dementsprechend «wippt» es mit der Kruppe der gesunden Hintergliedmaße. Folgende Lahmheiten werden unterschieden:

Hangbeinlahmheit:
Bei der Hangbeinlahmheit bringt das Pferd die erkrankte Gliedmaße weniger weit vor als die gesunde. Dies ist natürlich am besten in der Seitenansicht zu beurteilen. Die Ursache für diese Art Lahmheit liegt meist oberhalb des Vorderfußwurzelgelenkes oder auf der Vorderseite des betreffenden Beines.

Stützbeinlahmheit:
Bei der Stützbeinlahmheit erscheint die Belastungszeit des erkrankten Beines verkürzt, d.h. es wird schneller wieder aufgehoben als das gesunde. Weil das Pferd nicht mehr richtig durchtritt, um dem Schmerz des Abschwingens zu entgehen, erkennt man eine gewisse Schrittverkürzung nach hinten. Die Schmerzen liegen hauptsächlich im Huf, auf der Hinterseite der Mittelfußknochen oder an den Beugesehnen.

Gemischte Lahmheit:
Zur gemischten Lahmheit führen schmerzhafte Anschwellungen

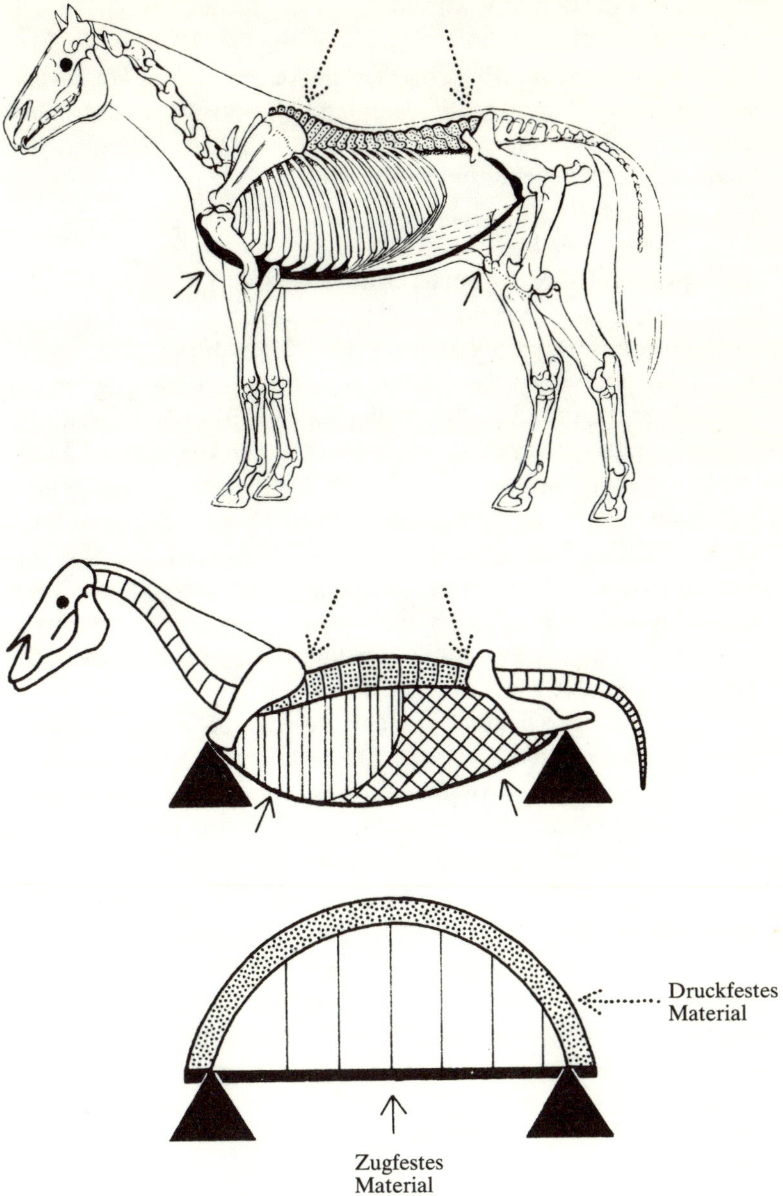

Die Lahmheit des jungen Pferdes beruht vielfach auf mangelnder Festigkeit der noch unfertigen «Konstruktion».

auf der Vorderseite des Mittelfußknochens rund um die Strecksehne. Diese Veränderungen haben häufig ihre Ursache in einer Überanstrengung des Pferdes oder im Anschlagen an Hindernisse, bei denen sich Knochenhaut und Strecksehnen entzündet haben. Weit seltener liegt die Ursache in Erkrankungen der oberen Gelenke (Schulter, Hüfte, Knie).

2. Lahmheit des angerittenen Pferdes (Abb. S. 55)

Man muß sich die Konstruktion des Pferdekörpers als Bogen-Sehnen-Brücke vorstellen. Hierbei entspricht dem gespannten Brückenbogen die verhältnismäßig starre Wirbelsäule, während die auf Zug beanspruchte «Sehne» (bei der Brücke die Fahrbahn) im Pferdekörper vorne durch das Brustbein und hinten durch die Bauchmuskeln gebildet wird. Diese untere «Sehne» muß im Laufe des Heranreifens zum Reitpferd letztlich das Reitergewicht in Form einer Spannung übernehmen. Ohne Training geht das nicht. Die Muskeln müssen entsprechend gekräftigt werden. Langsam steigendes Training ist hierzu erforderlich, bis ein ausreichender Muskeltonus erreicht ist.
Aber das Reitergewicht wirkt nicht allein auf die Bauchmuskeln, sondern auch auf die Zwischenwirbelscheiben, wenn es von der leicht nach oben gewölbten Wirbelsäule übernommen wird. Auch dieses komplizierte Knochen- und Knorpelsystem bedarf eines systematischen Trainings. Voraussetzung ist die optimale Einlagerung von Mineralien in den Knochen, was nur geschehen kann, wenn das Pferd während des Heranwachsens optimal ernährt wurde, insbesondere viel vitamin- und mineralstoffreiches gutes Heu bekommen hat. Zu frühe Beanspruchung führt zur Remonte-Lahmheit und erfordert monatelang Schongang.

3. Reiten trotz Lahmheit

Grundsätzlich darf ein lahmes Pferd nicht geritten werden. Auf tierärztliche Anweisung jedoch kann bei Huflederhautentzündung (Rehe), bei Gelenkschale und bei Spat Bewegung sogar

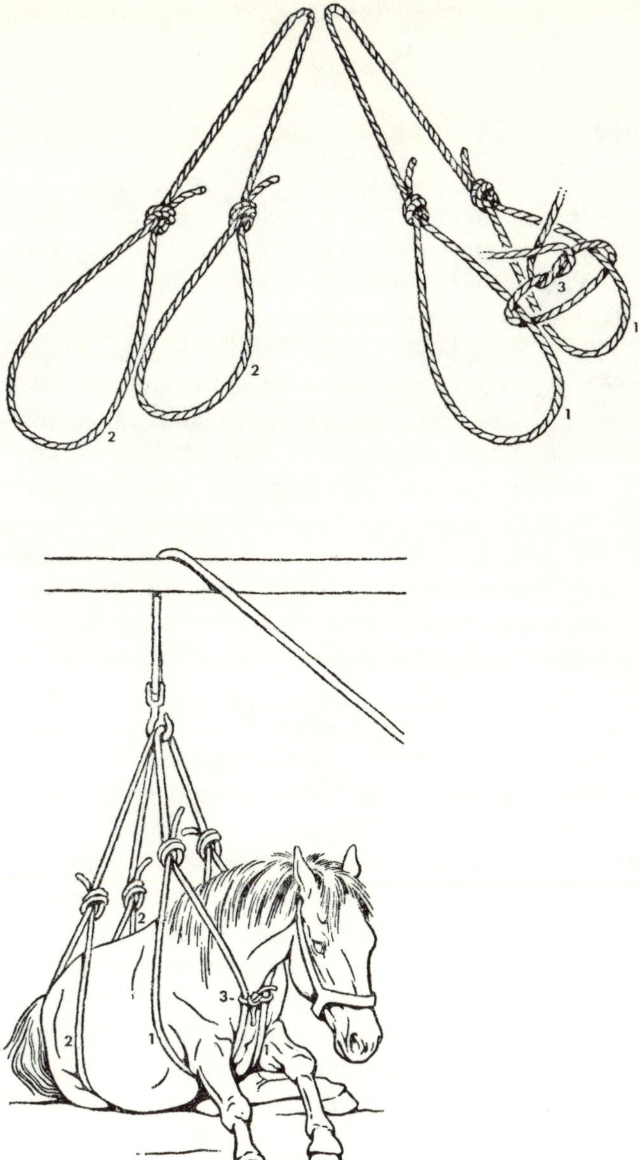

Aufstellen eines Pferdes.

von Nutzen sein, wenn die Lahmheit dabei nach einigen Minuten verschwindet.

4. Festliegen und Aufstehversuche

Immer wieder stehen Pferdebesitzer ratlos vor ihrem auf dem Stallboden festliegenden Pferd, das zum Aufstehen nicht mehr in der Lage ist. Wir müssen herausfinden, ob es sich in einer Ecke oder an der Wand seiner Box lediglich ungeschickt festgelegen hat, oder ob es ernsthaft erkrankt ist.

Auf jeden Fall unterlasse man es, ein solches Pferd mit Stimmaufwand oder sogar Prügel zum Aufstehen zu veranlassen. Will man ihm bei seinen mehr oder weniger krampfhaften Bemühungen behilflich sein, befestige man an einem fest sitzenden Halfter zwei Stricke. Je eine Person an jeder Seite hält sie so stramm wie möglich oder wickelt sie um einen Balken. Dadurch bekommt der Pferdekopf beim Aufstehversuch einen gewissen Halt. Gelingt es auch mit dieser Hilfe dem Pferd nicht, sich zu erheben, muß das festliegende Pferd bis zum Eintreffen weiterer Helfer soweit wie möglich gegen Verletzungen geschützt werden. Es wird in die Mitte der Box gezogen, und man unterlegt den Kopf mit Wolldecken. Beruhigt sich das Pferd nicht, dann kniet eine Person auf den Hals des Pferdes und drückt den Kopf unter Festhalten eines Ohres fest auf den Boden. Eine zweite Person setzt sich auf die Kruppe des Pferdes.

Vielfach kann man sich mit einer Strick- oder Gurtkonstruktion helfen: Zwei kräftige Seile oder Gurte werden an den Enden zu großen Schlingen, die sich nicht zuziehen können, verknotet. Man legt diese vier Schlingen um die Gliedmaßen des liegenden Pferdes und verbindet die Schlingen (1) an der Vorderbrust mit einem kurzen Strick (3). Auch die Schlingen (2) kann man in der Gegend der langen Sitzbeinmuskeln unterm After verbinden. Man überprüft die richtige Länge der Gurte (evtl. durch einen Knoten verkürzen), hakt sie an ein weiteres Seil und hebt das Pferd hoch (noch besser ist ein Flaschenzug). Statt des Hakens kann auch ein Balken durch die Gurte gesteckt werden, an dessen Enden je zwei kräftige Männer hochheben; oft schaffen es jedoch nicht einmal acht Leute!

Keinesfalls dürfen die Seile oder Gurte einschnüren. Man polstert deshalb die gefährdeten Stellen mit Kleidungsstücken ab. Bevor man das Pferd hochzieht, richtet man den Kopf auf, zieht die Vordergliedmaßen nach vorn und schiebt die Hintergliedmaßen unter den Bauch.
Beim Aufstellen eines Pferdes handle man ruhig. Mehrmalige Versuche unterlasse man, da sie ein geschwächtes Pferd zu stark aufregen.

5. Kreuzverschlag

Der arbeitende Muskel gewinnt seine Energie in der Hauptsache aus der Umwandlung des in ihm aufgespeicherten Muskelzuckers in Milchsäure. Die Milchsäure wird durch das Blut abtransportiert. Kommt es bei einer zu starken Anreicherung von Milchsäure zu einer Übersäuerung der Muskulatur, kann diese bis zu nicht mehr rückgängig zu machenden Veränderungen beschädigt werden. Nach dem Verhärten und Anschwellen der Muskeln kommt es zum Zerfall, und schwarzroter Muskelfarbstoff wird mit dem Harn ausgeschieden. Diese Vorgänge sind beim Pferd besonders dann möglich, wenn nach Ruhetagen bei unvermindert guter Haferfütterung die Muskeln stark mit Glukose angereichert sind. Aus diesem Grunde wird der Kreuzverschlag auch als Feiertagskrankeit oder Schwarze Harnwinde bezeichnet.
Kurz nach Arbeitsanfang beginnt das Pferd zu schwitzen und zeigt aufgeregte und keuchende Atmung. Die Hinterhand versteift sich, und der Schritt wird kürzer. Die Lenden- und Kruppenmuskulatur fühlt sich gespannt und hart an. Erste Hilfe muß sofort geleistet werden, da sie lebensnotwendig ist. Das Pferd muß an Ort und Stelle warm eingedeckt werden und darf sich keinen Schritt weiterbewegen. Eine Rückführung in den heimatlichen Stall ist nur in einem Fahrzeug bei größter Vorsicht möglich. Die Heilungsaussichten richten sich nach der Schwere der Erkrankung und der Schnelligkeit der getroffenen Hilfsmaßnahmen. Bis der Arzt zur Stelle ist, sind warme Fluid-Einreibungen der Rückenmuskulatur angezeigt. Der Arzt wird neben einer Injektions-Therapie einen Aderlaß vornehmen.

6. Hitzschlag

Während der heißen Jahreszeit kann es bei überbeanspruchten Pferden wegen völliger Erschöpfung zum Zusammenbruch kommen. Die Pferde liegen flach auf dem Boden und atmen schnell und stoßartig. Bis zum Eintreffen des Tierarztes kühle man das Tier durch Übergießen von kaltem Wasser. Ist das nicht möglich, wird es mit feuchten Tüchern oder kühler Erde bedeckt.

7. Erschöpfung nach einem Dauerritt

Als Anzeichen einer völligen Erschöpfung bemerkt der Reiter oft unsicheren Gang bzw. Schwankungen in der Hinterhand des Pferdes. Besonders anfällig sind Pferde, die in der Vorbereitungszeit für den Dauerritt eine Erkrankung durchgemacht haben.

Oft hat sich nach Ansteckungskrankheiten ein Herzmuskelschaden eingestellt, von dem der Reiter nichts weiß. Er glaubt, von seinem Pferd die gleiche Leistung wie in früheren Zeiten verlangen zu können, und überfordert es dabei. Hinzu kommen ungünstige Witterungsverhältnisse und möglicherweise die zusätzliche Stoffwechselbelastung durch den Haarwechsel während der Herbst- oder Frühjahrszeit. Ungenügendes Training und Überforderung bleiben aber die Hauptursachen.

Bis zum Eintreffen des schnell herbeizuholenden Tierarztes kann der Reiter viel für sein Pferd tun. Er sorgt für Schatten und überschüttet die Gliedmaßen des Tieres mit kaltem Wasser, spritzt Wasser in die Maulhöhle, legt feuchte Tücher oder kühle Erde über die Beine und versucht, falls das Pferd nicht selbständig trinken kann, mit einer ganz einfachen Methode die mangelnde Flüssigkeitsmenge im Blutsystem des Pferdes aufzufüllen: er läßt sich aus dem nächstgelegenen Haus einen Eimer kalten Wassers mit fünf Eßlöffeln Kochsalz bringen. Mit Schlauch und Trichter läßt er diese Flüssigkeit in den Mastdarm einlaufen; der Schlauch muß vorn abgerundet sein und zur Vermeidung von Verletzungen sehr vorsichtig in den Mastdarm eingeführt werden.

7. Kapitel

Erkrankungen am Auge

1. Fremdkörper

In der Regel wird der Pferdehalter die in die Lidbindehäute eingedrungenen Fremdkörper erst an den Folgeerscheinungen erkennen. Das Pferd kneift das betroffene Auge meist fest zu, und es zeigt sich übermäßiger Tränenfluß. Der Fremdkörper selbst ist oft gar nicht sichtbar, zumal das Pferd sich auch nur äußerst widerwillig die Untersuchung des Auges gefallen läßt. Niemals versuche der Laie, die geschlossenen Lider gewaltsam mit festen Gegenständen zu öffnen und nach einem eingedrungenen Fremdkörper zu suchen; veranlassen doch geringste Verletzungen der Hornhaut oft schwere Komplikationen. Sofern Verdacht besteht, daß Spreu, Staub oder Häcksel in den Lidbindesack gelangt sind, kann man versuchen, durch vorsichtige, reichliche Wasserspülung mittels einer kleinen Ballonspritze den Fremdkörper herauszuwaschen. Spätestens ziehe man den Tierarzt zu Rate, wenn Lidschluß und Tränenfluß länger als einen Tag anhalten, da diese beiden Symptome auch Anzeichen für eine Reihe anderer Krankheiten sein können, die sich durch Verzögerung verschlimmern. Zur Zeit der Grasblüte zeigen vor allem viele frisch importierte Robustpferde, wie z.B. Isländer, oben genannte Erscheinungen. Nach eintägigem Lidschluß öffnen die Pferde die Augen wieder, zeigen jedoch anhaltende Lichtscheu und sondern ein schleimig-eitriges Sekret ab. Vorsichtiges Reinigen des Augenwinkels mit einem wassergetränkten Wattebausch und Einbringen einer Antibiotikum-Salbe in den unteren Lidbindesack schaffen schnell Abhilfe.

2. Hornhautentzündung

Bei Hornhautverletzungen sind die Begleitsymptome meist so

stark, daß der Besitzer ohnehin den Tierarzt verständigt. Es sind aber auch infektiös verursachte Hornhautentzündungen möglich, deren Vorhandensein erst nach einer gewissen Zeit an einer beginnenden Hornhauttrübung bemerkt wird. Daher ist es selbstverständlich, daß man nicht nur beim Ankauf eines Pferdes, sondern auch in regelmäßigen Abständen die Augen inspiziert. Die milchige Trübung der Hornhaut ist eine Selbsthilfereaktion der Natur und entsteht durch die verstärkte Durchblutung und das Hineinwachsen von Blutgefäßen in die schadhafte Hornhaut.

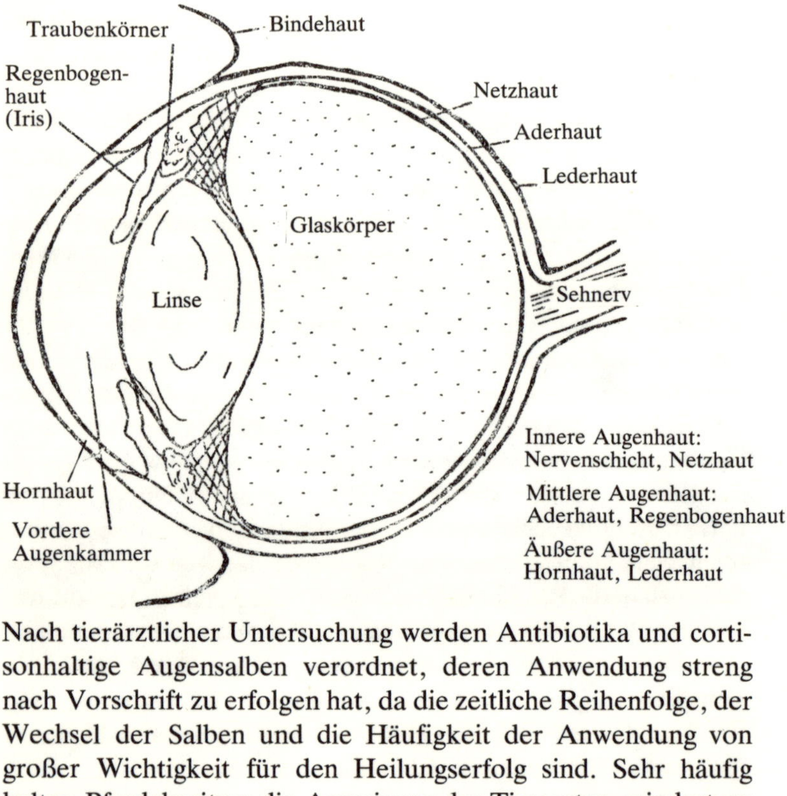

Nach tierärztlicher Untersuchung werden Antibiotika und cortisonhaltige Augensalben verordnet, deren Anwendung streng nach Vorschrift zu erfolgen hat, da die zeitliche Reihenfolge, der Wechsel der Salben und die Häufigkeit der Anwendung von großer Wichtigkeit für den Heilungserfolg sind. Sehr häufig halten Pferdebesitzer die Anweisung des Tierarztes, mindestens sechsmal täglich Salbe in den Lidbindesack einzubringen, für übertrieben, vergessen jedoch, daß durch die vermehrte Tränenbildung die Medikamente immer wieder herausgewaschen werden und daß es somit zu Unterdosierungen kommt.

3. Periodische Augenentzündung

Beim plötzlichen Auftreten akuter Reizerscheinungen am Auge – Lichtscheu, Tränenfluß, Schmerzhaftigkeit, Rötung der Lidbindehäute, Trübung der Hornhaut und träges Schließen der Pupille bei Beleuchtung – liegt der Verdacht einer periodischen Augenentzündung nahe. Sie wird wegen ihrer Tendenz zu monatlichen Rückfällen auch Mondblindheit genannt, da man die Rezidive früher mit dem Mondwechsel in Zusammenhang brachte.

Die periodische Augenentzündung ist die gefährlichste Augenkrankheit des Pferdes überhaupt. Ohne Behandlung klingt der Anfall meist nach drei Wochen wieder ab und das Auge erscheint gesund. Jedoch treten je nach Stärke der Entzündung und Häufigkeit der Rückfälle mehr oder weniger starke Schädigungen auf: Übergreifen auf das bislang noch gesund erscheinende zweite Auge, Hornhauttrübung, mangelhafter Pupillenverschluß, Veränderungen an Sehnerven und Netzhaut sowie Verklebungen, Verfärbungen und Trübungen an Linse und Glaskörper, Erblinden. Die Mondblindheit wird heute wissenschaftlich als eine Allergie angesehen, die gegen die unterschiedlichsten Stoffe bestehen kann. Meist handelt es sich um Streptokokken, die z.B. anläßlich einer Druse in das Pferd gekommen sind, oder aber es handelt sich um Giftstoffe, die bei Verdauungsstörungen über den Darm in die Blutbahn gelangen. Als mögliche Ursachen kommen auch Darmparasiten und Virusinfektionen wie z.B. beim Hoppegartener Husten in Frage. Die von Nagetieren übertragenen Leptospiren spielen ebenfalls eine Rolle. Aus alledem sollten wir erkennen, daß auch bei dieser Krankheit die an sich ganz selbstverständliche Hygiene im Pferdestall die wichtigste Vorbeuge ist (s. hiernach).

Behandlung:
Bei frischen Entzündungen sind warme Kamillenumschläge immer noch das beste. Diese müssen fachkundig angebracht werden. Der gutsitzende Watteverband wird mit einer lauwarmen Lösung von Kamillenaufguß oder Kamillosan begossen und der so getränkte Verband mit einem speziellen, aber leicht selbst anzufertigenden Augenverband bedeckt (s. Abb. 7 bei S. 49). Um die Folgeerscheinungen der Entzündungen in der mittleren Augen-

haut zu verhindern, wird der Tierarzt, der immer sofort beigezogen werden muß, eine Reihe von Augensalben verschreiben, deren peinlich genaue, regelmäßige Einbringung sehr wichtig ist. Sind die frisch entzündlichen Veränderungen abgeklungen, hat der Tierarzt mit Allgemeininjektionen oder lokalen Injektionen unter die Lidbindehaut noch Einwirkungsmöglichkeit. Im allgemeinen ist aber die Prognose schlecht zu stellen.

Vorbeuge:
In Amerika wird zur Verhinderung einer Neuerkrankung, nicht aber zur Verhinderung von Rückfällen, in gefährdeten, d.h. mit Leptospiren verseuchten Gebieten die Verabreichung von Vitamin B über das Futter empfohlen.
Schimmelige und muffige Futtermittel müssen gemieden werden. Heu von sumpfigen und feuchten Weiden sollte nicht zur Pferdefütterung verwendet werden.
Wichtig ist regelmäßige Bekämpfung von Mäusen und Ratten. Beim Ankauf von Hafer sollte man darauf achten, daß dieser nicht mit Nagetierkot versetzt ist.
Gründliche Behandlung von Druse und langdauerndem Husten (Aufspüren versteckter Eiterherde im Körper) verringert die Gefahr allergisch bedingter Augenkrankheiten. Regelmäßige Influenza-Impfungen sind wichtig!

4. Ständiger Tränenfluß

Neben den bereits beschriebenen Entzündungen und Verletzungen verschiedener Augenteile sowie einer Lidbindehautreizung kann auch die Verstopfung des Tränennasenkanals eine mögliche Ursache des Augenleidens sein. Dieser Kanal entleert die Tränenflüssigkeit aus dem Augenwinkel in die Nase. Ist er durch Entzündungsprodukte wie Eiter oder durch Verschwellung (z.B bei Husten oder Druse) verlegt, findet keine natürliche Tränenspülung des Sehorganes mehr statt. Es kommt zu Bakterienansiedelungen, die den Prozeß noch komplizieren. Mit einer speziellen Farbflüssigkeit prüft der Tierarzt die Durchgängigkeit des Kanales, spült ihn wenn nötig durch und behandelt die Bindehautentzündung mit Salben.

5. Akklimatisationserscheinungen

Bei verschiedenen Akklimatisationsschwierigkeiten kann man häufig Augenerkrankungen mit beobachten, die sich in den bereits geschilderten Symptomen wie Tränenfluß, schleimig-eitrigem Augenausfluß, Lidbindehautschwellung und Lichtscheu äußern können. Solche Akklimatisationserscheinungen sind z.B. Strengel, Druse und leichtere Erkältungskrankheiten. Letztere treten sehr häufig bei der Eingewöhnung frisch importierter Pferde auf, werden in seuchenartigen Wellen bei Pferdeansammlungen auf Turnieren und Rennen ausgelöst oder überziehen auch periodisch ganze Gegenden. Obwohl die Symptome bei Verschwinden des Hauptübels mit abklingen, ist eine unterstützende Behandlung und Beobachtung der Augenveränderungen angezeigt.

6. Wunden

Durch unsachgemäßes Zaumzeug, schlecht eingerichtete Stallungen und Stände, seltener bei Stürzen und Geländeritten kommt es zu Wundverletzungen im Bereich der Augenlider. Diese sind schnellstmöglich tierärztlich versorgen und nähen zu lassen, da es sonst zu unschönen Narbenverunstaltungen kommt, die die Funktion der Augenlider beeinträchtigen können.
Handelt es sich nur um oberflächliche Quetschwunden, läßt sich die Heilung durch Auflegen eines sauberen Taschentuches, das mit Kamillosanlösung getränkt ist, beschleunigen. Man kann diesen Lappen mit Nadel und Faden am Halfter befestigen.

Die meisten Erkrankungen am Auge sind von Lichtscheu begleitet, und der Tierarzt wird in vielen Fällen einen Augenverband (s. Abb. 7a, b bei S. 49) verordnen. Doch ist auch nach der Abheilung bei den ersten Ritten ein zu direkter Wechsel von Stallbeleuchtung in grelles Sonnenlicht zu vermeiden.
Die veralteten hohen Heuraufen, bei denen die Augen der Pferde während der Futteraufnahme ständig dem Heustaub ausgesetzt sind, leisten der Lidbindehautentzündung Vorschub.

8. Kapitel

Hauterkrankungen

Hauterkrankungen können Anzeichen und Begleiterscheinung einer inneren Erkrankung sein oder eine direkte eigene Ursache haben.
Können bei Hauterscheinungen nach genauer Prüfung äußere Ursachen wie Parasiten ausgeschlossen werden, ist immer eine gründliche Allgemeinuntersuchung durch den Tierarzt auf eventuelle Verwurmung sowie chronische innere Organkrankheiten am Platz.

Innere Ursachen	**Krankheitsanzeichen**
Starker Wurmbefall	struppiges Haarkleid, Schorfbildung
chronische innere Organkrankheiten	Haarausfall, Schorfbildung
Dassellarven	in der Rückengegend aufbrechende Beulen, aus denen eine 1 cm große Larve schlüpfen kann
Allergien gegen bestimmte Stoffe im Futter oder in der Umgebung	erbsengroße glatte Beulen am ganzen Körper (Nesselausschlag)
bisher ungeklärte Futter-, Klima- und andere Umwelteinflüsse bei Robustpferden	schorfige Ekzembildung mit Haarausfall und Neigung zu Scheuerinfektionen
Äußere Ursachen	
Milbenbefall (Räude)	schuppige Bezirke mit Haarausfall und schorfigen Knötchen
Läusebefall	haarlose Stellen und Juckreiz vor allem an Mähnenkamm, Schweifrübe und Kötenhaar

Sommerwunden	Hautverdickungen durch eine Fliegenlarvenart, in der Regel nur bei Importpferden östlicher Herkunft
Hautpilze	erbsengroße Hautanschwellungen, später umrandete haarlose Stellen, stecknadelkopfgroße Schorfknötchen in der vom Putzstriegel geführten Richtung
Mauke	Eiteransammlungen und Krusten in der Fesselbeuge
Raspe	entzündliche Reizungen der Haut in der Sprunggelenkbeuge
Satteldruck, frisch	haarlose Stellen mit Neigung zu Schwellung und Entzündung
Satteldruck, alt	harte Knoten
Sonnenbrand	entzündliche Hautablösungen, insbesondere an hellen Körperstellen, die der Sonne ausgesetzt waren

1. Dassellarven

Die kleine Rinder-Dassellarve schmarotzt gelegentlich auch im Pferdekörper, und es kommt in äußerst seltenen Fällen sogar zu der beim Rind bekannten Beulenbildung in der Rückengegend. Zur Behandlung vgl. S. 179.

2. Allergie, Nesselausschlag

Nach der Aufnahme von schimmelpilzbefallenem Heu, muffigem Kraftfutter, nach Weidegang auf neu angelegten Grünflächen oder nach erstem Frühjahrsaustrieb, aber auch nach Insektenstichen und Einreibung mit unverträglichen Medikamenten wie

Fliegenabwehrmitteln können sich auf der gesamten Körperoberfläche des Pferdes nicht selten zahlreiche Hautknoten und Quaddeln bilden. Schwellungen im Kopfbereich sehen meist gefährlicher aus als sie sind (s. Abb. 15 bei S. 97). Die Ursache der Allergie ist oftmals nur durch Ausprobieren zu ergründen. Abwaschungen mit essigsaurer Tonerdelösung, Umstellung auf Diätfutter wie Mash, Heu oder Futtermöhren lassen die Erscheinungen meist schnell abklingen.

3. Sommerekzem des Islandpferdes

Diese an karge Futtergrundlage, keimarme Luft und Insektenfreiheit in ihrem Ursprungs-Verbreitungsgebiet gewöhnte nördliche Robustpferderasse erkrankt besonders häufig an der bei verschiedenen Pferderassen der Welt bekannten Hauterkrankung. Die Ursache wird heute u.a. auf den Stich einer Mückenart (Culicoides pulicularis) zurückgeführt, der bei den gestochenen Tieren als allergische Reaktion einen starken Juckreiz auslöst. Nach intensivem Scheuern entstehen nässende infizierte Hautentzündungen. Das Islandpferd hat oft eine Allergiebereitschaft, die durch zu starke Eiweißversorgung auf unseren Weiden gefördert wird. Rohfaserreiche, eiweißarme Fütterung (starke Reduktion bis Aufhebung des Weideganges), Aufstallen der Pferde während der Flugzeit der Mücke in der Morgen- und Abenddämmerung können die Auslösung verhindern. Pferde in Höhenlagen über 1200 m sowie auf Nordseeinseln z.B. bleiben frei von dieser Erkrankung. Die befallenen Pferde sollten täglich behandelt werden, z.B. mit Penochron, Killitch, Ägidienberger AE Emulsion. Die häufig verwendete Injektion cortisonhaltiger Präparate schafft oft schlagartig Abhilfe, muß aber wegen der Gefahr von Nebenwirkungen vom Tierarzt sogfältig erwogen werden.

4. Hautmilben

Drei Milbenarten, die jedoch nur mit dem Vergrößerungsglas

sichtbar sind, können das Pferd befallen. Grabmilben bohren sich am Hals und in der Sattellage, Saugmilben unter der Mähne und am Schweifansatz in die Haut ein. Die Übertragung erfolgt durch Kontakt von Tier zu Tier, durch verunreinigte Streu und Futtermittel sowie durch Putzzeug. Es kommt zu schuppigen Hautveränderungen und Haarausfall sowie zu fortgesetzter Beunruhigung der Tiere durch starken Juckreiz.
Die dritte Form der Milben siedelt sich im Kötenbehang der Fesseln an. Nachdem sie mit dem Rückgang der Kaltblüter an Bedeutung verloren hat, tritt sie durch den Import von Robustpferden wieder vermehrt auf.
Die Räude, durch Grab- und Saugmilben verursacht, ist eine anzeigepflichtige Seuche. Die gründliche Behandlung mit Neguvon oder Kontaktinsektiziden wie Jakutin, Alugan oder Hexagal (in der Schweiz auch Galesan) schafft Abhilfe. Nachbehandlung in 10 Tagen ist unbedingt erforderlich, weil damit erst die neue Milben-Generation erfaßt werden kann. Achtung: Bei Behandlung mit Kontaktinsektiziden immer nur kleinere Körperpartien waschen. Bei Ganzwaschungen können (durch Resorption) Vergiftungserscheinungen auftreten.

5. Läuse

Im Langhaar ungepflegter Pferde können bei Auftreten von Juckreiz und haarlosen Stellen nicht selten von bloßem Auge Läuse nachgewiesen werden. Waschungen mit den obengenannten insektenwirksamen Medikamenten befreien die Pferde schnell von diesen Plagegeistern. Neben der Behandlung der Patienten muß jedoch eine gründliche Stallreinigung und -desinfektion durchgeführt werden (z.B. Versprühen von Neguvon).

6. Sommerwunden

Diese von Parasiten verursachten eitrigen Hautveränderungen beobachten wir bei Importpferden meist östlicher Herkunft. Sie entwickeln sich im Sommer zu schwer heilbaren Wunden, die im fortgeschrittenen Stadium in übelriechende Wucherungen ausarten können. Leider schaffen Entozon-Salbe oder Chloramin-Verbände nur ungenügende Abhilfe. Manchmal hilft Cicatrex- oder Bepanthen-Salbe. Häufig bleibt keine andere Wahl als der operative Eingriff.

7. Hautpilze

Die Pilzerkrankungen sind manchmal nicht leicht von parasitären Hautschäden zu unterscheiden. Sie nehmen jedoch in letzter Zeit stark zu. Im Anfangsstadium der Erkrankung fallen die erbsengroßen, flachen Anschwellungen auf, aus denen sich nach einigen Tagen scharf umrandete haarlose Stellen entwickeln, deren Oberfläche meist feucht ist. Andere Pilzarten bilden stecknadelgroße Hauterhebungen in der Sattellage. Da der Tierbesitzer diese wenig dramatischen Erscheinungen meist kaum beachtet, und da er versucht, der Hautveränderung durch Hausmittel Herr zu werden, breiten sich die Pilzsporen nicht nur am betroffenen Patienten selbst weit aus, sondern sie werden mit dem Putzzeug, durch Tier- und Menschenkontakt und durch Luftbewegung über den gesamten Bestand verbreitet. Pilzwachstum wird durch Wärme und Feuchtigkeit gefördert, zwei Bedingungen, die gerade in der Sattellage am optimalsten erfüllt sind. So kann ein Pferd wochenlang für die Arbeit ausfallen.

Das Verwenden moderner Putzmaschinen fördert die Übertragung der Pilzsporen sehr stark, wenn immer der gleiche Aufsatz verwendet wird.

Den Pilznachweis führt ein diagnostisches Laboratorium, an welches der Tierarzt eine Tesastreifenabdruckprobe oder ein aus der Tiefe entnommenes Hautgeschabsel einsendet. Dabei wird ein Tesafilmstreifen auf die verdächtige Hautstelle fest aufgedrückt, gegen den Haarstrich abgerissen, mit den beiden freien Enden zu einem Ring verklebt und in einem sterilen Gefäß eingesandt.

Oft ist die Behandlung einfacher als die mühsame Labordiagnose. Der Behandlungserfolg bestätigt die Verdachtsdiagnose. Die Behandlung erfolgt mit Ectimar. Man beachte aber: Die 1:10

verdünnte Lösung wird nicht nur unmittelbar auf die bestehenden Hautknoten gebracht, sondern auf die gesamte großflächige Umgebung.
Satteldecken und Putzzeug werden chemisch gereinigt, jedes befallene Tier besitzt ein eigenes Putzzeug, welches in einem Kunststoffbeutel untergebracht und in einem leicht zu desinfizierenden Kunststoffeimerchen mit dem Namen des Pferdes vor der Box aufgehängt werden sollte. Ein formalingetränkter Wattebausch wird über Nacht in die Kunststofftüte hineingegeben, so daß durch das verdampfende Formalin viele Pilzsporen im Putzzeug vernichtet werden. Sicherer aber ist das Hineinlegen der Geräte in eine 3%ige Formalinlösung.

8. Mauke, Raspe

Auch bei gepflegten Reitpferden können sich in der Fesselbeuge aller Gliedmaßen schorfige, eitrige Bezirke bilden. Die Ursache liegt heute weniger in der schlechten Stallhygiene als vielmehr in Industrieverunreinigungen des Geländes und darin, daß dem Hallenboden Antifrost-Chemikalien beigemischt werden oder daß Salz zum Schneeschmelzen verwendet wird. In leichteren Fällen genügt es, die Fesselbeuge mit einem sauberen Handtuch kräftig auszumassieren und anschließend mit Pinal-, Entozon-, Bepanthen- oder Cicatrex-Salbe täglich einzustreichen. Allzu häufige Waschungen sollten unterbleiben. Zur Vorbeugung kann die Fesselbeuge vor dem Ausritt mit Zink-Lebertransalbe eingerieben werden. Verbände wird man nur in sehr schweren Fällen anlegen, da der Verband seinerseits wieder reizt.
Ähnliche Entzündungs- und Reizungserscheinungen treten in der Haut der Sprunggelenkbeuge auf und werden dort als Raspe bezeichnet. Die Behandlung ist die gleiche wie bei der Mauke.

9. Satteldruck

Auch ein vorzüglich sitzender Sattel kann bei verunreinigter Satteldecke Druckstellen erzeugen. Dies ist insbesondere bei

verschwitzten und hart gewordenen Filzunterlagen sowie bei nicht sorgfältig gefalteten und aufgelegten Decken der Fall. Namentlich bei längeren Ritten ist während der Pausen von Zeit zu Zeit abzusatteln und die Sattellage auf Druckstellen, Schwellungen und ungewöhnliche Wärmeentwicklung zu prüfen. Je nach Umfang der Veränderungen kann der Satteldruck schon im Entstehen durch Auflegen eines in Rivanol (in der Schweiz: Betadine) getauchten Handtuches wirkungsvoll bekämpft werden. In möglichst regelmäßigen Zeitabständen spritze man den Rücken mit kaltem Wasser ab oder wasche ihn mit einer Essigwasserlösung aus. Widerrist- und Satteldrücke sollten nicht verschleppt werden, da offene Druckstellen zu langwierigen tierärztlichen Behandlungen, ja sogar zur Dienstuntauglichkeit eines Pferdes führen können.
Harte Knoten in der Sattellage sind meist alte verstopfte Talgdrüsen, in denen fester Eiter steckt. Der Tierarzt wird Schwitzpackungen mit wärmeerzeugenden Salben verordnen (z.B. Ichthyol, Reduzine) oder Antibiotika oder Cortison direkt in diese Knoten hinein injizieren. Nur in seltenen Fällen muß der Knoten operativ entfernt werden.

10. Sonnenbrand

Bei intensiver Sonneneinstrahlung im Weidegang kann bei dunklen Pferden an den weißen Körperstellen eine Hautreizung mit nachfolgender Hautablösung beobachtet werden. Schutz vor weiterer Sonneneinwirkung und Einreiben von Lebertransalbe bewirken im allgemeinen schnelle Abhilfe. Langandauernde Einwirkung kann zu Schäden innerer Organe führen.

9. Kapitel

Innere Krankheiten

1. Atemnot, Erstickungsgefahr

Eine plötzlich auftretende Atemnot kann durch Fremdkörper in den luftzuführenden Wegen entstehen. Dies kommt häufig vor, wenn das Pferd mit trockenen Rübenschnitzeln gefüttert wird. Die Rübenschnitzel werden mit Speichel vermischt abgeschluckt und quellen auf, während sie die Speiseröhre hinuntergleiten. Sie stauen sich vor dem Mageneingang. Das Pferd kann durch Einatmen von Futterteilen in die Luftröhre Erstickungsanfälle bekommen. Der Tierarzt ist unverzüglich zu benachrichtigen. Bis zu seinem Eintreffen kann man dem Patienten die Atmung durch Öffnen von Fenstern und Türen und durch Lösen aller Gurten erleichtern. Kopf tiefhalten! Nicht weiterfressen lassen!
Atemnot mit bellendem Husten kann auf einen akuten Asthma-Anfall hindeuten.
Schluckbeschwerden mit Speichelfluß und Atemnot deuten auf Tetanus.

2. Wundstarrkrampf, Tetanus

Der Darm gesunder Pferde enthält Tetanusbazillen, die dem Wirt nicht schaden. Gelangen sie aber mit dem Kot an die Außenluft, bilden sie sehr widerstandsfähige Dauerformen, sogenannte Sporen, die in den oberflächlichen Bodenschichten überall dort vorkommen, wo Pferde Kot abgesetzt haben. Gelangen diese Sporen in Wunden – tiefe Stichverletzungen sind wegen ihrer Sauerstoffarmut besonders gefährlich –, kann es zu einer Wundstarrkrampfinfektion kommen. Neben steifen Bewegungen sind die wesentlichsten Merkmale folgende: Vorfall der Nickhaut am Auge, Krampf der gesamten Skelettmuskulatur, insbesondere am Maul, mit ständigem Speichelfluß und sägebockartiger Stellung. Die Heilung dieser gefährlichen und verlustreichen Krankheit ist äußerst langwierig und durchaus nicht immer von Erfolg gekrönt. Es ist daher unverständlich, daß manche Pferdebesitzer ihre Pferde nicht vorbeugend gegen Wundstarrkrampf schutzimpfen lassen (s. Gesundheitsplan S. 168/169).

3. Futterverweigerung

Die Futterverweigerung eines Pferdes ist eines der untrüglichen Kennzeichen für eine beginnende Indisposition oder Krankheit. Dabei ist es von Vorteil, die Freßgewohnheiten seines Pferdes zu kennen, um schon bei gestörter Futteraufnahme das Tier genauer untersuchen zu können, bevor es zur völligen Futterverweigerung kommt. Folgende Ursachen müssen bei Appetitminderung beachtet werden:

Zähne:
Der Zahnwechsel erfolgt bei allen Pferden im Alter von 2½ bis 4½ Jahren und kann Anlaß zu vorübergehender Futterverweigerung geben.
Durch Anomalien oder ungleichmäßige Abnutzung können sich bei älteren Pferden an den Backenzähnen sogenannte Haken bilden (am Oberkiefer außen, am Unterkiefer innen), die kleine Verletzungen an der Schleimhaut der Backe und der Zunge hervorrufen. Unzerkaute ganze Haferkörner im Kot weisen oft auf ein gestörtes Zahnbild hin.
Zweimal jährlich, während der durchzuführenden Wurmbehandlung, sollte man den Tierarzt bitten, eine kurze Zahnuntersuchung vorzunehmen. Dies ist besonders bei jungen Pferden im Zahnwechsel wichtig, da Stellungsfehler, die von zu lange vorhaltenden Milchzähnen herrühren, rechtzeitig korrigiert werden können. Die entstandenen Haken können mit der Zahnraspel leicht entfernt werden. Dieser Eingriff dauert im allgemeinen nur Minuten und kann monatelanges Kümmern eines Pferdes oft überraschend schnell beheben.

Wasser:
Wird einem Pferd kein sauberes Wasser in ausreichender Menge

angeboten, kann es ebenfalls zur Futterverweigerung kommen. Die ungenügende Freßlust auf Turnierplätzen hat hierin oft die Ursache. Da sehr viele Stallungen heute mit Selbsttränke ausgerüstet sind, hat der Pfleger keine Übersicht mehr, wieviel und in welcher Art ein Pferd trinkt. Dies ist eigentlich ein Nachteil, da das ordnungsgemäße Tränken eines Pferdes sehr gute Aufschlüsse über den Gesundheitszustand geben kann: Bei Erkrankungen im Schlundkopfbereich, wie sie als Folge von Druse und ansteckendem Husten auftreten können, läuft z.B. dem Pferd beim Trinken nicht selten etwas Flüssigkeit aus der Nase zurück und weist somit auf dieses Krankheitsbild hin. Selbsttränkeeinrichtungen verleiten zu einer gewissen Nachlässigkeit in der Kontrolle der Wasseraufnahme beim Pferd. Sie müssen peinlich gereinigt und täglich auf ihr Funktionieren kontrolliert werden. Manche Pferde spielen gern mit den Selbsttränken und trinken unnötig viel Wasser. Dagegen hilft zeitweiliges Abstellen der Tränken.

Magenbremsen:
Am Ende der Weidezeit kann hochgradiger Befall der Magenschleimhaut mit Larven der Magenbremse zur Futterverweigerung führen. Die zumeist an den Gliedmaßen der Pferde abgelegten gut sichtbaren gelben Eier der Dasselfliege werden durch die Zunge des Pferdes aufgenommen und machen eine Wanderung im Pferdekörper durch, ehe sie sich als Larven in der Magenschleimhaut festsetzen. Der Befall mit Magenbremsen ist in der Schweiz sehr selten, wird aber durch Starts auf ausländischen Turnieren sowie über Importpferde ebenfalls eingeschleppt. Weitere Ausführungen hierzu siehe S. 177 ff.

Wurmbefall
Hochgradiger Wurmbefall kann sehr wohl Ursache einer Freßunlust sein. Oft werden bei einer Kotuntersuchung keine Wurmeier gefunden, doch kann das Pferd trotzdem stark verwurmt sein. Entweder sind die Parasiten noch nicht geschlechtsreif, so daß keine Eier ausgeschieden werden, oder es wurde eine wenig befallene Kotprobe untersucht. Aus diesem Grund sollte unbedingt eine regelmäßige Kotuntersuchung und Wurmbehandlung erfolgen (s. S. 181 ff.).

4. Kolik

Fällt ein Pferd durch Freßunlust auf, muß auch an Kolik gedacht werden. Der Begriff Kolik ist keine Krankheitsbezeichnung an sich, sondern nur ein Ausdruck für einen Symptomenkomplex, der am besten mit Bauchschmerzen umschrieben werden kann.

Kolikanfälligkeit:
Wildpferde früherer Zeiten waren auf der Suche nach Futterpflanzen den ganzen Tag über in langsamer, aber steter Bewegung. Sie waren dabei auf die Aufnahme hartfaseriger, frischer Pflanzen angewiesen. Durch die Domestikation und die Stallhaltung ist das moderne Vielseitigkeitspferd auf wenige Mahlzeiten mit konzentriertem Futter angewiesen. Die Verdauungsorgane werden schubweise extrem überlastet. Anfällige Pferde sollten daher mit vielen kleinen Mahlzeiten, die sich über den ganzen Tag verteilen, versorgt werden. Den Pferden ist zur Aufnahme ihres Kraftfutters unbedingt genügend Zeit und Ruhe zu lassen, um einer Kolik vorzubeugen.

Anzeichen einer beginnenden Kolik:
Bei einem leichten Kolikanfall beginnt das Pferd mit den Vorderfüßen zu scharren. Es schlägt mit dem Schweif und legt sich häufig nieder. Oft wendet es den Kopf zu der Flanke, aus der der Schmerz kommt. Bei starken Kolikanfällen wälzt es sich, schlägt mit den Hinterfüßen unter den Bauch und beginnt stark zu schwitzen. Oft wirft es sich rücksichtslos auf den Boden und verharrt minutenlang in Rückenlage. Die Schmerzen können derartig zunehmen, daß das Pferd mit dem Kopf gegen die Wände schlägt und sich schwere Verletzungen zufügt.

Kolikursachen:
Aus der Fülle der möglichen Kolikursachen können hier nur einige wichtige genannt werden. Bei unbefriedigendem Futterangebot versucht das Pferd, durch unkontrolliertes Strohfressen den Mangel auszugleichen. Das Stroh wird oft schlecht gekaut und führt zu einer Verstopfung im Dickdarm. Das kann der Tierarzt durch eine Untersuchung vom Darm aus feststellen.

Wird die Kolik durch die Einstülpung eines Darmstückes hervorgerufen, sind die Symptome hochdramatisch und es besteht nur geringe Aussicht auf Heilung.
Eine starke, von ungeeignetem Futter – z.B. leicht angeschimmeltem Heu – verursachte Gasfüllung der Därme drückt auf das Zwerchfell, so daß das Pferd unter erschwerter Atmung leidet. Oft ist der Bauch nach außen sichtbar gebläht. Das unter Hochdruck gepreßte, oft nicht ganz trocken eingebrachte Heu stellt die häufigste Ursache für Koliken (aber auch chronischen Husten) dar. Allein das Aufschütteln des Heus kann die gefährlichen Stoffe nicht entfernen. In den Pferdestall gehört nur allerbestes Heu (grün, blattreich, aromatisch duftend und knackig im Griff)!
Eine Magenüberladung entsteht, wenn das Pferd über Nacht an die Futterkiste kommt. Das hastig aufgenommene konzentrierte Futter quillt im Magen und kann in schweren Fällen zu Zerreißung des Magenschließmuskels führen.
Eine nicht geringe Anzahl von Koliken wird durch Schäden in den zum Darm führenden Blutgefäßen verursacht. So können Monate und Jahre zurückliegende, schädigende Wanderungen der Blutwurmlarven an der Innenseite der Blutgefäße die Ursache sein. Dadurch haben sich dort kleine Blutgerinnsel gebildet. Diese werden im Lauf von Monaten mit dem Blut weitergeführt und können die Blutgefäße verstopfen. Es kommt zu einer unzureichenden Versorgung eines Darmabschnittes, wodurch daselbst die Darmbewegung verringert wird, ja sogar erliegen kann. Hierdurch kann sich der Darminhalt stauen und den Darm verstopfen.
Die auf ihrem Entwicklungsweg in der Blutbahn schmarotzenden Blutwurmlarven können bei gehäuftem Auftreten die vordere Gekrösearterie verstopfen und ebenfalls die oben beschriebenen Veränderungen an einzelnen Darmteilen verursachen.
Schieben sich benachbarte Darmteile über den gelähmten Teil, kann es zum Darmverschluß kommen.
Einzelne Kolikformen zeichnen sich durch immer wiederkehrende leichte Eingeweideschmerzen aus, die stets Anlaß geben sollten, den Gesundheitszustand sowie den Futterplan und die Futterzusammensetzung genauestens zu überprüfen.

Unechte Koliken:
Nicht immer bedeutet der Bauchschmerz eine Erkrankung im Darm. Als andere Ursachen kommen in Frage: Nierenschäden, Blasenentzündungen, Blasenmuskelverkrampfungen, Schlundverstopfungen und Aufnahme von Giftpflanzen.

Selbstbehandlung:
Nach Studium des Vorgenannten wird der Pferdebesitzer unschwer erkennen, daß die Selbstbehandlung einer Kolik ohne vorherige exakte Diagnose die gefährlichsten Folgen haben kann. Falsche Maßnahmen verzögern die genaue Diagnosefindung und verschleiern das Bild für den untersuchenden Tierarzt. Leider werden auch heute noch viele Pferde bei Kolikanfällen mit Laienmitteln behandelt, die zwar in manchen Fällen zum Erfolg führen, in der Mehrzahl aber die Erfolgschancen eines später zugezogenen Tierarztes sehr verringern. Das Eingeben von Flüssigkeiten mit der Flasche ist beim Pferd ein Kunstfehler, da durch die Konstruktion des Kehlkopfes Medikamente sehr leicht in die Luftröhre gelangen und in der Lunge eine Verschluck-Lungenentzündung hervorrufen können. Er ist verzeihbar in äußersten Notfällen, wenn Eile not tut und keine andere Verabreichung möglich ist (z.B. bei Vergiftungen).

Erste Maßnahmen bei einer Kolik:
Bis zum Eintreffen des Tierarztes sollte auf jeden Fall jegliche weitere Futteraufnahme mit einem Maulkorb verhindert werden. Das Pferd wird in eine geräumige, gut eingestreute Box gebracht oder in der Reithalle mit großen Pausen langsam im Schritt geführt. Auf keinen Fall darf es an der Longe traben, da bei einer Kolik der Kreislauf ohnehin stark belastet ist und durch zusätzliche Arbeit ein Kreislaufversagen eintreten kann. Nur der Tierarzt kann nach Diagnosestellung entscheiden, ob sich das Pferd wälzen darf. Auf keinen Fall soll es sich mit Wucht auf den Boden werfen, weil es dabei zu inneren Verletzungen kommen kann. Nicht selten hat sich die Massage des Unterbauchs mit Strohwischen als hilfreich erwiesen. Das Ausräumen des Mastdarmes dagegen hat auf den Verlauf der Kolik keinen Einfluß. Ist mit einem baldigen Eintreffen des Tierarztes nicht zu rechnen, kann

mittels eines weichen Schlauches und eines Trichters ein Eimer kaltes Wasser in den Mastdarm eingefüllt werden. Dies führt zu einer günstigen, allerdings kurz andauernden Darmanregung und einer Besserung des Blutkreislaufes.

Vorbeugende Maßnahmen bei Kolikpferden:

1. Gutes, vorschriftsmäßig geerntetes und gelagertes Futter ist die wichtigste Voraussetzung. Die von den Fabriken gelieferten Futterkonzentrate müssen frisch sein, einen angenehm aromatischen Duft aufweisen und dürfen weder Schimmel noch Verklumpungen zeigen. Keine Lagerung auf Betonboden!
2. An Ruhetagen ist die Haferration auf die Hälfte zu kürzen.
3. Gefährdete Pferde werden mindestens viermal täglich gefüttert.
4. Zweimal in der Woche wird kolikanfälligen Pferden Mash verabreicht. Mashrezept: 1 kg Quetschhafer, 100 g Leinsamen oder Leinsamenmehl, 1 Eßlöffel Glaubersalz. Diese Bestandteile werden gut gemischt, mit heißem Wasser angebrüht und dreifingerhoch mit Kleie in einem Eimer abgedeckt. Nach zweistündigem Ziehen wird das Mash nach Umrühren handwarm verfüttert.
5. Das Trinkwasser ist am bekömmlichsten, wenn seine Temperatur nicht unter 9°C sinkt. Das Pferd muß den ganzen Tag über nicht zu kaltes Wasser erreichen können.
6. Verstopfungen lassen sich durch Zufüttern von Leinsamen, Karotten und Äpfeln vermeiden. Ist das Verfüttern von getrockneten Rübenschnitzeln nicht zu umgehen, müssen diese mindestens einen halben Tag eingeweicht werden.
7. Gefährdete Pferde werden jeden Tag bewegt.
8. Erwachsene Pferde müssen mindestens viermal im Jahr entwurmt werden, Fohlen mindestens sechsmal.
9. Futterhäcksel muß mindestens 2 Zentimeter lang sein, da das Pferd kürzer zugeschnittenes Stroh nicht genügend einspeichelt, so daß Verstopfungen entstehen können.
10. Notorische Strohfresser werden in eine Torfbox verbracht.
11. Plötzlicher Futterwechsel ist zu vermeiden.
12. Pferde, die vorwiegend mit Pellets gefüttert werden, brauchen mehr Wasser.
13. Die Umstellung auf pelletiertes Futter muß langsam erfolgen:

am besten 2 Monate bisheriges Futter *und* Pellets verabreichen.
14. Wenn Pferde bei Pelletfütterung oft Kolik bekommen, sollten kleinere Portionen auf mehrere Mahlzeiten verteilt werden und gleichzeitig kleine Mengen Hafer und Heu zur Verfügung stehen.
15. Zu jedem pelletierten Futter muß unbedingt einwandfreies, vollkommen schimmelfreies Stroh gefüttert werden. Merke: Pferde können Einstreustroh und Futterstroh nicht unterscheiden, daher nur beste Qualität für beides.

5. Durchfall, Darmkatarrh und Darmschleimhautentzündung

Sie werden entweder durch eine Infektion (Salmonellen) oder durch verdorbenes Futter wie verschimmeltes oder fauliges Heu, gefrorenes oder naß eingebrachtes Grünfutter, schimmelige und unterkühlte Möhren oder ähnliches verursacht. Zahlreiche Vergiftungen (s. unten) können ebenfalls Durchfall hervorrufen. Starker Wurmbefall, plötzlicher Futterwechsel oder eine übermäßige, hastige Wasseraufnahme sind weitere mögliche Durchfallursachen. Fohlendurchfall s. S. 133, 177.

Maßnahmen bei Durchfall:
Das Pferd muß 24 Stunden fasten, es erhält weder Wasser noch Futter. Dann wird mit einer vorsichtig aufbauenden diätetischen Ernährung wieder begonnen. Dafür sind das erwähnte Mash und ein ausgezeichnetes Heu in kleinen Mengen gut geeignet.
Sind im Kot Blutbeimengungen sichtbar oder wird Temperaturerhöhung festgestellt, muß der Tierarzt verständigt werden.

6. Vergiftungen

Durch die Einzelaufstallung in der modernen Reitpferdehaltung, die der natürlichen Lebensweise des Pferdes völlig entgegengerichtet ist, unterliegen sehr viele Schutzinstinkte des Pferdes einem domestikationsbedingten Abbau. Wildpferde und die ihnen im Verhalten noch nahestehenden Robustpferderassen wagen sich

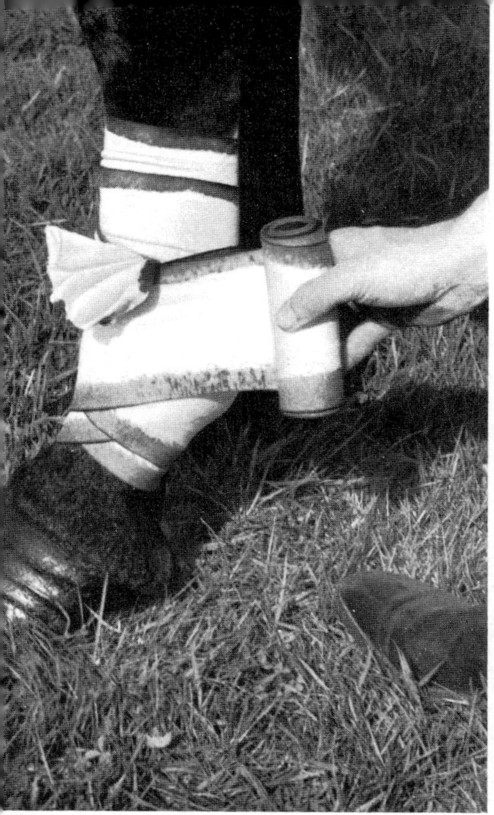

Abb. 9a. Fesselgelenkverband.

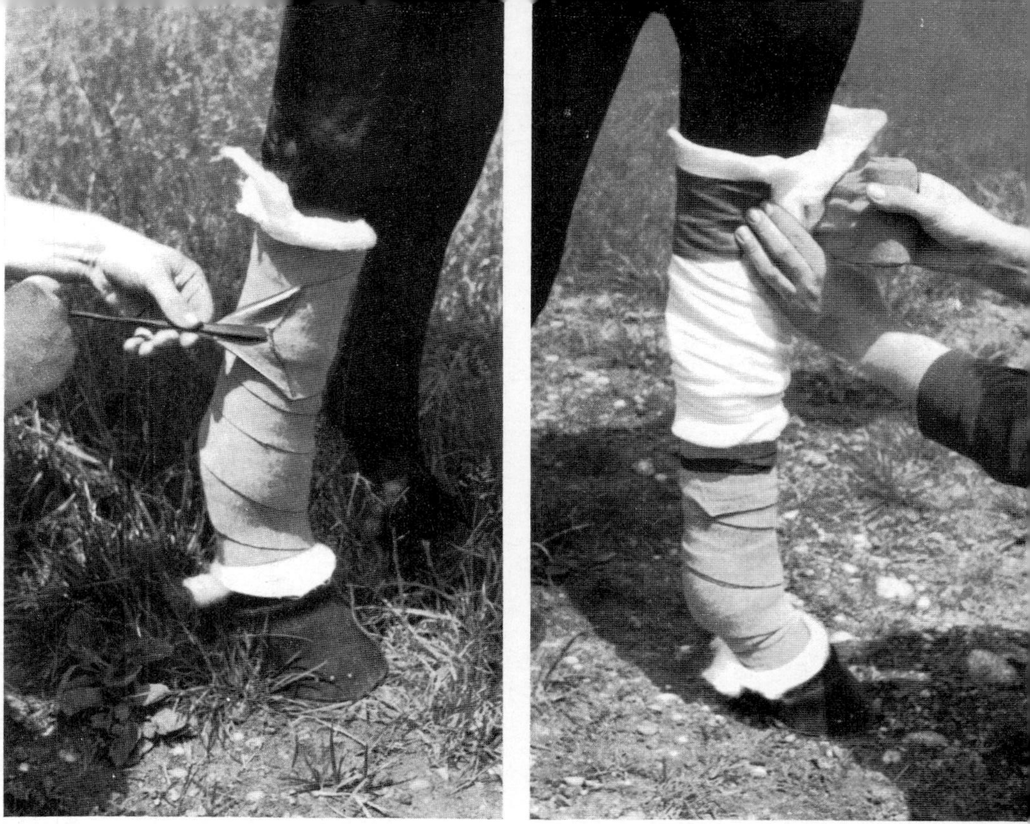

Abb. 9b und c. Verband des Vorderfußwurzelgelenks mit Stütze von unten.

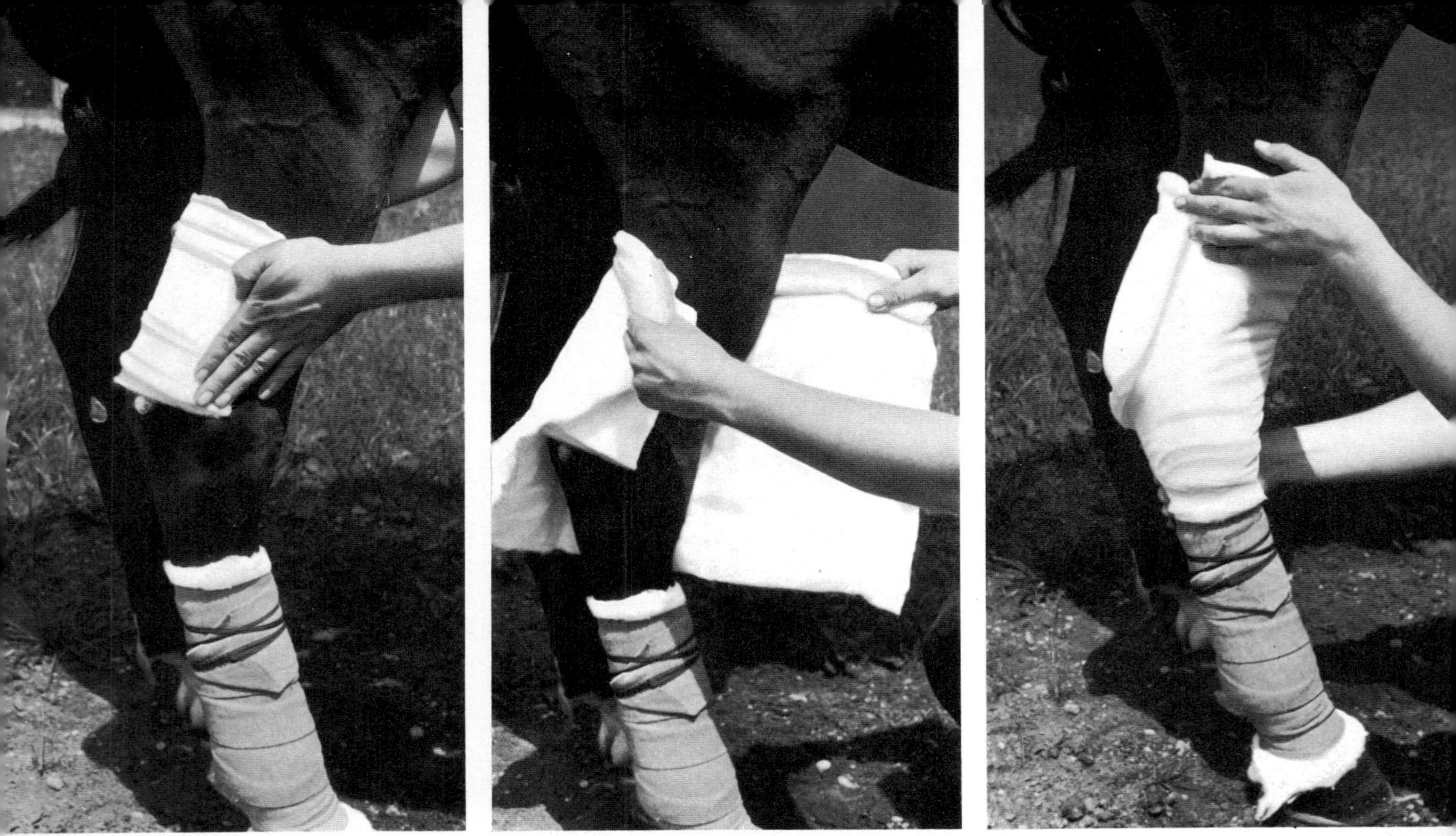

Abb. 10a bis c. Gliedmaßenverband.

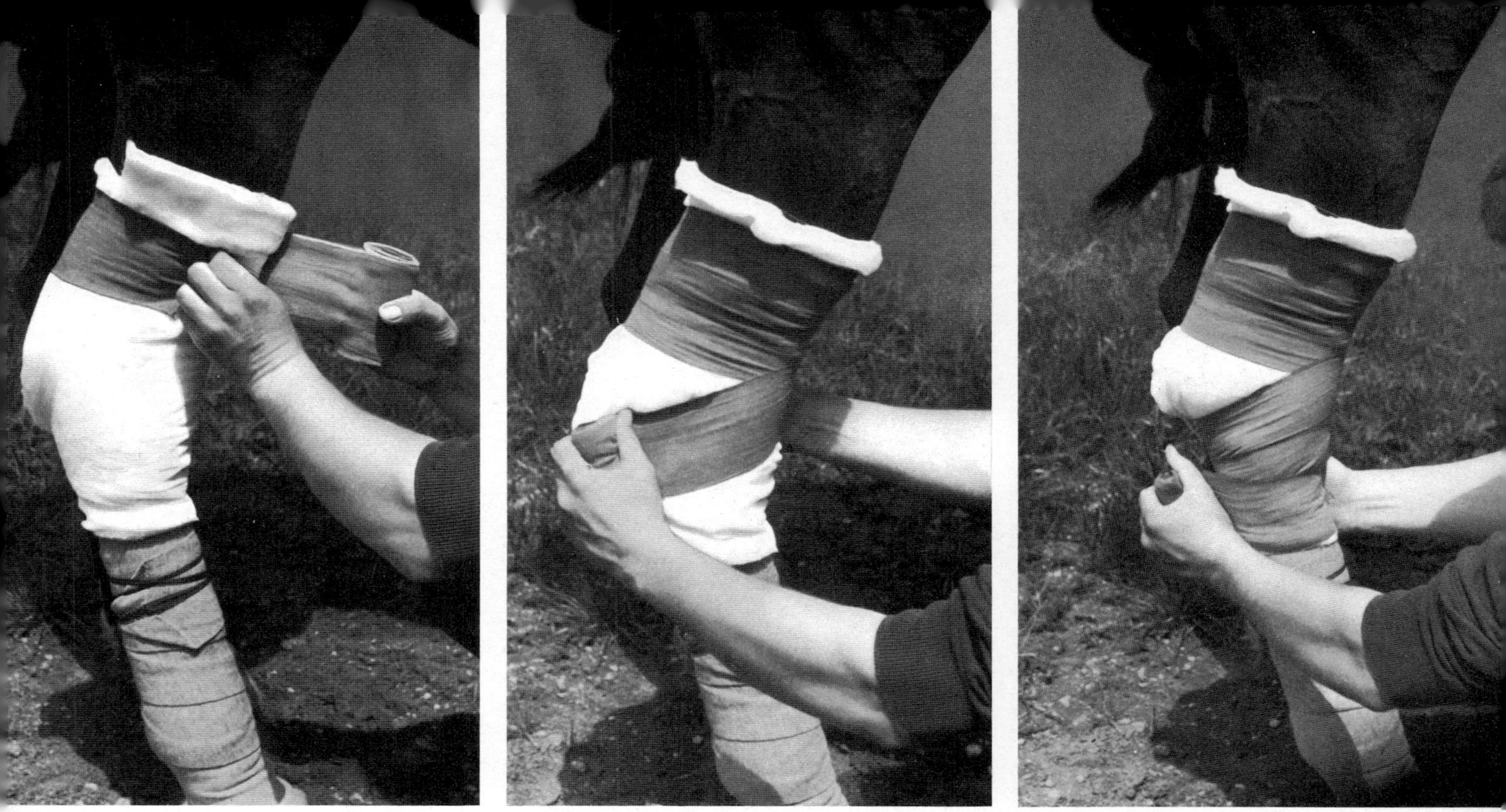

Abb. 10d bis f. Gliedmaßenverband (Fortsetzung).

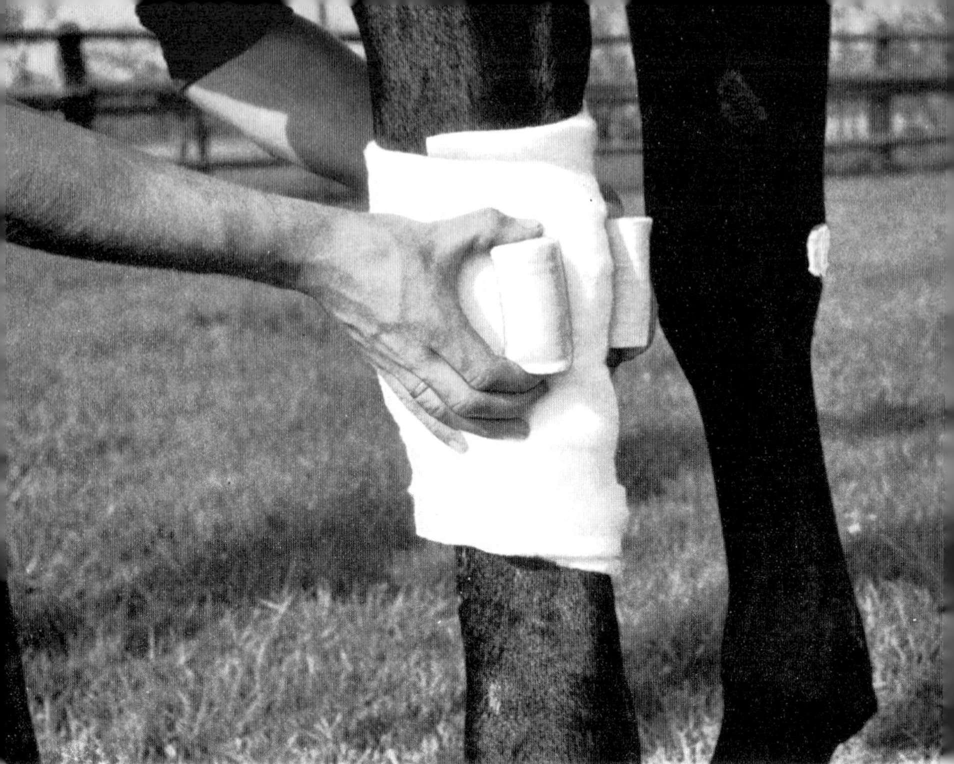

Abb. 11a ▲ ▼ Ab

normalerweise instinktiv nicht an Giftpflanzen. Bei Robustpferderassen spielen Vergiftungen mit Holzimprägnierungsmitteln und Chemikalien eine größere Rolle. Für den Reiter ist eine gewisse Grundkenntnis der für das Pferd gefährlichsten Giftpflanzen wesentlich, damit er nicht, wie es immer vorkommt, sein Pferd bei einem Ausritt in der Nähe einer Eibe rasten läßt. Viele Pferde haben nämlich die Untugend, während des Ausrittes spielerisch Blätter und Zweige abzurupfen, um sie unterwegs zu verspeisen. Bei Vergiftungsverdacht ist daher der genaue Erinnerungsbericht des Reiters über durchgeführte Ausritte von erheblichem diagnostischem Wert.

Anzeichen einer Vergiftung:
Akute Vergiftungen gehen fast immer mit auffälliger Unruhe und Darmstörungen einher. Chronische Vergiftungen mit Schimmelpilzen, Arsen, Blei, Jod und ähnlichem haben eine sichtliche Abmagerung des Pferdes zur Folge. Geschwürige Verätzungen mit Schluckbeschwerden und Speichelfluß treten nach Phosphoraufnahme auf frisch gedüngten Weiden oder durch Lecken an frischen terpentinölhaltigen Anstrichen auf. Geschwürige Veränderungen in der Nasenschleimhaut werden durch Lupine hervorgerufen. Die Magen-Darm-Störungen können zwischen Koliken, Verstopfungen und Durchfall wechseln. Störungen des Bewegungsablaufes wie Nachhandlähmungen und Schwanken, nicht selten auch Hufrehe, können ebenfalls Vergiftungen als Ursache haben.
Vergiftete Pferde gebärden sich überempfindlich, reagieren stark auf äußere Reize, zeigen oft erweiterte Pupillen und Lichtscheu.

Maßnahmen:
Bis zum Eintreffen des Tierarztes ist jegliche Futteraufnahme des Pferdes zu verhindern. Der Tierarzt ist auf eine sehr genaue Schilderung aller möglichen Ursachen angewiesen. Insbesondere geben die Originalpackungen von verwendeten Schädlingsbekämpfungsmitteln, Medikamenten oder Zusatzfutterstoffen oft den nötigen Aufschluß.

Abb. 11a und b. Vorderfußwurzelgelenk-Verband.

Vielfach geht es bei der Behandlung um Minuten. Bei Pflanzenvergiftungen sollte man dem Tierarzt die betreffende Pflanze zur Beurteilung aufbewahren. Besteht keine Möglichkeit einer schnellen tierärztlichen Behandlung, sind folgende Selbsthilfemaßnahmen möglich: Zeigt das Pferd starke *Teilnahmslosigkeit,* auffallende Müdigkeit, verminderte Bewegung, Lähmungserscheinungen, dann kann eine Behandlung mit schwarzem Kaffee lebensrettend sein. 1 Liter mit der Flasche eingegeben oder als Einlauf in den Mastdarm. Allerdings sollte man die Kaffeebehandlung keinesfalls dann durchführen, wenn das Pferd sich in einer Erregungsphase einer Vergiftung befindet. – Zeigt das Pferd *Übererregung,* dann kann ein Beruhigungsmittel mit der Flasche, in einem ½ l Wasser aufgelöst, eingegeben werden (Vetranquil).

Pflanzliche Vergiftungen:

Pflanzenname	Wirksame Bestandteile	Wirkung
Adonisröschen (Adonis vernalis)	Glycoside	Herzwirksam, Darmkrämpfe, Koliken
Bilsenkraut (Hyoscyamus niger)	Hyoscyamin, Atropin	Lähmungen, Koliken
Blauer Eisenhut (Aconitum napellus)	Aconitin, Alkaloide	Kolik, Durchfall, Nierenentzündung
Buchsbaum (Buxus sempervirens)	Buxin, Parabuxin, Buxinidin	Lähmung des Nervenzentrums, Kolik, Schwindel. Tödliche Dosis 750 g Blätter
Buschwindröschen (Anemone nemorosa)	Protoanemonin	Entzündung von Verdauungskanal und Nieren, Herzschwäche
Christrose (Helleborus niger)	Digitalisglycoside	Schleimhautätzend
Eibe (Taxus baccata)	Taxin, Ameisensäure, Blausäure	Herzlähmung, Koliken, Blasen-Nieren-Entzündung, Atemlähmung. Tödliche Dosis 150 g Nadeln
Falsche Akazie (Robinia pseudoacacia)	Toxalbamin, Robin	Kolik, Gehirnreizung, Herzschwäche, Hufrehe

Pflanzenname	Wirksame Bestandteile	Wirkung
Fingerhut (Digitalis purpurea)	Digitalisglycoside	Herz-Kreislaufstörung, Schweißausbruch
Goldregen (Cytisus laburnum)	Zytisin Nikotinartiges Gift	Krämpfe, Durchfall Gähnen, Schwitzen, Taumeln
Hahnenfuß (Ranunculus sceleratus)	Protoanemonin	Entzündung von Verdauungskanal und Nieren, Herzschwäche, Speichelfluß
Herbstzeitlose (Colchicum autumnale)	Colchicin Vor allem Samen gefährlich, auch noch im Heu	Koliken, brauner Harn in kleinen Mengen, Atemlähmung
Kartoffelkeime (enthalten Solanum tuberosum)	Alkaloid, Solanin	Darmreizung, Krämpfe, Blutzersetzung
Lebensbaum (Thuja occidentalis), ähnl. Sadebaum	Ätherische Öle	Schleimhautreizung, Kolik, Durchfall, Leberdegeneration
Nachtschatten (Solanum nigrum)	Solanin	Magen, Darm
Oleander (Nerium oleander)	Oleandrin, Nerein, Glycoside	Herzschwäche, Kolik, Durchfall
Pfaffenhütchen (Evonymus europaea)	Alkaloide	Kreislaufstörung, Krämpfe, Durchfall
Rhododendron (verschiedene Arten)	Andromedotoxin	Schleimhautreizend, Speicheln, blutiger Durchfall, Zwerchfellkrämpfe
Schierling (Conium maculatum)	Coniin, Alkaloid	Muskelschwäche, Krämpfe, Lähmungen
Seidelbast (Daphne mezereum)	Mezerein (ähnl. Kantharidin)	Maulschleimhautschwellung, Darmentzündung. Tödliche Dosis 30 g Rinde
Stechapfel (Datura stramonium)	Rauschgifte	Aufregung, Speicheln, Lähmung
Stieleiche (Quercus robur)	Gerbsäure in jungen Eicheln	Verstopfung, nach Aufnahme großer Mengen Darmentzündung
Sumpfschachtelhalm (Equisetum palustre) (Ackerschachtelhalm bei Sommerekzem des Islandpferdes oft bewährt und nicht giftig!)	Saponine Durch Regen ausgelaugte Pflanzen ungiftig	Lähmungen, Taumeln, Schreckhaftigkeit. Bei chronischer Aufnahme: Abmagern

Pflanzenname	Wirksame Bestandteile	Wirkung
Tabak (Nicotiana tabacum)	Nikotin	Aufregung, Lähmungen, Kolik
Tollkirsche (Atropa belladonna)	Hyoscyamin, Atropin	Lähmungen nach starkem Schwitzen, Aufregungen, weite Pupillen
Weißer Steinklee (Melilotus albus)	Glycoside, Kumarin	Blutgerinnungsstörung
Wicke (Vicia sativa)	Zyan	Schwitzen, Abmagerung, Gelbsucht, Hufrehe

10. Kapitel

Ansteckende innere Erkrankungen

Krankheitsanfälligkeit:

Bei Infektionskrankheiten durchbrechen die Keime die natürlichen Abwehrschranken und gelangen in die Organsysteme des Körpers. Diese natürlichen Schranken bestehen aus der äußeren Haut, den Schleimhäuten des Maules, der Nase, der Scheide und anderer innerer Körperoberflächen wie z.B. des Darmes. Der Mehrzahl der Keime gelingt ein Durchbruch nur dann, wenn die beschriebenen Barrieren in irgendeiner Form geschädigt sind, wie dies bei Verletzungen der Haut durch Parasitenbefall oder bei Beschädigung der Darmschleimhaut nach anhaltendem Durchfall eintritt. Unzureichende Zufuhr von Vitaminen – wie Vitamin A am Winterausgang – vermindert die Abwehrbereitschaft der Schleimhäute, wodurch Erkältungskrankheiten leichter um sich greifen können. Somit verfügt ein gut gefüttertes und gepflegtes, optimal untergebrachtes Pferd über eine wesentlich bessere Abwehrbereitschaft gegen Krankheitserreger als ein Pferd unter schlechten Umweltbedingungen. Trotzdem gibt es eine Reihe von Keimen, die auch in einen kerngesunden Organismus eindringen können. Daher ist eine der wichtigsten Forderungen, zwischen gesunde Pferde niemals ein erkranktes, krankheitsverdächtiges oder in Quarantäne befindliches Pferd zu stellen.
Als erste Anzeichen einer ansteckenden inneren Erkrankung gelten Futterverweigerung und Fieber.

Fieber:

In jede Stallapotheke gehören zwei Fieberthermometer, da in der Regel eines unbrauchbar ist. Die Temperatur der Pferde wird mit den üblichen, für den Menschen verwendeten Thermometern gemessen (s. Abb 14 bei S. 97). Das stumpfe Ende des Thermometers überzieht man mit einem Kunststoffschlauch, an dem ein Faden befestigt ist. An dessen Ende wird eine Wäscheklammer angebracht, mit der das Thernometer während des Messens am Schweif angeklemmt wird. Das angefeuchtete Thermometer wird 3 Minuten mit Dreiviertel seiner Länge in den After geschoben. Bei der Temperaturmessung sind die unterschiedlichen Temperaturwerte der Pferde zu beachten:

Altersgruppen	Mittwelwerte morgens und abends
Saugfohlen bis 5. Tag	38,8°–39,3°C
Fohlen bis 6 Monate	38,5°–38,7°C
Absetzer bis zu 1 Jahr	38,2°–38,6°C
Wachsende und ausgewachsene Pferde	37,5°–38,3°C

In warmer Stallung: höhere Temperatur
Nach kaltem Tränken: niedrigere Werte
Unmittelbar nach anstrengender Arbeit: bis 40,0°C, sinkt in ca. 30 Minuten um 1 Grad

Maßnahmen bei einer Infektion:
Bei festgesteller Temperaturerhöhung muß an das Vorliegen einer Infektionskrankheit (Ansteckungskrankheit) gedacht werden. Allerdings muß eine Temperaturerhöhung nicht immer bedeuten, daß das Pferd eine Ansteckungskrankheit durchmacht. Auch bei akuten Allergien (Nesselfieber), bei einem Kreislaufversagen durch Hitzschlag oder aber bei starken Schmerzen, wie z.B. anläßlich einer Kolik, kommt es oft zu ganz erheblichen Temperaturerhöhungen. Während bei einer Infektionskrankheit mit hohem Fieber die tierärztliche Behandlung im allgemeinen nicht ganz so eilig ist, d.h. einige Stunden Zeit haben kann, ist bei den letztgenannten Krankheiten (s. dort) mit Fieber die sofortige tierärztliche Behandlung erforderlich. Vielfach geht es sogar um Minuten.
Bis zum Eintreffen des Tierarztes sollte man bei Verdacht einer Ansteckungskrankheit zunächst das Tier von den gesunden Pferden absondern, um diese vor möglichen Ansteckungskeimen zu schützen. Jedes Gestüt und jeder größere Reitstall sollte eine Isolierbox besitzen, die durch größeren Abstand von den anderen

Stallungen völlig getrennt ist. Diese Krankenbox muß die wichtigsten Voraussetzungen für eine gute Pferdebox erfüllen, d.h. ausgezeichnete Wärmeisolierung ohne Durchzug, ständigen Zugang zur staubfreien Außenluft. Diesen Forderungen genügen am besten Holzboxen mit halbteilig zu öffnender Tür. Die Boxen dürfen keine weiteren Öffnungen haben. Für das im Isolierstall befindliche Pferd werden getrenntes Putzzeug, besondere Tränkeimer und eigene Kittel für das Wartungspersonal benützt. Um eine Krankheitsübertragung in den übrigen Bestand weitgehend auszuschließen, werden zuerst die gesunden Pferde gepflegt und gefüttert, anschließend die erkrankten.

1. Pferdehusten

Der ansteckende Husten (Hoppegartener Husten, Pferdegrippe, ansteckender Katarrh der oberen Luftwege, infektiöse Bronchitis, Brüsseler Krankheit, Virushusten) beginnt mit einem nur kurz andauernden Temperaturanstieg und meist klarem Nasenausfluß. Wird das Pferd in diesem Stadium nicht geschont – durch Stallruhe oder Führen in frischer Luft –, so besiedeln Bakterien den geschwächten Körper als Folgeerkrankung der Virusinfektion. Die Temperatur steigt einige Tage später wieder an, die Freßlust der Tiere läßt nach. Der Nasenausfluß wird zunehmend eitrig. Dauert der Husten länger als 14 Tage, muß damit gerechnet werden, daß ernste Nachkrankheiten wie chronischer Husten, Dämpfigkeit, Kehlkopfpfeifen zurückbleiben.

Ansteckung:
Die Ansteckung erfolgt durch Einatmen von ausgehusteten Tröpfchen erkrankter Pferde oder durch direkte Berührung mit dem wäßrigen Nasenausfluß über Geräte und Kleidung, wie dies auch bei der Tröpfcheninfektion der Grippe des Menschen der Fall ist. Die Inkubationszeit zwischen Ansteckung und Auftreten der ersten Krankheitsanzeichen beträgt nur wenige Tage. Obwohl das Pferd am Anfang noch nicht hustet, ist der wäßrig-klare Nasenausfluß für andere Pferde hoch ansteckend. In einigen Fällen sind Tränenfluß oder leicht eitriger Augenausfluß erkennbar.

Behandlung:
Viruserkrankungen sind mit Medikamenten auch heute noch schwierig zu bekämpfen. Aus diesem Grunde sind Vorbeugemaßnahmen wichtiger als die Behandlung (s. Gesundheitsplan S. 168). Der Tierarzt muß bei der Untersuchung unterscheiden, ob er einige Tage hintereinander mehrmals hohe Dosen von Antibiotika spritzt, oder ob die Verordnung von schleimlösenden Pulvern oder Zäpfchen ausreicht. Ganz wesentlich für das Gelingen einer Behandlung sind die Maßnahmen, die das Stallpersonal zu ergreifen hat. Die Tiere müssen bei gutem Wetter, möglichst bei Sonne und an staubfreien Plätzen, dreimal täglich je eine halbe Stunde im Schritt bewegt werden. Es ist eine irrige Auffassung, daß die Pferde bei einer Grippeerkrankung in einem sorgfältig abgeschlossenen Stall geschützt gehalten werden müssen. Dies gilt insbesondere für Robustpferde, die ganzjährig in Offenstallhaltung auf der Weide leben und während einer Viruserkrankung sehr häufig in einen Stall verbracht werden. Daran sind sie nicht gewöhnt und beginnen daher in ihrem langen, auf Außenhaltung eingestellten Haarkleid sehr schnell zu schwitzen. Das Futter muß während der Krankheit – wie auch bei allergisch bedingtem Husten – von ausgezeichneter Beschaffenheit und staubfrei sein; das Heu wird außerhalb des Stalles aufgeschüttelt und nicht in hohen Raufen gereicht. Es empfiehlt sich, das Heu anzufeuchten. Auch die teilweise Umstellung von Heu auf pelletierte Fertigfutter hat sich bewährt, wobei aber eine ausreichende Rauhfasermenge für den richtigen Ablauf der Verdauung gewährleistet sein muß. Ersatz der Einstreu durch Torfmull oder Sägespäne eliminiert viele allergisierende Substanzen aus dem Stall. Sinnvoll sind solche Maßnahmen jedoch nur, wenn der Luftkontakt zur Nachbarbox ausgeschaltet oder in dieser ebenso verfahren wird. Erkrankte Pferde dürfen zwei Wochen nach Hustenbeginn nicht zur Arbeit herangezogen werden, selbst wenn sie gesund scheinen. Als Faustregel hat es sich bewährt, Pferde nach Abklingen einer Grippeerkrankung vom Moment der Freigabe durch den Tierarzt an noch weitere acht Tage zu schonen. Die sich häufenden Lungenerkrankungen bis hin zur Dämpfigkeit sind meist auf nicht genügend ausgeheilte Pferdegrippen und zu frühen Gebrauch der Pferde nach der Erkrankung zurückzuführen.

Behandlung von hartnäckigem Husten:
In der letzen Zeit nehmen Erkrankungen an Pferdegrippe oder am ansteckenden Husten immer mehr zu. Das hat verschiedene Ursachen. Durch Pferdeansammlungen auf Turnieren und anderen reitsportlichen Anlässen sind die Pferde einer erhöhten Ansteckungsgefahr ausgesetzt, zumal weil durch Transport und sportliche Belastung eine Resistenzminderung gegenüber Krankheitskeimen immer unvermeidbar ist. Das heutige moderne Reitpferd ist durch die Stallhaltung so anfällig geworden, daß seine natürliche Widerstandskraft den Krankheitserregern oft nicht mehr gewachsen ist. Verschiedene Virusarten, die als Erreger der Grippe des Pferdes in Betracht kommen, scheinen an krankmachender Wirkung zugenommen zu haben, indem sie durch die vielen Pferdepassagen eine sogenannte Virulenzsteigerung (Steigerung der Ansteckungsfähigkeit) erfuhren. Außerdem kommen zahlreiche Virusstämme für die Infektion unserer Pferde in Frage, so daß auch eine korrekt durchgeführte Impfung gegen Pferdegrippe keinen absoluten Schutz bietet, wenn eine neue Virusart grassiert. Im übrigen müssen die Pferde bei einer Husten-Schutzimpfung – wie dies bei allen Schutzimpfungen der Fall ist – in einer guten, gesunden Ausgangslage ihres Körpers sein, um einen ausreichenden Impfschutz aufbauen zu können. Es ist wichtig, daß der Impfplan eingehalten wird und die Wiederholungsimpfungen regelmäßig erfolgen; eine einmalige Impfung ist unnütz ausgegebenes Geld.
In manchen Fällen ist die Hustenplage derartig verhängnisvoll, daß nur die gleichzeitige Durchführung vieler Maßnahmen Erfolg verspricht.
Desinfektion: Jeder weiß, daß ein schnupfenkranker Mensch sich ständig neu an seinem gebrauchten Taschentuch selbst anstecken kann. Ähnlich geschieht es dem Pferd in seiner nicht desinfizierten Box. Leider ist es nicht möglich, eine Pferdebox vollständig keimfrei zu machen, jedoch lassen sich die Krankheitskeime einigermaßen in Schach halten. Die folgende, allerdings etwas aufwendige Methode hat sich vielfach bewährt: In eine Gartenspritze, die für ca. 5 atü Sprühdruck eingerichtet ist und ca. 5 l Flüssigkeit faßt, wird ein Desinfektionsmittel (z.B. Incidin-, Tegolan- oder Formalin-Verdünnung) gebracht. Hiermit wird jede Box

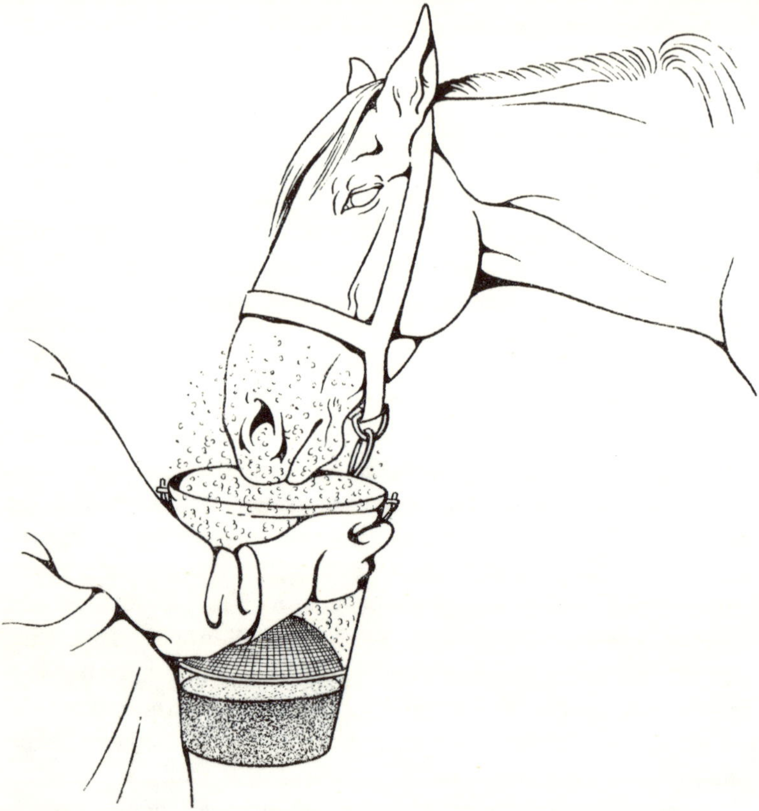

zweimal täglich den Wänden entlang in Kopfhöhe des Pferdes ausgesprüht. Im allgemeinen können die Tiere in den Boxen bleiben. Außer der desinfizierenden Wirkung erreicht man, daß viele im Stall schwebende, Allergie verursachende Substanzen gebunden werden, so daß auch bei allergisch bedingtem chronischem Husten Hilfe gebracht wird.

Vitamine: Bei Hustenbeginn werden auch den noch nicht vom Husten befallenen Pferden täglich hohe Dosen von Vitaminen über das Futter verabreicht. Hierdurch wird die Abwehrbereitschaft für viele Infektionskrankheiten erhöht.

Pulver und Hustensaft: Um eine stärkere Durchblutung der Atemwege, das Lösen des Schleims und vermehrtes Aushusten der Partikel, die die Atemwege verlegen, zu erzielen, haben sich viele Hustenpulver und -säfte in der verschiedenartigsten Zusammensetzung bewährt: moderne wie Bisolvon, Benadryl, Pulmocalcin, Bronchovetsan, Atussin, aber auch alte Hausmittel, die meist Pfanzenextrakte enthalten, z.B. Husten-Strengelpulver. In vielen Fällen ist es angezeigt, solche Mittel noch eine Woche nach Ende des Hustens zu verabreichen. Läßt sich mit diesen Mitteln der Husten nicht beheben, kommt nach erneutem tierärztlichem Befund das teure Ventipulmin-Pulver in Betracht. Bessert sich der chronische Husten zunächst während 14 Tagen Ventipulmin-Behandlung, tritt dann aber erneut auf, besteht Verdacht auf Dämpfigkeit.

Einreibungen: Täglich einmal kann die Umgebung der Luftröhre und der Kehle nach Abscheren der Haare mit Wärme erzeugenden Präparaten eingerieben werden (z.B. kampferhaltige Salben 20%).

Inhalation: Bei Kehlkopfhusten und vierlerlei Entzündungen der *oberen* Luftwege werden heiße Dämpfe inhaliert.

In der Apotheke oder Drogerie läßt man sich eine Mischung von gleichen Teilen Mentholöl, Eukalyptusöl, Fichtennadelöl und Latschenkiefernöl herstellen. In einen Stalleimer wird 1 Liter kochendes Wasser gegeben und 1 Eßlöffel Ölgemisch zugefügt. Über das kochende Wasser wird ein Salatsieb gestülpt, damit das Pferd sich an den Nüstern keine Verbrennungen zuzieht. Nach anfänglicher Gewöhnung kann man ruhigen Pferden dabei ein Tuch über den Kopf legen, so daß die warmen Dämpfe nicht in den Stallraum entweichen können. Etwa dreimal täglich muß diese Prozedur 10 Minuten lang durchgeführt werden. Mit Atemmaske und Dampftopf der Fa. Kegel (Höste 45, D-4540 Lengerich) läßt sich die Methode am sichersten anwenden (s. Abb. 12 bei S. 96). Diese Dampfkur ist keine Heilmethode für chronischen Husten, der aus den *unteren* Luftwegen kommt (z.B. Dämpfigkeit). Hier kann nach tierärztlicher Anweisung mit einem 4-atü-Kompressor oder einem Ultraschall-Vernebler 2× täglich 10 Minuten über die Kegel-Atemmaske (ohne Schlauch) ein Gemisch von Berodual und 0,5%iger Kochsalzlösung inhaliert werden (z.B. Verhältnis 1 ml : 5 ml). Viele dämpfige Pferde werden damit und nach Umstellung der Haltung wieder reitbar.

Vorsicht: Keine ätherischen Öle mit Kompressor vernebeln – das führt zu Lungenschäden!

Merke: Zu chronischen Hustern werden meist solche Pferde, die jahrelang mit schimmeligem Heu oder Stroh in Kontakt kamen; wo durch allzu häufiges Fegen der Stallgasse unnötig viel Staub aufgewirbelt wurde; wo sie durch ein akut hustendes Pferd angesteckt und nicht rechtzeitig behandelt wurden. Regelmäßige Impfungen (in gefährdeten Ställen sogar zweimal jährlich) können die Gefahr zwar vermindern, aber bieten keinen sicheren Schutz. Daher: Schimmel fernhalten, für frische Luft sorgen, erkrankte Pferde schonen!

Lungenwurm-Behandlung: Wenn trotz ausgiebiger tierärztlicher Behandlung kein Erfolg zu sehen ist, sollte man sich überlegen, ob nicht im letzten Jahr Esel auf der Pferdeweide waren. Möglicherweise haben sich dann die Pferde mit Lungenwürmern angesteckt, was allerdings in der Kotuntersuchung nur beim Esel, nicht beim Pferd nachweisbar ist. Falls mehrere Gaben des Wurmmittels Panacur (4 × doppelte Dosis in 2tägigen Abständen) innerhalb von 14 Tagen keine Besserung des Hustens bringen, kann man annehmen, daß wohl keine Lungenwürmer mit im Spiel sind.

2. Dämpfigkeit, Lungendampf

Dämpfigkeit (Dampf, Hartschlägigkeit, Bauchschlägigkeit) ist eine Atembeschwerde, die durch einen chronischen, unheilbaren Krankheitszustand der Lungen oder des Herzens bewirkt wird. Es ist eine typische Pferdekrankheit, von der die Pferde früher meist im zweiten Lebensabschnitt befallen wurden. Mit der heutigen starken Verbreitung aller Erkrankungen der oberen Luftwege nimmt auch die Häufigkeit an Dampf zu, und es werden auch immer mehr junge Pferde befallen. Gelingt es nicht, Bronchienerkrankungen mit Husten innerhalb von 3 Wochen unter Kontrolle zu bekommen, besteht grundsätzlich die Gefahr des Lungendampfes. Als Folgeerscheinung der oben beschriebenen Krankheiten, aber auch nach schweren Überanstrengungen kann eine frische Entzündung der Bronchien in einen chronischen Bronchialkatarrh über-

gehen. Dabei wechselt der kräftige, feuchte Husten zu einem tonlosen, trockenen Husten, der bei staubiger Luft zu hören ist, wenn Tiere nach Verlassen des Stalles mit der Arbeit beginnen. Im ersten Stadium des chronischen Bronchialkatarrhs ist die Leistungsfähigkeit oft noch nicht stark vermindert. In der Folge bewirkt die nachlassende Elastizität in der Bronchienwand eine erschwerte Zirkulation der Atemluft. Es kommt zum teilweisen Einreißen der feinen Lungenbläschen, zum Zusammenfließen mehrerer eingerissener Bläschen zu größeren Kavernen und zum sogenannten Emphysem. Durch diese Verkleinerung der atmungsaktiven Oberfläche wird selbstverständlich die Gesamtatmungskapazität der Lunge verringert. Das Minus müssen die Pferde bei geringster Anstrengung durch erhöhte Atemfrequenz und durch vermehrte Ausatmung unter Zuhilfenahme der Bauchmuskulatur wettmachen. Die frequentere Atemtätigkeit ist von außen sichtbar, und im Lauf der Zeit bildet sich – bei immer verlängerter Ausatmungszeit – in der Bauchmuskulatur die typische Längsrinne aus, die sogenannte Dampfrinne zwischen Bauchmuskel und Rippenbogen. Das Ausatmen erfolgt nun nicht mehr gleichmäßig, sondern ruckartig.
Eine Behandlung des chronischen Dampfes ist heute oft möglich. Dämpfige Stuten können meist ohne Behandlung zur Zucht genutzt werden, wenn sie auf der Weide oder in einer Außenbox untergebracht sind. Reitpferde müssen zeitlebens 2 × täglich mit der beschriebenen Inhalation behandelt werden. Ein einfacher Test zeigt an, ob die Anschaffung von Kompressor und Atemmaske Erfolg bringen wird: Wird der Husten durch Ventipulmin im Futter behoben, dann hilft auch die preiswertere Dauerbehandlung mit Berodual-Inhalation. Besitzer eines dämpfigen Pferdes sollten immer einen Berodual-Taschen-Aerosoldosierer im Haus haben, um bei einem Atemnot-Anfall dem Pferd 5 Stöße in die Nüstern zu sprayen.
Allerdings liegen zwischen einer chronischen Bronchitis und einem echten Dampf viele Zwischenstufen, bei denen dem Pferd durch mancherlei Maßnahmen sein Leiden erleichtert werden kann, so daß unter Umständen auch noch leichter Gebrauch möglich ist. Grundsätzlich sind alle Außenfaktoren fernzuhalten, die die Luftwege reizen können. Daher ist Weidegang besser als

Aufstallung; jedenfalls muß die Stallumgebung staubarm gehalten werden. – In vielen Fällen bringt eine an 3 Tagen durchgeführte sogenannte «Lungenwäsche» wundersame Erfolge. Das Pferd ist anschließend wie neu geboren.
Bei Islandpferden verlaufen die Lungengrenzen anders, Lungengeräusche fehlen oft, und wegen der andersartigen Atemfrequenz und Atemtiefe ist die Abgrenzung gegen den Dampf des Großpferdes oft schwierig. Häufig liegt ein allergisches Krankheitsgeschehen vor, zu dem die Rasse zu neigen scheint; auch die Anfälligkeit für allergisches Sommerekzem bestätigt diese Asthma-Allergie-Neigung. Hier schaffen Futter und Klimawechsel und Behandlung mit antiallergischen Präparaten oft spontane Abhilfe.

3. Druse

Diese unter heftigen Symptomen verlaufende, hochansteckende Erkrankung, die besonders junge Pferde befällt, läßt die Tiere noch stärker erkranken als die beschriebene Grippe. Verheerende Folgen kann die Druse haben, wenn auch ältere Pferde erkranken, deren Widerstandskraft schneller zusammenbricht. Heute nimmt man an, daß die Druse, welche durch einen Eitererreger hervorgerufen wird, eine Komplikationsform der Pferdegrippe, also einer Virusinfektion, darstellt. Wir beobachten nämlich sehr häufig, daß einer anfänglichen Viruserkrankung ohne Nasenausfluß eine Komplikation bakterieller Art mit hohen Fieberschüben, trockenem Husten und eitrigem Nasenausfluß – durch das Druse-Bakterium verursacht – folgt. Es kommt zu Eiteransammlungen in den Lymphknoten des Kopfbereiches, die Schluckbeschwerden verursachen. Neben dieser Normalform kann es aber zu unangenehmen Verschlechterungen kommen, wenn Druseabszesse sich in inneren Organen festsetzen und zu schwerwiegenden Veränderungen führen. Meist tritt auch bei der Druse hohes Fieber auf, welches erst nach einigen Wochen abklingt, wenn die Lymphknoten sich öffnen und der Eiter nach außen abfließen kann. Die Schluckbeschwerden können so stark werden, daß die Tiere beim Trinken nur einen Teil des Wassers abschlucken können, während der Rest zu den Nüstern wieder hinausläuft. Für die Behandlung der Druse gilt das für den Husten Gesagte, wobei besonderer Wert zu legen ist auf Einreibungen und Packungen in der Kehlkopfgegend (s. Abb. 8 bei S. 49), die die Lymphknotenabszesse zur Reifung bringen. Diese Abszesse können die Atemwege so stark verlegen, daß sie durch den Tierarzt gespalten werden müssen. Feuchtwarme Heublumenpackungen und das Einreiben mit Lorbeeröl im Kehlbereich, nach Abscheren der Haare, sind als alte Hausmittel immer noch gut geeignet. Der Druseekrankung ist unbedingte Aufmerksamkeit zu schenken, da die Komplikationen auf innere Organe schwerwiegende Folgen haben können: tödliche Brustfellentzündungen, Augenentzündungen mit vollständiger Erblindung, chronische Vereiterungen der hinter dem Rachen gelegenen Luftsäcke und Lähmung des Schluckreflexes. Eine frühzeitig erkannte und rechtzeitig behandelte Druse stellt den Tierarzt mit Hilfe der modernen Antibiotika und Sulfonamide heute nicht mehr vor unlösbare Probleme, falls das Stallpersonal auch die zeitaufwendigen Maßnahmen ordentlich durchführt. Vor Selbsthilfe mit Antibiotika-Injektionen wird gewarnt, da es hierdurch leicht zu Eiterabkapselungen in inneren Organen kommen kann.

4. Tollwut

Wegen der Ausbreitung der Wildtiertollwut, deren Hauptüberträger der Fuchs ist, sind insbesondere freiweidende Robustpferde, aber auch alle auf Koppeln in Waldnähe gehaltenen Pferde vermehrt der Gefahr der Infektion mit dieser Viruserkrankung ausgesetzt. Wenn eine Infektion durch Biß oder Kontakt mit einem tollwütigen Tier erfolgte, kann die Erkrankung nach 9 Tagen, aber auch erst nach Monaten auftreten. Das Angehen einer Tollwutinfektion ist stark von der Infektionspforte und von vielen anderen Faktoren wie Art der Verletzung, des Überträgertiers und der Reaktionslage des Pferdes abhängig. Die Krankheit selbst kann sich in verschiedenen Verlaufsformen der stillen oder rasenden Wut äußern. Beim Pferd zeigen sich unnatürliches Benehmen, krankhaftes Wandern, Speichelfluß, Futterverweigerung und agressives Verhalten, bis die Infektion entlang den Nerven bis zum Rückenmark und Gehirn aufsteigt und entsprechende Lähmungszustände verursacht. Eine Behandlung nach Ausbruch der Krankheit ist nicht möglich und nach dem Gesetz nicht erlaubt (anzeigepflichtige Tierseuche). Durch Impfung in zweijährigen Abständen können die Pferde gegen diese gefährliche Seuche geschützt werden, was nicht zuletzt auch wegen der Übertragbarkeit auf den Menschen von Bedeutung ist.

5. Ansteckende Blutarmut, Infektiöse Anämie, Sumpffieber

Diese heimtückische Krankheit kommt nur in gewissen Gegenden (Bayern, Baden-Württemberg, Kassel) vor. Es gibt Fälle, bei denen die Pferde nur unauffällig langsam schleichend abmagern. Anderseits kann die Krankheit aber auch in wenigen Tagen zum Tod führen.

Diese anzeigepflichtige Seuche führt zur vorübergehenden Sperrung des Betriebes, um eine Verschleppung zu verhindern. Verdächtige Pferde oder unverdächtige Tiere, die in einen anderen Bestand gebracht werden sollen, der sich vor dieser Krankheit schützen will, müssen durch den Coggins-Test untersucht werden. Hierzu entnimmt der Tierarzt eine Blutprobe, die er an eines der wenigen Institute schickt, die die Möglichkeit haben, diesen schwierigen Test durchzuführen.

Inzwischen ist der Coggins-Test Vorschrift geworden bei allen Rennpferden, die erstmals in einen Rennstall eingestellt werden sollen. Auch solche Pferde, die von einer Rennbahn vorübergehend in ein Gestüt gegeben werden, z.B. zum Ausheilen eines Beinschadens, müssens sich 14 Tage, bevor sie wieder auf die Rennbahn kommen, dieser Blutuntersuchung unterziehen.

Das Ergebnis wird im Impfpaß vermerkt, wo bei Rennpferden auch die Influenza-Impfung innerhalb der letzten 12 Monate eingetragen sein muß.

Abb. 12. Atemmaske mit Inhaliertopf bei Erkrankung der oberen Luftwege. Bei Dämpfigkeit wird jedoch *ohne* Schlauch und Topf ein Medikamentennebel direkt durch den kurzen Stutzen eingesaugt.

Abb. 13 a bis g. Hufverband (Material, Pergamentpapier über Wattepolster, Gazebinde, Sack, Verschnürung, fertiger Verband).

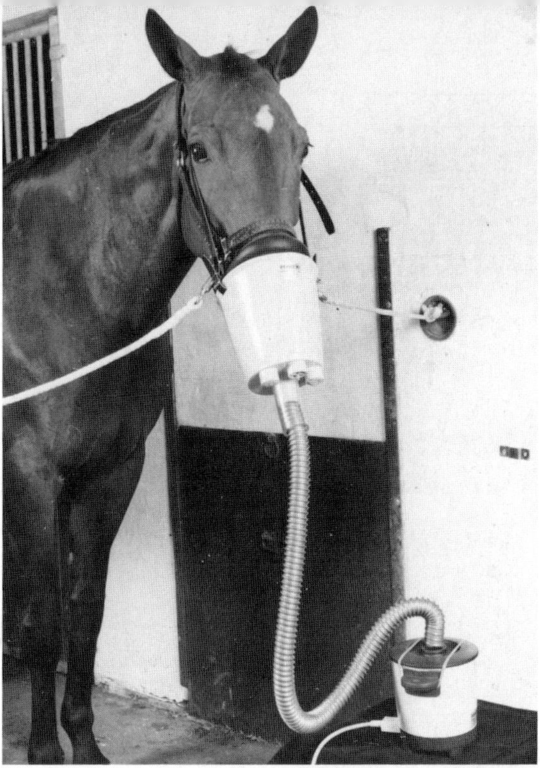

Abb. 12

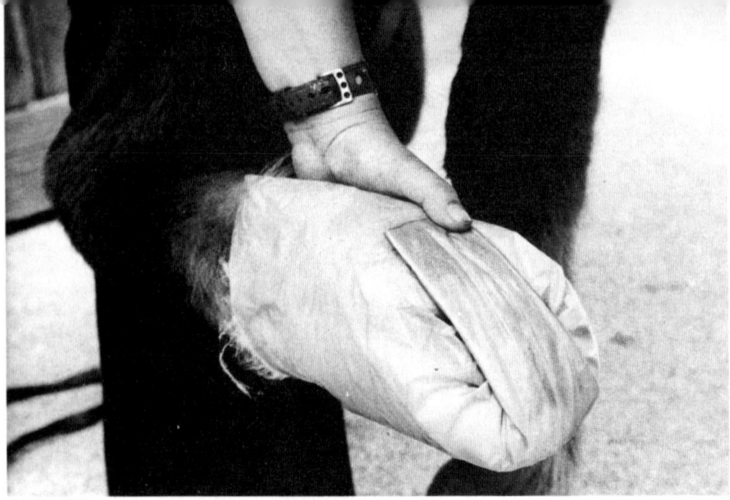

Abb. 13b ▲

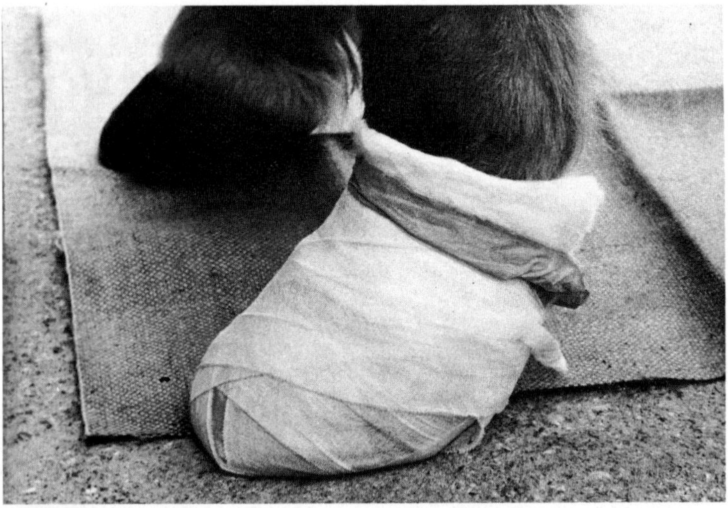

Abb. 13c ▲

▼ Abb. 13d

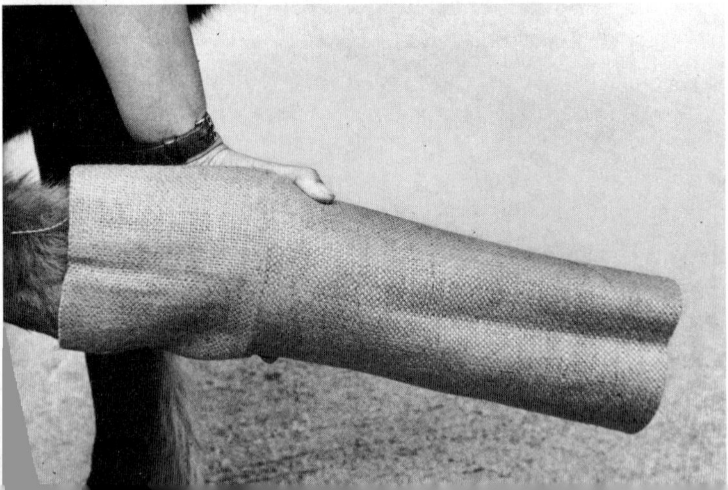

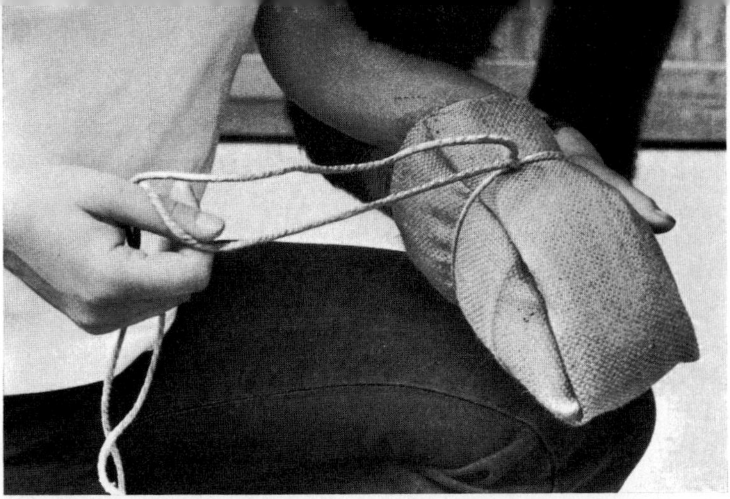

Abb. 13e ▲

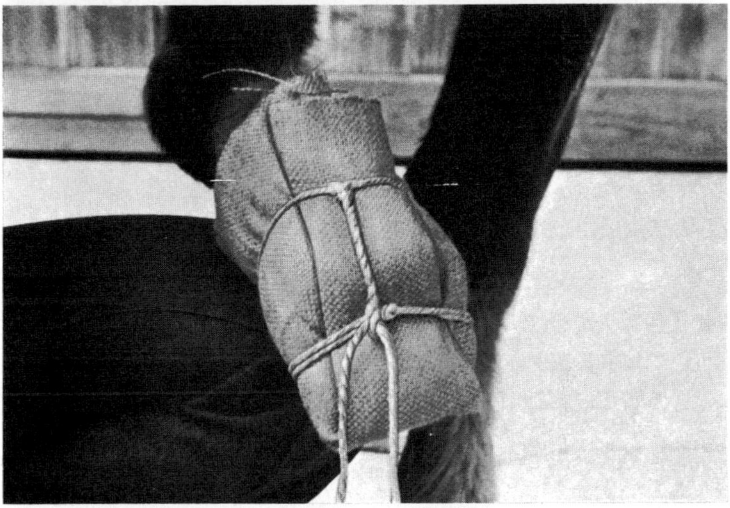

Abb. 13f ▲

▼ Abb. 13g

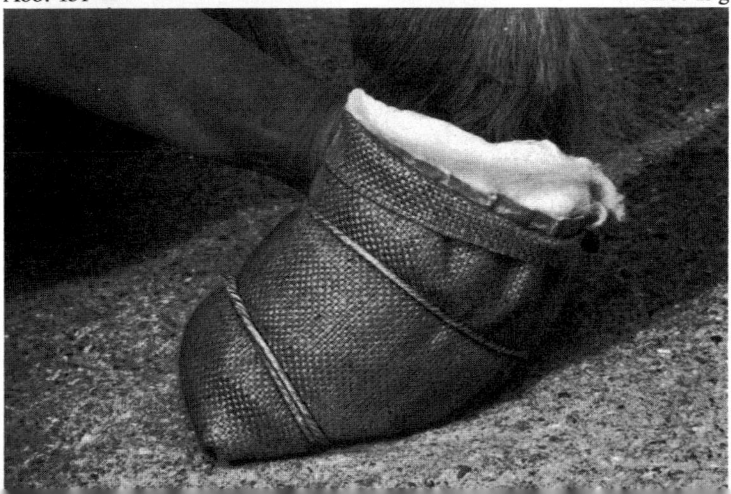

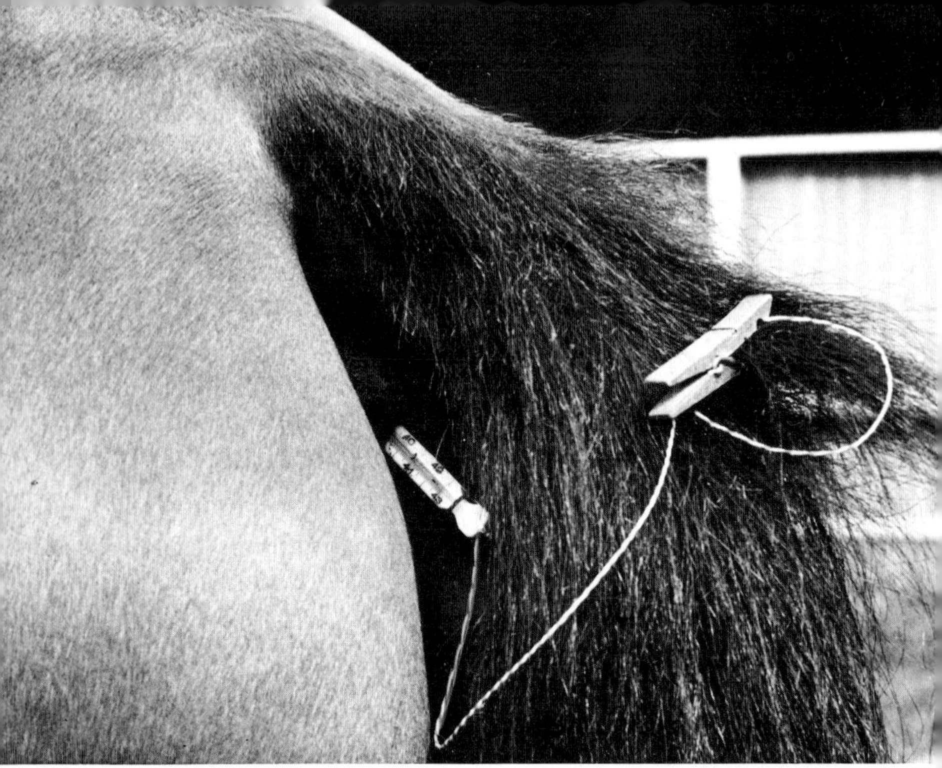

Abb. 14 ▲

▼ Ab

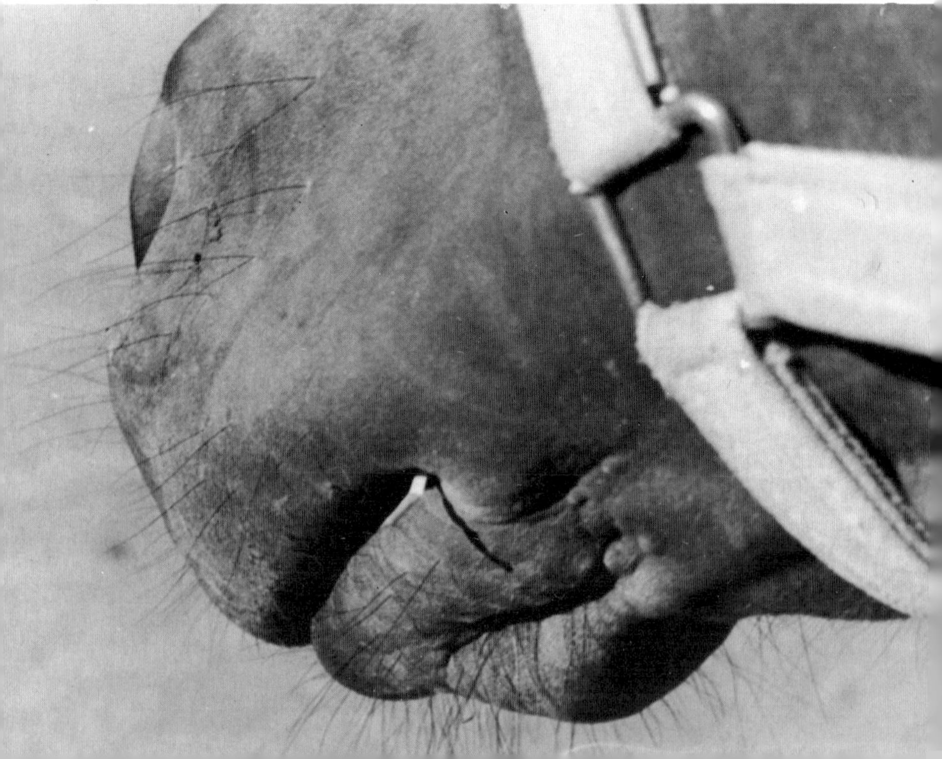

11. Kapitel

Pferdezucht

Das durchschnittliche Abgangsalter eines Pferdes kann man heute mit fünfzehn Jahren ansetzen. Fast ein Drittel der Lebensspanne des Reitpferdes entfällt auf die Geburts- und Aufzuchtperiode bis zum einreitfähigen Alter. Diese zeitliche Verteilung sowie die Tatsache der vermehrten Privatpferdezucht, vor allem im Bereich der Freizeitrobustpferde, rechtfertigen die Ausführlichkeit der nächsten Kapitel über die normalen Vorgänge im Zuchtgeschehen und die möglichen Komplikationen.

1. Zuchtmethoden

Die Wildzucht:
Bei diesem extensiven, heute kaum mehr angewandten Verfahren, welches aber dem normalen Fortpflanzungsgeschehen der Wildpferde weitgehend entspricht, laufen die Hengste ganzjährig in der von Menschen weitgehend unkontrollierten und unbeeinflußten Wildpferdherde, aus der in gewissen Intervallen Pferde durch Eintreiben zum Gebrauch entnommen werden. Zuchtwahl und Selektion durch eventuelle Ausmerzung unerwünschter und durch Zugabe gewünschter Hengste sind nur in gewissem Umfang möglich.

Die Wildbahnzucht:
Einer von Menschen weitgehend unbeeinflußten, in natürlicher Umgebung relativ ursprünglich lebenden Stutenpopulation wird ein gewünschter Vererberhengst ganzjährig oder für eine bestimmte Decksaison beigegeben, die Nachkommenschaft jährlich mehrfach kontrolliert und nach Bedarf der Herde entnommen.

Abb. 14. Fiebermessen.
Abb. 15. Maulschwellung bei Nesselfieber.

Der halbwilde Sprung:
Einer zahlenmäßig und abstammungsmäßig genau definierten Stutenherde wird unter ständiger züchterischer Kontrolle für eine bestimmte Zeit ein bekannter Hengst beigegeben, welcher, frei mit der Stutenherde laufend, paarungsbereite Stuten decken kann. Dieses Verfahren wird häufig nach einem Rotationsschema betrieben, nach welchem ein Hengst während einer Decksaison mehreren Stutenherden zugegeben wird. Dabei ist zur optimalen Ausnutzung des Hengstes und zum Erzielen des besten Befruchtungsergebnisses die Zahl der Stuten und die Zeitdauer der Hengstbeigabe rassenmäßig genau festgelegt. Dieses Verfahren garantiert die hohen Befruchtungsergebnisse von über 90 % z. B. bei der heutigen Islandpferdenachzucht in Deutschland.

Der Sprung aus der Hand:
Dieses heute in der Pferdezucht üblichste Verfahren gestattet die gezielte Verbindung erbmäßig bekannter Elterntiere unter genauer Kenntnis des Befruchtungstermines. Es gestattet die schonende Verwendung des Vatertieres hinsichtlich Verausgabung und Verletzungsmöglichkeit.
Interessant ist die Tatsache, daß Befruchtungsrate und Abfohlergebnis in der Reihenfolge der aufgeführten Zuchtmethoden bei manchen Rassen von nahezu 100 % bis auf unter 50 % absinken. Diese sinkende Fruchtbarkeit beim Pferd ist eine Folge der immer weiter fortschreitenden Domestikation des Pferdes. Die Haustierwerdung hatte positive Folgen wie Zahmheit, Herauszüchtung bestimmter erwünschter Rassetypen in Exterieur und Leistung. Ihnen stehen aber die Domestikationsschäden gegenüber, von denen die sinkende Fruchtbarkeit nur einer ist. Im wesentlichen sind folgende Eingriffe in das natürliche Leben des einstigen Wildpferdes für die Schäden verantwortlich zu machen:
1. Ersatz der freien Futtersuche in Menge und Auswahl durch qualitativ und quantitativ standardisiertes Futterangebot.
2. Ungenügender Auslauf als Folge der Winteraufstallung. Es wird nicht berücksichtigt, daß Sonnenstrahlen das Eierstockgeschehen anfachen.
3. Verlust der natürlichen Rangordnung, die innerhalb der Pferdeherde durch ein feines ererbtes System hergestellt wird,

welches von angedeuteter Gebärde bis zum erbitterten Rangkampf reicht.

4. Willkürliches menschliches Gruppieren von Pferden bei der Aufstallung, wobei es unmöglich ist, die Rangfolge zu klären. Aus dieser Konfliktsituation sind viele der früher als Untugenden bezeichneten Verhaltensweisen wie bösartiger Futterneid, Weben, Koppen zu erklären.

Je mehr der Mensch in die natürliche Lebensweise des Pferdes eingreift und sie verändert, um so schlechter werden die Befruchtungs- und Abfohlergebnisse.

Eine weitere Domestikationsfolge ist die nun in wechselnder Intensität über das ganze Jahr auftretende Rosse des modernen Pferdes. Das Wildpferd kennt nur eine einmalige Frühjahrsrosse und eine eventuelle schwächere Herbstrosse. Dieser Unterschied zwischen den naturnahen Robustpferden und den hochgezüchteten Kulturrassen ist heute noch deutlich wahrzunehmen. Durch jahrhundertealte Zuchterfahrung sind dem Pferdezüchter die merkbaren äußeren Symptome der rossigen Stute und des günstigsten Zeitpunktes für ihre Bedeckung bekannt. Durch Zuchtmethoden, die von der Verwendung eines Probierhengstes bis zur tierärztlichen Eierstockkontrolle reichen, kann der günstigste Zeitpunkt für die Bedeckung genauer festgestellt werden.

Die Ergebnisse der modernen Verhaltensforschung am Pferd haben gezeigt, daß ein viel feineres Wechselspiel von ausgesandten und aufgenommenen Reizen zwischen Stute und Hengst besteht und daß im freien Durchführen des sogenannten Paarungsverhaltens der wesentliche Schlüsselfaktor der besseren Befruchtungsergebnisse, gegenüber der zwangsweisen Bedekkung aus der Hand, zu suchen ist. Dieses Paarungsverhalten zieht sich oft über einen längeren Zeitraum hin. Er ist abhängig vom Zykluszustand der Stute, von der Deckbereitschaft des Hengstes sowie von äußeren Klimafaktoren. Die heutige Kenntnis des Normalverhaltens bei der Paarung des Pferdes erklärt die Tatsache, daß beim Sprung aus der Hand nicht die gleichen Ergebnisse wie bei den Naturzuchtverfahren erzielt werden können.

Die künstliche Besamung:
Die künstliche Besamung beim Pferd ist im Laufe der letzten Jahre durch ein Konservierungsverfahren des Hengstsamens zu einer praxisreifen, wenn auch noch recht komplizierten Methode entwickelt worden. Es handelt sich um das sogenannte Pellet-Verfahren, bei welchem der Samen in Kohlensäureblöcke eingefroren und in minus 196° C kaltem flüssigem Stickstoff gelagert wird. Abgesehen von den Vorschriften der Tierzucht-Gesetze und der Schwierigkeit, die Identität des Hengstes zu wahren, wird die künstliche Besamung beim Pferd als Sonderfall auf folgende Gegebenheiten beschränkt bleiben:

1. Verhindern von Deckseuchen-Übertragung.
2. Vermehrung der Nachkommen durch Verdünnen des Samens eines ausgezeichneten Vererberhengstes.
3. Benutzung des in der Samenbank gelagerten Samens über den Tod eines Vererberhengstes hinaus (man kann abwarten, ob sich die guten Eigenschaften des Hengstes ausreichend vererben, bevor der gelagerte Samen weiterverwendet wird).
4. Einfacher Austausch von Vererbersperma zwischen verschiedenen Ländern.
5. Bedeckung von Stuten, die wegen einer Erkrankung der Geschlechtsorgane nicht auf natürliche Weise bedeckt werden können. Der Samen läßt sich bei der künstlichen Besamung mit größerer Sicherheit an die richtige Stelle der Gebärmutter bringen.
6. An einer zentralen Stelle können Problemstuten für die Tage der Rosse untergebracht werden, um täglich tierärztlich untersucht zu werden. Im geeigneten Moment der Rosse wird dann die künstliche Besamung mit Hengstsamen durchgeführt, während die Hengste weit entfernt auf ihrer Deckstation stehen.

2. Rosse

Zyklus:
Während des ca. dreiwöchigen Geschlechtszyklus vollzieht sich an einem Eierstock der Stute ein Eireifungsprozeß, der auf dem Höhepunkt der Rosse zum Eisprung (Follikelsprung) mit dem Freiwerden des Eis führt. Dann folgt eine knapp dreiwöchige

Ruheperiode. Der gesamte Zyklus dauert also in der Regel 20 bis 23 Tage, wovon die Rosse 4 bis 7 Tage. Je weiter die Zyklusdauer von diesen Durchschnittswerten abweicht, desto geringer sind die Chancen für das Tragendwerden. Während der gesamten Rosse läßt sich die Stute decken, tragend wird sie aber nur von dem Sprung, der möglichst nah dem Zeitpunkt des Eisprungs erfolgt.
Die erste größere Zyklusfolge der Stute liegt im Februar bis Mai, die zweite im Spätsommer. Je weiter es ins Jahr geht, desto kürzer, aber auch heftiger wird die Rosse.

Rosse-Anzeichen:
Die Anzeichen einer Rosse sind bei den Stuten unterschiedlich stark ausgebildet und richten sich nach Alter, Rasse, Klima und Kondition des Pferdes. Bei der normalen Rosse zeigt die Stute eine gesteigerte Unruhe, Kitzligkeit, häufiges zuckendes Öffnen der Schamlippen (Blitzen) sowie häufigen Schleim- und Harnabsatz. Nicht wenige Stuten äußern die sogenannte stille oder heimliche Rosse, die ohne die ärztliche Untersuchung der Eierstöcke oft nur schwer erkennbar ist. Bei der echten Rosse ist die Scheidenschleimhaut gerötet, während sie bei der stillen Rosse blaß erscheint.
Übermäßig nervöse Stuten werden manchmal während der Rosse erstaunlich ruhig und faul. Ob eine Stute still rossig ist, erkennt man oft, wenn man sie eine Viertelstunde mit einem Probierhengst zusammenbringt. Junge Stuten wehren sich oft trotz starker Rossigkeit gegen den Hengst, während andererseits nicht rossige Stuten manchmal äußerliche Anzeichen einer Rosse aufweisen und sich auch decken lassen. Jedoch ist ihre Scheidenschleimhaut ebenfalls blaß und die Scheidenumgebung eingetrocknet und zusammengefaltet. Eine Stute sollte in diesem Stadium keinesfalls bedeckt werden.

Fohlen-Rosse:
Am 9. Tag nach der Geburt, selten auch am 8. oder 10. Tag, stellt sich die sogenannte Fohlen-Rosse ein, die sich bei den Fohlen in Durchfall äußert. (Aber nicht jeder Durchfall deutet auf Fohlen-Rosse hin. Häufig ist Wurmbefall die Ursache; s. S. 133). Zu

diesem Zeitpunkt kann die Stute erstmals nach der Geburt dem Hengst zugeführt werden. Viele während der Fohlen-Rosse gedeckte Stuten nehmen sofort auf. Die frühzeitige Untersuchung ergibt einen positiven Trächtigkeitsbefund. Leider sind jedoch viele Stuten später nicht mehr tragend. Sie haben ihre Frucht resorbiert. Offenbar können manche Stuten nicht genügend Kraft aufbringen, um einem zwei Monate alten Fohlen ausreichend Milch zu geben und gleichzeitig die wachsende Frucht in der Gebärmutter zu versorgen. Aus diesem Grund sind Züchter meist besser beraten, wenn sie die Fohlen-Rosse überspringen und den nächsten Decktermin drei Wochen später abwarten. Dies gilt besonders während der Monate Februar und März. Die Untersuchung der Bedeckungserfolge hat ergeben, daß die während der Fohlen-Rosse gedeckten Stuten ihre Frucht häufiger resorbieren als später gedeckte. Daher bedeutet die Ausnutzung der Fohlen-Rosse für den Gesamtbedeckungserfolg keinen Vorteil.

Der Fohlendurchfall, welcher den Rosse-Beginn anzeigt, beginnt zwischen dem 8. und 10. Tag nach der Geburt. Dauert er länger als die Rosse der Stute, haben sich Krankheitskeime im geschwächten Fohlendarm angesiedelt.

Das Nachprobieren der während der Fohlen-Rosse belegten Stute erfolgt ebenfalls, wie bei den anderen Deckterminen, 21 Tage später.

3. Deckakt

Je nach Anwendung des vorstehend beschriebenen Zuchtverfahrens erfolgt die Befruchtung der Stute im freien Sprung oder im sogenannten Sprung aus der Hand. Dabei werden die Stuten je nach ihrem Temperament an den Hintergliedmaßen gespannt, oder ein Vorderhuf wird aufgehalten, um ein Schlagen und damit Verletzungen des Hengstes zu verhüten. Unabhängig vom Verfahren ist es immer ratsam, den Stuten die Hintereisen abzunehmen. Wenn man den Schweif einflicht und ihn an einen Bauchgurt anbindet, werden Verletzungen der Rute des Hengstes verhindert. Da jeder Sprung des Hengstes Bakterien in die Gebärmutter der

Stute einbringt, die der Trächtigkeit hinderlich sein können, ist anzustreben, die Stute mit möglichst wenig Sprüngen zu befruchten (Abstand von Sprung zu Sprung: 1½ Tage). Die größten Erfolge ergeben sich in den späteren Frühjahrsmonaten, von April bis Juni.
Um den Hengst zu entlasten und bessere Befruchtungsziffern zu erzielen, hat es sich in manchen Gestüten eingebürgert, vor jedem Sprung eine tierärztliche Eierstockuntersuchung durchführen zu lassen. Anhand der Vorgänge am Eierstock kann festgestellt werden, ob die Bedeckung während der nächsten Stunden erfolgversprechend ist.

4. Alter der Zuchtstute

Obwohl die Stute bereits viel früher die Geschlechtsreife erreicht, sollte mit der Zucht keinesfalls vor dem dritten Lebensjahr begonnen werden. Mit den spätreifen Robustpferderassen – wie z. B. Islandpferden – sollte ab vier Jahren gezüchtet werden. Eine nicht ausgewachsene Stute bringt oft kleine und schwächliche Fohlen zur Welt. Sie entwickelt sich außerdem selbst nicht richtig weiter und sinkt in ihrer Lebens- und Leistungserwartung. Bei gut entwickelten und zu stark wachsenden Stuten kann eine zweijährige Bedeckung vorgenommen werden, da das Größenwachstum mit der Bedeckung meist stoppt.

5. Trächtigkeitsdauer

Die Trächtigkeitsdauer beträgt im Durchschnitt 320 bis 355 Tage, bei derselben Stute ist sie meist gleich lang, im Alter gering zunehmend. Bei Sommer- und Herbstbedeckung ist die Tragzeit eher verkürzt, bei Winter- und Frühjahrsbedeckung eher verlängert.
Gute Ernährung und Haltung der Stute verkürzen die Tragzeit, schlechte Ernährung und Mangel an Bewegung verlängern sie. Verlängerte Trächtigkeitsdauer bis zu 365 Tagen ist nicht krankhaft. Hengstfohlen werden 1 bis 2 Tage länger getragen.

12. Kapitel

Störungen der Fruchtbarkeit und Trächtigkeit

1. Eierstöcke und Gebärmutter

Die Ursache eines ungünstigen Befruchtungsergebnisses ist in erster Linie in gesundheitlichen Mängeln der Eierstöcke und der Gebärmutter der Stute zu suchen.
Trotz der weitgehend unnatürlichen Haltung des Hauspferdes unterliegt die Stute im Fortpflanzungsgeschehen dem jahreszeitlichen Rhythmus, und ihr Hormongeschehen wird durch die steigende Lichtintensität stimuliert. Daher sollte sie täglich mehrere Stunden Auslauf haben, um die Frühjahrssonne ausnutzen zu können. Wird im April/Mai noch keine deutliche Rosse erkennbar, ist unbedingt eine tierärztliche Untersuchung der Eierstöcke erforderlich. Gegebenenfalls kann mit einer Injektion oder einer Gebärmutterspülung eine erfolgversprechende Rosse eingeleitet werden. Bereits einige Wochen vor dem geplanten Decktermin muß die Fütterung umgestellt werden.
Während des auslaufenden Winters sinkt der Vitamin-A-Gehalt aller gelagerten Futtermittel. Ein aufmerksamer Züchter scheut den Mehraufwand durch Zukauf brauchbarer Futtermittel nicht, wenn er dadurch die Fruchtbarkeit seiner Stuten heben kann. Er wird sich Algenmehl, künstlich getrocknetes Heu, Karotten, Rote Rüben (Randen) oder geeignete Mineralstoff- und Vitaminkonzentrate (wie z. B. die Horse Supplets der Firma Pfizer) beschaffen und dadurch die Fruchtbarkeitschance besonders der älteren Stuten erheblich erhöhen. Nicht die Menge der Futtermittel ist entscheidend, sondern die Vielseitigkeit und die Bewährtheit der einzelnen Stoffe. *Gutes Heu* ist unbedingte Voraussetzung. Andere Futtermittel können es nicht ersetzen. Verregnetes Heu, solches von armen Böden oder schimmlig oder muffig gewordenes Heu ist nicht nur ungeeignet, sondern es schadet sogar. Allerdings wird

die Funktion der Geschlechtsorgane nicht nur durch mangelhafte Fütterung ungünstig beeinflußt, sondern ebensosehr durch Überernährung. Gemästete Stuten bringen ganz besonders ungünstige Voraussetzungen mit.

Beobachtungen von Professor Merkt sprechen dafür, daß Zwillingsgeburten, die in der Pferdezucht nicht erwünscht sind, vermieden werden, wenn vor und nach der Paarung das Eiweißangebot (Hafer) verringert wird.

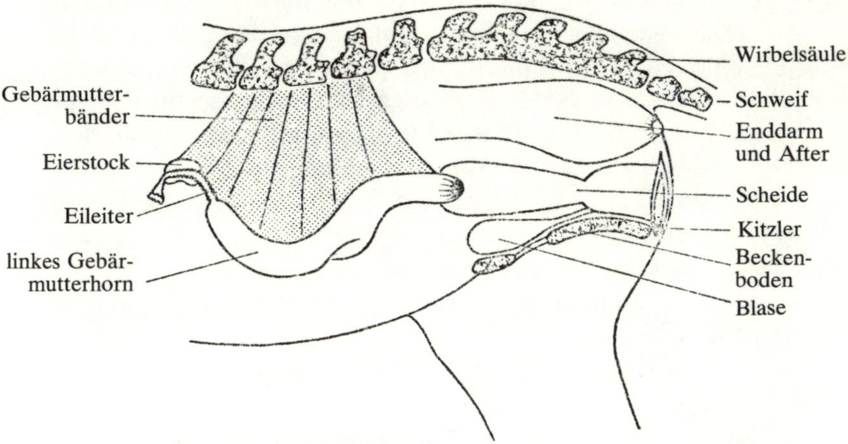

2. Geschlechtsgesundheit

Eine normal verlaufende Rosse ist nach der Bedeckung noch keine Garantie für eine erfolgreiche Befruchtung. Häufig verhindert eine mit krankheitserregenden Bakterien besiedelte Scheide die Konzeption. Außerdem können sich in einem solchen Fall die Geschlechtsorgane des Hengstes dermaßen anstecken, daß ohne äußerlich sichtbare Erscheinungen eine Übertragung auf nachfolgende Stuten stattfindet. Leider ist eine Bakterienbesiedlung der Scheide äußerlich nur selten erkennbar (s. Abb. 16 bei S. 160). Nur die vom Tierarzt entnommene Tupferprobe mit der anschließenden Untersuchung in einem Institut gibt Aufschluß. Die Aussagekraft der Tupferprobe ist am größten, wenn sie während der Rosse entnommen wird.

Eine Bedeckung kann bei folgenden äußerlich gesunden Stuten unbedenklich erfolgen:

1. Maidenstuten, d.h. mit Sicherheit noch nicht gedeckten Stuten, bis zum Alter von 4 Jahren.

2. Stuten mit Fohlen bei Fuß nach normal verlaufener Geburt. Eine Geburt gilt als nicht normal verlaufen, wenn die Nachgeburt nicht innerhalb einer Stunde nach vollendeter Geburt selbständig abgegangen ist bzw. wenn zur Geburt Eingriffe gleich welcher Art, ob durch Tierarzt oder Personal, erforderlich waren.

3. Stuten, die in der laufenden Decksaison nicht mehr als zweimal umgeroßt haben. Bei diesen Stuten ist die Tupferprobe nicht unbedingt erforderlich. Mehrmals umrossende Stuten sind während der Tage der Bedeckung durch den Tierarzt zu behandeln. Es wird eine Gebärmutterspülung gemacht oder ein starkes Langzeit-Antibiotikum 2- oder 3mal während der gesamten Rosse injiziert. Diese Maßnahmen empfehlen sich auch für Stuten der folgenden Gruppen.

Von der Bedeckung zurückgewiesen werden Stuten, die

1. sichtbar geschlechtskrank sind oder verfohlt bzw. ihre Frucht resorbiert haben;

2. nicht normal gefohlt haben (Schwergeburt, Nachgeburts-Verhaltung, gestörte Nachgeburtsperiode);

3. güst (unfruchtbar) geblieben sind oder güst zugekauft wurden;

4. in der laufenden Deckzeit zweimal umgeroßt haben.

Die unter 2. genannten Stuten dürfen erst dann gedeckt werden, wenn durch tierärztliches Attest bescheinigt wird, daß aufgrund klinischer Untersuchung (rektal, vaginal) und bakteriologischer Prüfung (Cervix-Tupferprobe) keine Bedenken bestehen. Ist eine Behandlung erforderlich, so ist ihr Erfolg etwa 14 Tage später durch eine erneute Tupferuntersuchung zu kontrollieren. Tupferproben in den ersten zehn Tagen nach dem Abfohlen und in den ersten zehn Tagen nach der letzten Bedeckung sind nicht aussagekräftig.

Nur die genaue Beachtung aller dieser Richtlinien garantiert dem Züchter eine günstige Ausnützung der Fruchtbarkeitschancen seiner Stuten. Er sollte nicht vertuschen, daß die Nachgeburt erst mehrere Stunden nach der Geburt abgegangen ist oder daß er selbst bei der Geburt in die Gebärmutter hineingefaßt hat. Er wird den Hengstbesitzer nicht überreden wollen, darüber hinwegzusehen, daß seine Stute bereits während zweier aufeinanderfolgender Rossen gedeckt wurde und nun ein drittes Mal ohne Tupferprobe erneut gedeckt werden soll. Die Nachteile hat schließlich er selbst zu tragen. Die Gefahr ist groß, daß sich in der Zwischenzeit in der Gebärmutter seiner Stute gefährliche Bakterien angesammelt haben. Dies kann zur Unfruchtbarkeit der Stute führen, und außerdem kann sich das Glied des Hengstes anstecken. Der Züchter sollte seinen Tierarzt erst zur Entnahme einer Tupferprobe rufen, wenn die erschwerte Geburt oder die Nachgeburts-Verhaltung zehn Tage zurückliegt bzw. wenn die letzte Bedekkung zehn Tage zurückliegt. Oft finden sich nämlich in Tupferproben, die vor diesen zehn Tagen genommen wurden, hämolysierende Streptokokken, die ein gesunder Körper selbst, ohne medikamentöse Behandlung, erfolgreich bekämpft. Das Ergebnis der Tupferprobe würde den Befund verfälschen.

Tupferprobe:
Die Entnahme einer Tupferprobe und somit das Hinzuziehen eines Fachmannes hat für den Pferdebesitzer zusätzliche Vorteile. Der Untersucher kann nämlich im gleichen Arbeitsgang feststellen, ob irgendwelche Unregelmäßigkeiten, z. B. der Eierstökke, bestehen, die eine komplikationslose Befruchtung in Frage stellen.

Oft ist ein ungenügender Scheidenschluß Ursache zu einer Keimbesiedelung. Durch einen operativen Eingriff, der im Stall durchgeführt werden kann, ist Abhilfe zu schaffen.

Nach erfolgter Tupferprobe wird dem Tierhalter zur Vorlage bei dem Hengstbesitzer und zu seiner eigenen Orientierung der Befund des Tierarztes zugehen – etwa in der auf Seite 109 abgedruckten Form, mit den entsprechend angekreuzten Stellen. Der Züchter sollte sich anhand dieses Schemas informieren, wieviel Prozent Wahrscheinlichkeit besteht, daß seine Stute tragend wird. Wenn er dann sieht, wovon das abhängt, wird er sicherlich in vielen Fällen den Aufwand erst gar nicht treiben. Zeitige Information schützt vor Enttäuschungen.

Gebärmutterbiopsie:
Während die Tupferprobe im allgemeinen bei den meisten Stuten ausreicht, wird der Tierarzt bei wiederholter Unfruchtbarkeit oder bei Verdacht, der sich anläßlich der Tupferprobeentnahme ergibt, auch eine Gebärmutterbiopsie vornehmen. Er entnimmt mit einem Gerät ein winziges Stückchen Schleimhaut aus dem Inneren der Gebärmutter, das dann im Labor mikroskopisch untersucht wird.

Ansteckende Gebärmutterentzündung:
Um ein Verschleppen dieser neuen gefährlichen Krankheit, die aus dem Ausland seit 1978 in die Bundesrepublik eingeschleppt worden ist, zu verhindern, werden in der Vollblutzucht alle zu transportierenden Stuten, auch die tragenden, nach einer vereinfachten Methode getupfert: Nach Spreizen der Schamlippen wird die Kitzlergrube mit einem sterilen Tupfer ausgewischt. In einer besonderen Transportflüssigkeit muß dieser dann einem geeigneten Untersuchungslabor geschickt werden.
Die ansteckende Gebärmutterentzündung führt meist zu eitrigem Ausfluß aus der Scheide. Die Fruchtbarkeitsraten werden erheblich vermindert, und es gibt Verfohlungen. Auch gesund erscheinende Pferde können Überträger sein.

Früheste Trächtigkeitsdiagnose:
Die günstigsten Befruchtungserfolge sind im Mai zu erwarten. Noch in diesem Monat sollte man sich daher klarwerden, ob die Stute tragend ist oder ob man erneute Maßnahmen ergreifen muß, um die zu Ende gehende Decksaison noch zu nutzen.
Ein geübter Untersucher kann die Frühträchtigkeit bereits von der dritten Woche an feststellen. Diese möglichst frühe Untersuchung durch die Hand des Fachmannes ist unbedingt anzuraten, weil nur so eine genaue Diagnose in den folgenden Fällen möglich ist:
1. Die Stute ist nicht tragend. Der Untersucher bemüht sich um die Feststellung der Ursache, überprüft die Eierstocktätigkeit und kontrolliert die Keimbesiedelung der Gebärmutter. Er wird sofort entsprechende Behandlungsmaßnahmen einleiten und gegebenenfalls eine Tupferprobe entnehmen.

Sehr geehrter Herr ______________________________

Die bei Ihrer Stute ______________________________
durchgeführten Untersuchungen ergaben folgenden Befund:

Eierstöcke ______________________________

Gebärmutter ______________________________

innere Scheide ______________________________

Keimgehalt ______________________________

Die Fruchtbarkeitsaussichten betragen:
ca. 85 % — junge, gesunde, noch nicht gedeckte Stute
ca. 60 % — gesunde Stute, die trotz Bedeckung 1 Jahr güst war / ältere, noch nie gedeckte Stute
ca. 40 % — gesunde Stute, die mehr als 1 Jahr güst war / Stute nach Abheilung einer Erkrankung der Geschlechtsorgane
ca. 10 % — Stute mit klinischen Krankheitserscheinungen oder verdächtigem Keimgehalt
fast 0 % — Stute mit erheblichen Krankheitserscheinungen, hohem Alter u. a.

Im vorliegenden Fall erscheint folgende Behandlung angebracht:
- Gebärmutterspülung
- Injektion von Hormonen, Antibiotika, Vitamine u. a.
- Scheidenplastic (Operation), da ein mangelhafter Scheidenschluß vorliegt

Betreffs der Haltung und Fütterung wird folgendes vorgeschlagen:
- täglicher Auslauf (besonders bei Sonne)
- Einschränkung der Haferfütterung
- Vitamin-A-reiche Fütterung: frisches Grünfutter, Algenmehl, künstlich getrocknetes Heu, Karotten, Rote Rüben (Randen)

Zusammenfassung:
Die Bedeckung kann erfolgen
- bedenkenlos
- nur für die Dauer **einer** Rosse
- erst nach vorheriger Behandlung und erneuter Tupferprobe

Datum: ______________________ Unterschrift des Tierarztes: ______________________

2. Der Untersucher stellt Anzeichen für eine Zwillingsträchtigkeit fest. Da Zwillinge nur zu einem geringen Prozentsatz lebensfähig sind und selten brauchbare Leistungspferde werden, sind sie unerwünscht. Der Tierarzt kann die Zwillingsträchtigkeit unterbrechen.
3. Häufig sind beginnende Fruchtresorptionen festzustellen. Bei Verdacht oder aus dem Wissen um eine Fruchtresorption im Vorjahr werden vorbeugende Injektionen durchgeführt.

3. Fruchtresorption

Bis zur 12. Trächtigkeitswoche besteht die Möglichkeit, daß die Gebärmutter die bereits angelegte Frucht ohne äußerlich erkennbare Anzeichen resorbiert. Aus diesem Grunde sollte kein Züchter seine Stute für tragend halten, wenn er nicht nach der 12. Woche der Trächtigkeit eine Untersuchung hat durchführen lassen.

Trächtigkeitsuntersuchung:
Nach dem 3. Monat ist es nicht mehr unbedingt nötig, daß die Hand des Fachmannes die Frucht ertastet. Eine Bluntuntersuchung reicht aus; sie ist zwischen dem 45. und 120. Tag nach der Befruchtung möglich. Der Tierarzt entnimmt wenigstens 50 cm^3 Blut, dessen Serum im Laboratorium untersucht wird.
Nach dem 120. Tag gibt nur noch eine Harnuntersuchung Aufschluß über die Trächtigkeit der Stute. Dazu eignet sich am besten Morgenharn, in welchem die Trächtigkeitshormone ebenfalls nachgewiesen werden können.

4. Störungen der Hochträchtigkeit – Verfohlen

Die ständig zunehmende Zahl von Stuten, die verfohlen, rechtfertigt die Mühe, die man sich mit dem Durchlesen des folgenden Kapitels machen sollte. Jeder, der eine tragende Stute besitzt, sollte sich exakt darüber informieren, was Verfohlen bedeutet und welche Vorbeugemaßnahmen möglich sind.

a) Das nicht ansteckende Verfohlen

Während der ganzen Dauer der Trächtigkeit kann eine Stute verfohlen. Auf jeden Fall sollte die zu früh ausgestoßene Frucht in einem Untersuchungsamt darauf geprüft werden, ob ein seuchenhaftes Verfohlen die Ursache war. Bis zur Vorlage eines negativen Untersuchungsergebnisses sind alle Vorsichtsmaßnahmen so zu treffen, als ob es sich um seuchenhaftes Verfohlen gehandelt hat.

Bakterien:

Nicht wenige Stuten weisen einen mangelhaften Verschluß der äußeren Schamlippen auf. Das kann erblich sein. Bei Kotverunreinigung oder Infektion durch die Außenwelt können Bakterien in die Gebärmutter eindringen, die das nicht ansteckende Verfohlen auslösen können. Bei mangelhafter Zuchthygiene können Bakterien auch beim Deckakt mit dem Glied des Hengstes übertragen werden. Gewissenhafte Haltung und Pflege des Zuchthengstes, saubere Stall- und hygienisch einwandfreie Umweltverhältnisse, insbesondere oft desinfizierte Geräte stellen eine Vorbeugungsmaßnahme dar.

Futtervergiftungen:

Fütterungsfehler wie plötzliche Umstellung auf ungewohnte Futtermittel oder Umstellung von Stallfütterung auf Weidegang, monatelanges Verabreichen von ausgelaugtem Heu, unzureichende Vitamin- und Mineralstoffversorgung, ein Defizit an Eiweiß im Futter sowie schimmeliges, faules, pilzbefallenes Heu, angefaultes Futter, Giftpflanzen sind nur einige der vielen Möglichkeiten.

Überanstrengung:

Akute Überanstrengung, Stürze nach Ausgleiten und im Springen sowie übermäßige Belastung durch Transporte können ebenfalls ein Verfohlen auslösen. Die Stute kann bis zum Abfohlen durchaus zu leichter Arbeit benutzt werden. Tägliche Bewegung kräftigt die Stute für die bevorstehende Geburt und erleichtert das Abfohlen.

Fieber:

Oft ist auch eine fiebrige Erkrankung die Ursache für Verfohlen (z. B. Druse, nicht zeitig behandelte Phlegmone u. ä.).

b) Virus-Abort

In den letzten Jahren nahmen die Verfohlungen aufgrund der Ansteckung mit dem Abort-Virus erheblich zu. Heute weiß man, daß der ansteckende Virus-Abort in engem Zusammenhang steht mit den früher als Bläschen-Ausschlag bezeichneten Veränderungen an der Scheide der Stuten. Dort werden punktförmige, nicht abwischbare helle Flecke sichtbar, Anzeichen dafür, daß die Stute sich einmal mit dem Abort-Virus auseinandergesetzt hat.

Ansteckung:

Die Ansteckung mit dem Erreger des seuchenhaften Verfohlens erfolgt im allgemeinen über den Atmungsapparat. Während die Fohlen nach einer solchen Ansteckung ernsthaft erkranken können und einen hochgradigen, schweren Husten mit nachfolgender Lungenvereiterung aufweisen, zeigen die ausgewachsenen Pferde nur kurzzeitig geringes Fieber und möglicherweise einen klaren wäßrigen Nasenausfluß. Daher werden diese Krankheitsanzeichen bei erwachsenen Pferden von ahnungslosen Pflegern oft nicht beachtet.
Fohlen, die gleichzeitig unter Wurmbefall, ungünstiger Futterzusammensetzung und mangelhaftem Stallklima leiden, erkranken wesentlich stärker und geben Eiterbakterien Gelegenheit, sich in der Lunge anzusiedeln.

Ansteckungsweg:

Es muß eine Tröpfchen-Infektion angenommen werden, bei der die Viren mit den Schleimhäuten der Atmungswege in Kontakt geraten. Selbst wenn eine Mutterstute dank einer Impfung oder einer durchgestandenen Ansteckung einen Impfschutz ausgebildet hat, kann es auf direktem Wege zum Abort kommen, wenn die Viren über die Scheidenschleimhaut in die Gebärmutter eindringen und das Verwerfen verursachen.
Eine Ansteckung durch den Hengstsamen beim Deckakt wird heute ebenfalls als möglich erachtet.

Zeitpunkt des Verfohlens:

Im Gegensatz zu allen anderen oben beschriebenen Abortarten wird bei Virus-Abort das Fohlen stets nur in den letzten Trächtigkeitswochen oder -monaten ausgestoßen. Diese Frühgeburt kündigt sich selten durch Bildung von Harztröpfchen oder durch Schwellung der äußeren Geschlechtsorgane an. Die Stute bereitet sich nicht zur Geburt vor, sondern stößt plötzlich, für das Stallpersonal völlig unerwartet, das nicht lebensfähige Fohlen aus. Geschieht dies vor dem zu erwartenden Geburtstermin, kann möglicherweise das abortierte Fohlen einige Stunden oder Tage lebensfähig sein. Man sollte sich in einem solchen Fall nicht damit abfinden, daß die Natur ein lebensschwaches Fohlen produziert hat, sondern in einem Institut eine exakte Untersuchung der Nachgeburt und des Fohlens durchführen lassen. Nur dann ist es möglich, der Abortursache auf den Grund zu gehen, um die noch hochtragenden Nachbarstuten durch Impfmaßnahmen oder Absonderung zu schützen oder um zumindest für die kommenden Jahre Vorbeugemaßnahmen ergreifen zu können.

Ansteckung beim Verfohlen:
Während des Verfohlvorganges werden viele Liter des hochansteckenden Fruchtwassers frei. Durch Tröpfchen-Infektion können innerhalb von Minuten die übrigen Stuten des Bestandes angesteckt werden. Diese Tatsache macht beim Verfohlen ernsthafte Maßnahmen erforderlich.

Maßnahmen beim Verfohlen:
Absonderung: Bei dem ersten Anzeichen für ein Verfohlen muß die verdächtige Stute innerhalb weniger Minuten aus dem Stall in einen Isolierstall verbracht werden. Stehen genügend Isolierboxen zur Verfügung, sollten wenige Minuten nach dem erfolgten Abort die Stuten der Nachbarboxen ebenfalls isoliert werden. Tierkontakt mit verdächtigen Stuten ist auch auf der Weide nicht mehr gestattet. An eine Übertragung durch verschmutzte Kittel, Hände und Stiefel des Stallpersonals ist jederzeit zu denken.
Desinfektion: Hat im Stall eine Stute verfohlt, müssen Box und Stallgasse mit Hilfe einer Gießkanne mit 2%iger Natron-Lauge desinfiziert werden.
Fruchtuntersuchung: Das verworfene Fohlen ist samt Eihäuten in einem wasserdichten Behälter auf schnellstem Wege in das zuständige Untersuchungsamt zu bringen. Bis das endgültige Ergebnis vorliegt, ist der Stall als verseucht zu betrachten.

Weide: Hat das Verfohlen auf der Weide stattgefunden, darf die entsprechende Stelle für die Dauer von mindestens 14 Tagen nicht mehr von trächtigen Stuten beweidet werden.
Sperrzeit: Die Sperrzeit für ein Gestüt mit Virus-Abort beträgt mindestens 3 Monate. Solange darf kein Pferd des Bestandes in einen anderen Bestand mit trächtigen Stuten verbracht werden.
Vorbeugende Schutzimpfung: Die Schutzimpfung erfolgt am besten im dritten Trächtigkeitsmonat sowie als Nachimpfung im 6. oder 7. Trächtigkeitsmonat. Unbedingt erforderlich ist die Impfung aller Einhufer des Bestandes. Fohlen sollten spätestens vom dritten Lebensmonat an geimpft werden. Hat eine Stute durch die Impfung oder erfolgte Ansteckung Antikörper gebildet, so gibt sie diese in den ersten Lebenstagen dem Fohlen über die Milch weiter. Dieser Schutz des Fohlens hält allerdings nur einige Wochen an. Die Impfung am 12. Lebenstag führt dann dazu, daß zeitig ein ausreichender Impfschutz aufgebaut wird. Eine Wiederholungsimpfung im dritten Lebensmonat ist notwendig.
Tierverkehr: Zwei Wochen nach erfolgter Impfung stellt die Impf-Stute für einen ungeimpften Bestand kein Risiko mehr dar. Sie kann also zum Decken gegeben werden. Im Ausland wird eine mehrere Monate zurückliegende Impfung verlangt.
Soll eine nichtgeimpfte Stute in einen geimpften Bestand verbracht werden, ist die Impfung 14 Tage vorher anzuraten. Aus Sicherheitsgründen ist diese Stute dann noch drei Wochen lang gesondert aufzustallen, falls hochtragende Stuten in der Bestandesnähe sind.
Notimpfung: Hat sich in einem ungeimpften Bestand ein Virus-Abort ereignet, können die hochtragenden Stuten noch bis zum 9. Trächtigkeitsmonat geimpft werden.
Blutuntersuchung: Nach erfolgtem Abort kann durch Untersuchung zweier im Abstand von 14 Tagen genommener Blutproben die Diagnose über Virus-Abort gestellt werden. Allerdings gibt eine solche Blutuntersuchung nur Auskunft darüber, ob sich die Stute während der letzten Monate mit dem Erreger des Virus-Abortes auseinandergesetzt hat. Diese Auseinandersetzung kann durch eine Impfung oder durch eine natürliche Infektion erfolgt sein.

5. Zwillingsverfohlungen

1. Wenn es vom 7. bis 9. Monat nicht zum Abort einer Zwillingsträchtigkeit kommt, wird allgemein während einer termingerechten Geburt mindestens ein lebendes Fohlen zur Welt kommen. Vandeplassche beobachtete, daß bei vielen Zwillingsträchtigkeiten zwischen dem 7. und 9. Monat eine plötzliche Euterentwicklung mit Milchfluß entstand. Ein Zwillingsabort tritt meist ohne sichtbare Vorbereitung der Stute auf.
In vielen Fällen kommt es vor dem 9. Trächtigkeitsmonat zum Absterben einer Frucht und zum unschädlichen Zusammenschrumpfen dieses toten Körpers. Wenn dann nach Ablaufen der normalen Trächtigkeitszeit ein lebendes Fohlen und eine Fohlen-Mumie zum Vorschein kommen, ist im allgemeinen das lebende Fohlen kleiner und magerer als normale Artgenossen.
2. Oft ist die Anlage zur Zwillingsträchtigkeit angeboren. Ist eine Stute infolge einer Zwillingsträchtigkeit schon mehrmals für die Zucht ausgefallen, sollte der Züchter aus Rentabilitätsgründen davon absehen, diese Stute weiter decken zu lassen. Der Käufer einer Zuchtstute sollte sich genau erkundigen, ob bei den Vorfahren dieser Stute bereits mehrfach Zwillingsgeburten vorgekommen sind.

6. Fehler im Deckbetrieb

Obwohl die Hengsthalter über die Fehlerquellen genau informiert sind, ist es wichtig, auch beim Züchter Verständnis für entsprechende Maßnahmen zu wecken. Nicht selten ist es gerade der Stutenbesitzer, der den Hengsthalter zu überreden versucht, wider besseres Wissen zu handeln.

Überbeanspruchung der Hengste:
Auch ein noch so routinierter Hengst im besten Gesundheitszustand vermag nicht mehr als höchstens viermal täglich mit Erfolgsaussicht zu decken. Junghengste sollten entsprechend weniger beansprucht werden. In der Robustpferdezucht ist darauf zu achten, daß während eines Deckturnus einem Hengst nicht zu viele Stuten beigegeben werden.

Nach isländischer Erfahrung erzielt man die höchste Befruchtungsrate, wenn ein Hengst für 3 Wochen 16 Stuten im gemeinsamen Weidegang beigegeben wird. Ein Überschreiten dieser Erfahrungszahl schon um wenige Stuten hat eine Verringerung der Fruchtbarkeit um 15 % zur Folge.

Infektion des Hengstes durch die Stute:
Auch bei geringsten Anzeichen einer Keimbesiedelung in der Scheide sollte der betroffenen Stute kein weiterer Sprung zugebilligt werden. Als Vorsichtsmaßnahme kann beim Hengst eine Einreibung des Gliedes mit einer keimhemmenden Salbe (z. B. Bovoflavin; in der Schweiz Vetaflavin) in zehntägigem Abstand erfolgen.

Zu häufiges Decken der Stute:
Kein Stutenbesitzer sollte verlangen, daß eine Stute öfter als in anderthalbtägigem Abstand gedeckt wird. Bei zu häufigem Dekken werden übermäßig viele Keime in die Scheide eingebracht, mit denen auch eine gesunde Stute nicht fertig werden kann.

Überlange Rosse:
Hält eine Rosse länger als 8 Tage an, ist es sinnlos, weitere Sprünge zu verlangen. Die überlange Rosse ist ein Ausdruck eines krankhaften Zustandes der Eierstöcke oder der Gebärmutter und erfordert eine möglichst frühzeitige tierärztliche Behandlung.

13. Kapitel

Die Stute während der Hochträchtigkeit

Fütterung:

Fütterung und Haltung der hochtragenden Stute sind für die Entwicklung des Fohlens ganz entscheidend. Das Futter muß abwechslungsreich, leicht verdaulich und energieliefernd sein. Wichtig ist gutes Heu. Darin sind die wesentlichen erforderlichen Vitamine und Mineralstoffe enthalten. In den letzten 2 bis 3 Monaten der Tragezeit muß dem nun beträchtlichen Wachstum des Fohlens durch qualitativ verbesserte Fütterung der Stute Rechnung getragen werden. Spätestens zu diesem Zeitpunkt muß mit dem Zufüttern von Hafer begonnen werden. Der Hafer kann durch ein proteinreiches und vielseitiges Gemisch ersetzt werden, welches folgende Zusammensetzung haben kann: Haferschrot 40%, Gerstenschrot 20%, Maisschrot 15%, Luzernegrünmehl 11%, Weizenschrot 10%, Leinsaat 5%, Soyaschrot 5%, Knochenmehl 2%. Die Zugabe eines standardisierten und vielseitig zusammengesetzten Vitaminpräparates ist angezeigt. Auch Heu darf nicht beliebig gegeben werden. 8 kg reichen in der Regel aus. Besonders zum Ende des Winters sollten der Stute Möhren gereicht werden, die den unzureichenden Vitamin-A-Gehalt im Futter ausgleichen.

Wichtigster Grundsatz für die Stutenhaltung während der letzten Monate vor dem Abfohltermin ist die gleichmäßige Fütterung und die regelmäßige Bewegung. Tragende Stuten können bis zu einigen Wochen vor der bevorstehenden Geburt ruhig geritten werden, falls größere Anstrengungen wie Jagden, Galoppstrekken usw. unterbleiben. Während der letzten Trächtigkeitstage sollten die Stuten mindestens einmal täglich in den Auslauf. Hier dürfen sie nicht herumstehen, sondern müssen ständig im Schritt bewegt werden.

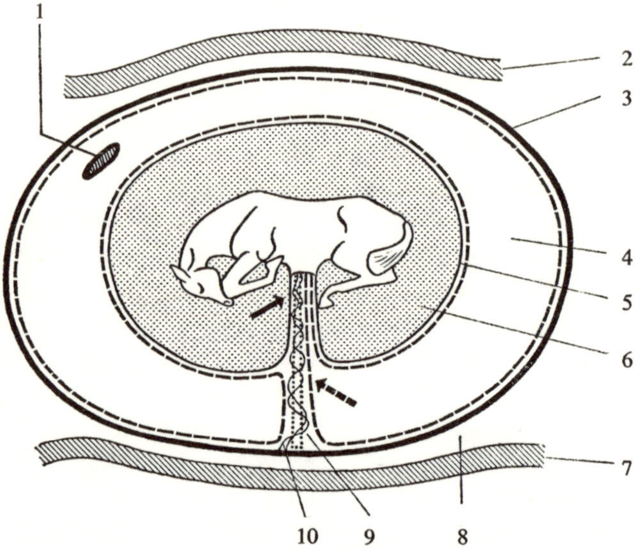

1 Fohlenbrot, Roßbrunst sind die Reste der Gebärmuttermilch. Ihr Auffinden setzt gute Beobachtung während der Geburt und Kontrolle der Nachgeburt voraus (daher Anerkennung für den Geburtshelfer, der das Fohlenbrot findet). Die Nachgeburt muß aus einem vollständigen weißen und einem vollständigen roten Sack bestehen. ←Hier muß der Nabelstrang abreißen. ←-Falls der Nabelstrang hier abreißt, wird das Fohlen von der Fußblase (Fohlenhaut) umschlossen geboren und kann darin ersticken; 2 Gebärmutterwand; 3 Wasserblase, von der äußeren (= roten) Fruchthülle gebildet. Diese Haut mit gesamtem Inhalt wird bei der Geburt ausgestoßen! *Nachgeburt* = ausgestoßene rote Wasserblase und weiße Fußblase mit Blutgefäßen, die in die Nabelgefäße einmünden und dann zum Fohlen laufen; 4 Fruchtwasser, wäßrig, aus dem Harn des Fohlens; 5 Fußblase, von der inneren (= weißen) Fruchthülle gebildet; 6 Fruchtwasser, schleimig, gelblichbraun; 7 Gebärmutterwand; 8 Hier befinden sich viele Verzahnungen zwischen der Gebärmutter und der Wasserblasenwand. An diesen Stellen treten die Nährstoffe aus der Gebärmutterwand in die Wasserblasenwand über und erreichen über deren Gefäße das Fohlen; 9 Nabelstrang; 10 Blutgefäße im Nabel.

Milchtropfen:

Bei manchen Stuten beginnt bereits einige Monate vor dem zu erwartenden Geburtstermin aus dem Euter Milch zu tropfen. Oft ist dies ein Anzeichen für einen bevorstehenden Abort oder für die Geburt eines lebensschwachen Fohlens. Eine sofortige tierärztliche Untersuchung ist angezeigt, da eine ansteckende Erkrankung die Ursache sein kann.

Wurmkur:
Sechs bis acht Wochen vor dem Abfohltermin ist eine Wurmkur durchzuführen, damit dem Fohlen während der ersten Lebenstage beim Belecken der Stallwände nicht allzuviel Möglichkeit gegeben wird, Parasiteneier aufzunehmen. Allerdings ist von der bei allen andern Pferden durchzuführenden Kur gegen Magenbremsen kurz vor dem Abfohltermin Abstand zu nehmen, solange noch keine völlig ungefährlichen Medikamente zur Bekämpfung dieser Parasitenart zur Verfügung stehen. (Siehe S. 184/185)
Einige Tage vor der Geburt wird der Stutenstall gründlich gereinigt und desinfiziert.

Eisen:
Als Abfohlbox dient die größte Box des Bestandes. Die Hufeisen werden vor der Geburt abgenommen, da sie Personal und neugeborenes Fohlen in gleichem Maße gefährden. Darüber hinaus stellt ein seit längerem nicht mehr erneuerter Beschlag einen Bakteriensammelplatz im Huf dar.

14. Kapitel

Fohlengeburt

1. Vorbereitungen

Die Stute wird in den letzten Tagen sehr aufmerksam beobachtet und peinlich saubergehalten. Auch soll der schmierige Schmutz zwischen den Euterhälften entfernt werden, da er eine Anstekkungsgefahr für das Fohlen darstellt. Viele Stuten fohlen nur in Abwesenheit von Menschen. Dies ist besonders bei Robustpferden der Fall, die den Abfohltermin oft unbewußt hinauszögern, bis sie im Schutze der Dunkelheit auf der Weide allein sind. Ein vor der Box auf und ab gehender Pfleger ist häufig die Ursache einer verzögerten und damit gefährdeten Geburt. Die Stute schiebt den Abfohltermin immer weiter hinaus und preßt dann plötzlich, wenn sie sich unbeobachtet fühlt, hastig und verkrampft auf das Fohlen. Das Stallpersonal soll sich möglichst weit entfernt in der äußersten Ecke des Stalles ruhig verhalten; Gespräche, Rauchen, Flaschengeklirr sollten unbedingt unterbleiben.

Aktuelle Geburtsanzeichen:
Die ersten Anzeichen einer bevorstehenden Geburt sind die harzähnlichen Tropfen an den Zitzenspitzen. Leider kann daran der Zeitraum bis zum Fohltermin nur bedingt erkannt werden, da diese Harztröpfchen bei manchen Stuten erst einen Tag, bei anderen schon sieben Tage vorher am Euter sichtbar werden. Unübersehbare Kriterien einer unmittelbar bevorstehenden Geburt sind zunehmende Nervosität der Stute, die im Stall hin und her läuft, nervös am Heu kaut, und übermäßiges Schwitzen. Zeitweilig steht sie mit dem Kopf zur Tür und zittert.

Letzte Maßnahmen vor der Geburt:
Bis zu diesem Zeitpunkt sollte unbedingt eine Waschung der äußeren Geschlechtsteile (Scham, unterer Schweifansatz) mit einem milden Desinfektionsmittel (Rivanol, Entozon; in der Schweiz:

Betadine) erfolgt sein. Der Schweifansatz wird mit einer sauberen Bandage versehen. Dies beugt einer Ansteckung der Gebärmutter nach der Geburt vor, wenn die Stute beim Aufstehen Luft und damit Schmutzteilchen in die Gebärmutter einsaugt.

Verhalten der Stute:
Die meisten Geburten erfolgen im Liegen. Der Moment des Hinlegens ist für das Stallpersonal wichtig, denn hinter der Stute muß mindestens 1,50 m Platz sein, um das reibungslose Austreiben der Frucht zu gewährleisten.
Gut bewährt hat sich das Aufhäufen der Einstreu an den Stallwänden. Die Stute legt sich dann in der Mitte des Stalles in das so gebildete Nest. Hinter ihr ist genügend Platz für das zu erwartende Fohlen.

2. Geburt

Für die richtige Geburtshilfe ist weder ein großes Instrumentarium noch eine besondere Spezialausbildung erforderlich. Meist genügt ein kühler Kopf, um das Leben des Fohlens zu retten.

Normalgeburt:
Die meisten Stuten fohlen während der Nacht ab. Die Geburt dauert in der Regel nur 10 bis 30 Minuten; jeder Eingriff des Züchters bei einer normal verlaufenden Geburt hat zu unterbleiben. Die Eröffnungswehen gleichen einer beginnenden Kolik mit Unruhe, Scharren, Niederlegen, Kot- und Harnabsatz. Meist bleibt die Stute anschließend liegen, beginnt häufig zu schwitzen und preßt in der Austreibungsphase das Fohlen aus. Die zuerst erscheinende Wasserblase erweitert die durch das Einfallen der Beckenbänder vorbereiteten Geburtswege. Sie platzt meist beim Erreichen des Scheideneinganges von selbst auf und gibt den Blick auf die nachfolgende Fruchtblase frei. In dieser wird bei der Normallage der auf den ausgestreckten Vorderbeinen liegende Kopf des Fohlens sichtbar. Mit dem Durchtritt des Fohlenkopfes durch das Becken ist der schwerste Teil der Geburt vorbei, und die Frucht wird ausgestoßen. Durch das Aufstehen der Stute werden

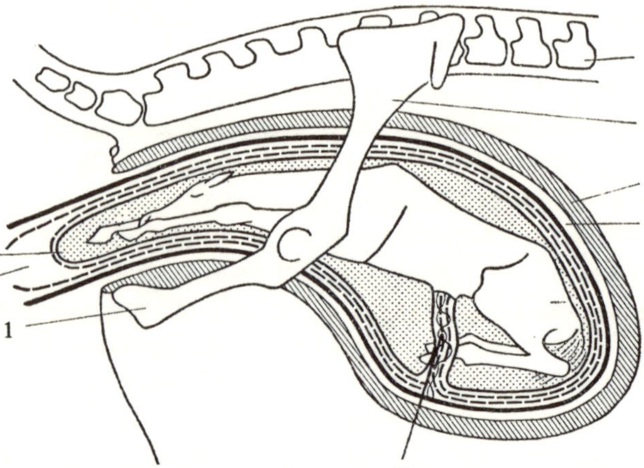

1 Sitzbein; 2 Eröffnete Wasserblase, gebildet aus der äußeren Fruchthülle. Sie hat den Geburtsweg geweitet. (Nicht gewaltsam öffnen, da sonst der Geburtsweg zu eng bleibt!); 3 Fußblase; gebildet aus der inneren Fruchthülle; 4 Wirbelsäule; 5 Beckenknochen; 6 Gebärmutterwand; 7 In diesem Raum ist die Fruchtblase an vielen Stellen mit der Gebärmutter verzahnt. Sie löst sich erst *nach* der Geburt – daher der Name Nachgeburt. Nach Beendigung ihrer Aufgabe, das Fohlen zu ernähren, wird sie abgestoßen. Wenn dies nicht geschieht, muß der Tierarzt sie entfernen; 8 Nabelstrang, 80—100 cm lang, ermöglicht wegen der Länge die Sauerstoffversorgung des Fohlens bis zum Abreißen an der vorbestimmten Rißstelle. Daher muß die Fohlenhaut (Fußblase) dann bereits eröffnet sein, weil das Fohlen sonst erstickt.

die Eihäute eröffnet, die Nabelschnur reißt an der dafür vorbestimmten Stelle ab. Sollte allerdings das Fohlen in den geschlossenen Eihäuten geboren werden, sind diese sofort zu eröffnen, falls die Stute dies nicht mit den Zähnen tut. Die Erstickungsgefahr des Fohlens ist groß (s. Bild auf S. 118). Eine ununterbrochene Überwachung der Geburt ist deshalb ratsam, da oft eine geringe Lagekorrektur des Fohlens im Geburtsweg oder ein leichter Zug an richtiger Stelle erhebliche Verletzungen des Muttertieres vermeiden oder das Fohlen vor dem Ersticken retten kann. In der Regel ist keine Zeit, Hilfskräfte herbeizuholen.

Daher sollten die Kosten für eine Nachtwache auf keinen Fall gescheut werden. Die notwendigen Mittel für die Fohlengeburt werden neben der Boxtür bereitgestellt: Handtücher, warmes Wasser, Seife, mit Alkohol verdünnte Jodtinktur, mildes Desinfektions-

mittel, steriles Band zum Abbinden des Nabels, zwei saubere, ausgekochte Geburtsstricke sowie zwei Rundhölzer von zirka 25 cm Länge, Wundpuder, eine scharfe Schere.
Beginn der Geburtshilfe: Erst wenn ein Teil des Kopfes und zwei Vorderfüße sichtbar werden und der Eindruck vorherrscht, daß die Geburt nicht richtig vorwärts geht, darf mit vorsichtigem Zug an den Füßen nachgeholfen werden. Der Zug muß nach hinten unten erfolgen. Besonders bei erstgebärenden Stuten reißt die äußere Scheide leicht ein. Die über das Fohlen gespannte Haut der mütterlichen Scham wird mit der flachen Hand in Richtung Stute geschoben.
Fehlerhafte Haltung der Frucht: Wenn außer dem Kopf nur ein Fuß zu sehen ist und die Geburt stoppt, greift man mit der sauberen, durch Seife schlüpfrig gemachten Hand zu der Frucht. In manchen Fällen gelingt es, eine eventuell umgeknickte Gliedmaße oder den in Richtung Darm verklemmten Fuß wieder gerade zu richten. Hierzu sind weder Stricke noch Instrumente notwendig. Gelingt diese Maßnahme nicht innerhalb weniger Minuten, muß schnellstens der Tierarzt gerufen werden. Zuvor ist die Stute zur Unterbrechung der Geburt zum Aufstehen zu bringen.
Nachgeburt: Nach der Geburt löst sich meist innerhalb einer halben Stunde die Nachgeburt ab. Falls die Stute, weil die herabhängenden Stränge die Beine berühren, unruhig wird, zu pressen beginnt oder schlägt, sollte die Nachgeburt hochgebunden oder in Höhe des Sprunggelenkes abgeschnitten werden. Wenn sich die Nachgeburt nicht innerhalb von zwei Stunden selbständig löst, verringert sich bis zum Eintreffen des Tierarztes von Stunde zu Stunde die Chance der Stute, bei der nächsten Bedeckung wieder tragend zu werden. Wenn auch nach 12 Stunden noch nicht für tierärztliche Hilfe gesorgt wurde, ist mit einer ernsten Erkrankung der Stute (Hufrehe, Blutvergiftung) zu rechnen.

Erste Hilfe bei Komplikationen:
Ungleichmäßig weit herausschauende Vorderbeine des Fohlens müssen durch abwechselnden Zug am linken und rechten Vorderfuß auf die gleiche Höhe gebracht werden.
Gelingt das nicht, sollte man die Stute zum Aufstehen bewegen,

da dabei das Fohlen durch das Eigengewicht wieder ein Stück in die Gebärmutter hineinrutscht. Bis zum Eintreffen von Fachleuten wird die Stute mit der Hinterhand etwas höher gestellt (Mist aufschichten!). Ist der Brustkorb des Fohlens im Geburtsweg, ist es sehr dringend, den Fortlauf der Geburt zu beschleunigen, da das Fohlen in diesem Stadium leicht ersticken kann.

3. Fohlenversorgung nach der Geburt

Das Fohlen beginnt schon mit der Atmung, bevor die Nabelschnur abgerissen ist. Man sollte an dieser keinesfalls irgendwelche Handgriffe vornehmen, solange das Fohlen nicht atmet. Oft liegt das Neugeborene in seiner Eihaut hilflos auf dem Stroh. Es ist nicht in der Lage, die es dicht umgebende Hülle zu sprengen. Mit peinlich sauberer Hand wird als erstes der Kopf freigelegt, und durch Ausstreichen von außen werden Maul und Nüstern vom Schleim befreit. Im Notfall sollte man die Zunge erfassen und dadurch eine Schluckbewegung auslösen. Wegen der Infektionsgefahr sollte man mit dem Finger nicht mehr als nötig in die Maulöffnung fassen.
Zeigt das Fohlen Atembeschwerden wegen angesaugten Fruchtwassers, wird es schnell ruckartig an beiden Hinterbeinen hochgehoben, damit aus Nüstern und Maul Flüssigkeit abfließen kann. Durch Anheben der Schultergliedmaße kann ein Unterdruck im Brustkorb erzeugt werden, so daß das Fohlen spontan atmet. Nur in Notfällen ist ein Kaltwasserguß auf den Hinterhauptbereich anzuwenden. Anschließend ist das Fohlen mit sauberem, trockenem Stroh abzureiben.

Nabelpflege:
Der Nabel soll nach der Geburt möglichst wenig berührt werden. Meist ist er während der Geburt oder beim Aufspringen der Stute eine Handbreit unter dem Bauch abgerissen. Ist dies nicht der Fall, wird auf folgende Weise nachgeholfen (jedoch nicht zu früh, da das Fohlen gerade in der Krise der Geburt vom mütterlichen Kreislauf zugeführte Blutmengen dringend braucht): Nach gründlicher Handreinigung erfaßt man den Nabelstrang dicht über der

deutlich erkennbaren Abrißstelle und dreht mit der anderen Hand ab. Man fasse den Nabelstrang nie mit verschmutzten Händen an. Unter Umständen ist es besser, ihn mit sterilem Band abzubinden und ihn unterhalb davon mit der bereitliegenden Schere abzuschneiden. Der Nabelstumpf wird nun in die Jodtinktur eingetaucht und anschließend mit Sulfonamid-Wundpuder bestäubt.

15. Kapitel

Die Ernährung des Fohlens

Ein gesundes Fohlen wird innerhalb der ersten halben Stunde versuchen, aufzustehen. Nach einer Normalgeburt unterlasse man jede Hilfe und störe den natürlichen Ablauf der Dinge möglichst wenig. Auf keinen Fall sollte man versuchen, das Fohlen sofort aufzuheben und an das Euter zu zwingen. Zu frühes Heranbringen der Mundspalte an den Euterstrich bewirkt beim Fohlen Widersetzlichkeit; es drängt zurück. Hat das Fohlen das Euter jedoch nach 8 Stunden noch nicht gefunden, ist es besser, wenn man es mit sauberem, milch- oder zuckerbenetztem Finger an den Strich lockt. Einem Neugeborenen übereilig ausgemolkene Stutenmilch aus einer Saugflasche zu geben, verzögert bei einem kräftigen Fohlen das Annehmen des Euters und nützt bei einem schwachen, nicht lebensfähigen Fohlen gar nichts. Einhuferfohlen suchen einem angeborenen Schema gemäß nach dem Euter immer in einem Winkel, der im Normalfall aus der Bauchlinie und der Hintergliedmaße gebildet wird. Nicht selten verwechseln sie diese Partie mit dem aus Brust und Vordergliedmaßen gebildeten Winkel. Stuten, die gegen die Euterberührung durch das Fohlen empfindlich sind, was besonders bei Erstlingsstuten nicht selten vorkommt, sind zu den ersten Saugversuchen aufzutrensen und unter ruhigem Zusprechen festzuhalten. In nicht wenigen Fällen wächst die Mutterliebe gleichsam mit der Füllung des Euters, so daß man ruhig einige Zeit abwarten kann. Echt bösartige Stuten, die ihr Fohlen verletzen und auch nach längerer Zeit nicht zulassen, sind von der Zucht auszuschließen. Nicht immer ist ein gut ausgebildetes Euter auch eine Garantie für die Milchergiebigkeit. Oft findet das Fohlen in einem auffallend kleinen Euter doch genügend Nahrung. Ferner ist es wichtig, daß das Fohlen beide Striche gleichmäßig annimmt. Verschmäht es den einen, so kann dies ein Zeichen für die Erkrankung einer Euterhälfte sein. Möglicherweise verschmäht das Fohlen die eine Zitze grundlos. Vielfach hat dies zur Folge, daß durch zurückgebliebene gestaute Milch diese zunächst noch gesunde Euterhälfte erkrankt.

Kolostralmilch:
Da das Fohlen während der ersten Lebenstage nicht in der Lage ist, Abwehrstoffe gegen Ansteckungskrankheiten selbst zu bilden, muß es diese mit der Muttermilch aufnehmen. Der Darm des Fohlens ist während der ersten 36 Stunden in der Lage, die Abwehrstoffe durch die Darmwand in die Blutbahn hindurchzulassen. Ein Fohlen, welches während dieser Zeit keine Muttermilch aufnimmt, erhält nicht genügend Abwehrstoffe und ist daher krankheitsanfällig.
Folgende Ursachen können für eine ungenügende Milchaufnahme während der ersten Lebensstunden verantwortlich sein:
1. Das Fohlen ist absolut zu lebensschwach (Temperatur messen).
2. Das mütterliche Euter ist nicht genügend ausgebildet.
3. Die Mutterstute nimmt das Fohlen nicht an (Erstlingsstute).
In schwierigen Fällen muß der Tierarzt die Stute durch eine Beruhigungsinjektion beschwichtigen.
Bei geringer Milchabgabe kann durch eine Injektion die Milchausschüttung im Stuteneuter gefördert werden. Aus der Humanmedizin sind Hormonsprays im Handel, die, in die Nase eingesprüht, die Milchausschüttung ebenfalls fördern (z. B. Syntocinon, Sandoz).

Milchbank:
Gelingt es dem Fohlen nicht, die Kolostralmilch der Mutter aufzunehmen, kann auf die eingefrorene Stutenmilch des Vorjahres zurückgegriffen werden. Diese wird am günstigsten im Mai gewonnen, wenn die Kolostralmilch während der ersten drei Tage nach der Geburt in eine Kunststoffmilchflasche abgemolken und in der Tiefkühltruhe eingefroren wird.
Im Monat Mai haben die Stuten im allgemeinen besonders viel Milch und können zur Vorsorge für das kommende Jahr einen Teil entbehren. Außerdem ist sie während dieser Jahreszeit besonders Vitamin-A-reich.

Stallhygiene:
Ganz besonders wichtig ist es, daß das Fohlen während der ersten zwei Tage nicht an schmutzigen Gegenständen leckt. In einigen Gestüten wird aus diesem Grunde dem Fohlen ein Maulkorb aufgelegt, der in eineinhalbstündigen Abständen zur Muttermilchaufnahme abgenommen wird. Nicht ohne Grund sind ansteckende Fohlenkrankheiten bei reiner Weidehaltung äußerst selten. Auf keinen Fall darf das Fohlen während der ersten Tage Kot fressen. Der Stall muß oft und reichlich mit Stroh eingestreut werden. Der frisch abgesetzte Kot der Mutter wird mehrmals täglich entfernt.

Künstliche Fohlenaufzucht:
Sollte die Lebensschwäche des Fohlens ihre Ursache darin haben, daß die Mutter zu wenig oder keine Milch gibt, kann der mühevolle Weg einer künstlichen Fohlenaufzucht versucht werden. Dieser wird ebenfalls nötig, wenn bei Tod der Mutterstute keine Amme zur Verfügung steht. Inzwischen gibt es dafür das Fohlenmilchpulver Salvana. Erfahrene Pferdezüchter setzen ihre Fohlen bereits mit 4 Monaten ab und tränken sie aus dem Eimer, weil sie sich dadurch eine bessere Entwicklung der neuen Frucht im Mutterleib erhoffen. Fohlen, deren Mütter wenig Milch haben, erhalten zusätzlich künstliche Fohlenmilch. Solche Tiere gedeihen vielfach besser als Spielgefährten, die reichlich Muttermilch beziehen können.
Das gemäß den Angaben der Herstellerfirma in Wasser gelöste Milchpulver wird dem Fohlen in den ersten Lebenstagen (auf 37–38°C erwärmt) in einer Kunststoffmilchflasche gegeben. Über die Flaschenöffnung wird ein abgeschnittener Handschuhfinger gestülpt, in den man eine stecknadelkopfgroße Öffnung zum Saugen geschnitten hat. Es muß sehr darauf geachtet werden, daß das Fohlen den Sauger nicht abschluckt, was zu ernsthaften Komplikationen führen kann. Bereits nach wenigen Tagen lernen die Tiere, aus dem Eimer zu trinken. Auf diese Weise ist eine Fohlenaufzucht ganz ohne Muttermilch möglich, wenn günstige Stall- und Witterungsverhältnisse gegeben sind und fleißiges, zuverlässiges Personal seinen Teil dazu beiträgt.

Milchmenge:
Eine Tränkung sollte während der ersten drei Lebenstage in ein- bis zweistündigen Abständen erfolgen. Nachts können die Ruhepausen während der ersten beiden Tage auf drei Stunden ausgedehnt werden, am dritten und vierten Tag auf vier Stunden. Während der ersten acht Lebensstunden sollten dem Fohlen ca. 1½ l Milch zukommen. Die Milchmenge wird dann leicht gesteigert, bis man schließlich nach einer Woche auf 15 l täglich ist, die in sechs Mahlzeiten gegeben werden. Auch wenn das oben angeführte Milchpulver zur Verfügung steht, sollte während der ersten zwei Lebenstage nach Möglichkeit auf Kolostralmilch aus der Tiefkühltruhe vom Vorjahr zurückgegriffen werden, um dem Fohlen die sehr wichtigen Immunstoffe zukommen zu lassen, die nur diese Kolostralmilch enthält.

Kuhmilch:
Nicht ganz so gute Erfolge kann man mit Kuhmilch erzielen. Diese sollte nach folgendem Rezept verabreicht werden: Zwei Teile Kuhmilch werden mit einem Teil abgekochten Wasser versetzt, da für das Fohlen reine Kuhmilch aufgrund ihrer Zusammensetzung nicht so gut verträglich ist. Jedem Liter dieser Milch wird ein Eßlöffel Milchzucker oder Traubenzucker (40 g) zugefügt. Die Verabreichung erfolgt körperwarm in den angegebenen Mengen und Zeitabschnitten.

Rachitis:
Künstlich ernährte Fohlen sind besonders anfällig gegen Rachitis, die ihre Ursache in fehlenden Vitaminen A und D haben kann. Möglichst während der ersten Lebenswoche sollten durch den Tierarzt entsprechende Injektionen verabreicht werden. Er wird auch lösliche Vitamin-Präparate empfehlen, die der Aufzuchtmilch beigemischt werden können.

Vitamin D-Überdosierung:
In Züchterkreisen spielt das Vitamin D in Form von Vigantol oft eine magische Rolle und wird nicht selten hoch überdosiert. Es kommt zu einer ungünstigen Knochenzusammensetzung, welche bei ausgleitenden spielenden Fohlen die Neigung zu Knochenbrüchen fördern kann.

16. Kapitel

Fohlenkrankheiten

Jungtiererkrankungen nehmen in der Regel einen schnellen und drastischen Verlauf, so daß nur das frühe Erkennen und die sofort einsetzende fachgerechte Hilfe, besser aber noch die Vorbeuge helfen können. In den folgenden Abschnitten sind einige der wesentlichsten Fohlenerkrankungen, in der Reihenfolge ihres Auftretens von der Geburt bis zum Absetzen des Fohlens, kurz geschildert.

1. Frühsterblichkeit

Die häufigste Todesursache der Fohlen während der ersten Lebenstage ist die Frühlähme. Während man gegen diese Erkrankung bei zeitigem Erkennen meist erfolgreich etwas unternehmen kann, steht man vielen anderen tödlich verlaufenden Krankheiten der neugeborenen Fohlen hilflos gegenüber: absolute Lebensschwäche eines zu wenig entwickelten Fohlens; normal ausgetragenes Fohlen, das aber den Keim des Virus-Abortes bereits in sich trägt; Atemnot als Folge einer Blutreaktion gegen den mütterlichen Körper nach Beginn der ersten Aufnahme von Muttermilch. Typisch für diese letztgenannte Krankheit ist, daß das Fohlen offenbar gesund zur Welt gekommen ist und erst bei Aufnahme von Muttermilch Krämpfe beobachtet werden. In seltenen Fällen gelingt die Rettung des Fohlens durch Blutaustausch von einem geeigneten, nicht verwandten Spenderpferd. Man unterbinde bis zum Eintreffen des Tierarztes jede weitere Aufnahme von Muttermilch. Etwa 28 Stunden nach Blutaustausch kann wieder Muttermilch aufgenommen werden.

2. Frühlähme

Diese kommt in den ersten Lebenstagen zum Durchbruch. Die Ansteckung erfolgt während der ersten Stunden über einen mangelhaft desinfizierten Nabel, möglicherweise sogar im Mutterleib. Die sicherste Vorbeuge ist nach den heutigen Erfahrungen nicht mehr unbedingt das Lähmeserum, sondern die Gabe eines Langzeitantibiotikums während der ersten Lebensstunden. Gegen die Frühlähme kann die Mutterstute vor dem 8. Trächtigkeitsmonat geimpft werden, so daß sie dem Fohlen die Abwehrstoffe über die Milch zukommen läßt. Der Impferfolg ist jedoch nicht sehr groß, so daß die vorstehend erwähnte Injektion in den ersten Lebensstunden wesentlich größere Sicherheit bietet. In Beständen, in denen einmal Lähme aufgetreten ist, sollte der Tierarzt frühzeitig zugezogen werden. Neben der Fohlenbehandlung kann er die Mutterstute auf eventuelle Geburtsschäden untersuchen, das Euter kontrollieren und Empfehlungen zu Fütterung und Haltung geben.

Fieber:
Das neugeborene Fohlen ist während der ersten Lebenstage ganz besonders empfindlich gegen ansteckende Erkrankungen. Daher ist bei der geringsten Unpäßlichkeit eine Fieberkontrolle durch das Betreuungspersonal unerläßlich und allerhöchste Eile bei der Einleitung geeigneter Behandlungsmaßnahmen lebenswichtig für das junge Tier.

3. Darmpechverhaltung

Während der Entwicklungszeit in der Gebärmutter bildet sich im Darm des Fohlens eine beträchtliche und verhältnismäßig feste Kotmasse von dunkelbrauner Farbe, welche als Darmpech bezeichnet wird. Dieses kann in den hinteren Abschnitten des Darmes eine so feste, ballenförmige Beschaffenheit annehmen, daß ein spontanes Abgehen nach der Geburt nicht stattfindet. Die Kolostralmilch der Stute hat während der ersten Tage nach der Geburt eine abführende Wirkung, so daß ein Eingreifen in der

Regel nicht notwendig ist. Bei den Hengstfohlen tritt die Darmpechverhaltung wegen der engen Beckenverhältnisse häufiger auf.
Die Fohlen zeigen Unruhe und schlagen lebhaft mit dem Schwänzchen. Oft wälzen sie sich und drehen ihren Kopf in Richtung der schmerzenden Stelle im hinteren Bauchbereich. Zwischendurch zeigen sie aber immer wieder lebhafte Sauglust. Erfahrene Züchter können den Abgang des Darmpeches eventuell durch Einführen des gut geölten Zeigefingers, an welchem der Fingernagel vorher sehr kurz geschnitten wird, kontrollieren. Darmpechverhaltung tritt auch nicht selten bei übertragenen Fohlen auf.

Vorbeuge:
Folgende Vorbeugung hat sich in vielen Gestüten bewährt: Eine Säuglingsflasche wird je zur Hälfte mit Stutenmilch und Paraffinöl gefüllt. Während der ersten Lebensstunden wird diese Mischung dem Fohlen über einen Säuglingsschnuller, dessen Öffnung mit einer Schere etwas vergrößert wird, eingegeben. Das Fohlen darf dabei keinesfalls an einem schmutzigen Finger saugen. Die Hände sind gründlich zu waschen.

Behandlung:
Zur Unterstützung des Darmpechabgangs kann mit einer Säuglingsflasche 7%iges Zuckerwasser oder frisch abgemolkene Stutenmilch, welcher 2 Eßlöffel Rizinusöl beigefügt sind, eingegeben werden. Auch die vorsichtige Anwendung eines Seifenklistiers führt oft zum Erfolg. Es sollte aber stets beachtet werden, daß die Darmschleimhaut eines neugeborenen Fohlens sehr empfindlich ist. Daher müssen alle Manipulationen mit harten Gegenständen wie Holzspachtel usw. unterbleiben. Auch darf der Klistierbehälter nicht zu hoch gehalten werden, um den Wasserdruck im Darm wegen der Zerreißungsgefahr nicht zu sehr ansteigen zu lassen. Bewährt hat sich ein gebrauchsfertiges Einmal-Klistier (Practoclyss), das man in mehrstündigen Abständen langsam in den Mastdarm einlaufen läßt. 3 Fertigklistiere gehören in den Fohlengeburtskasten.
Nicht immer ist Selbsthilfe angebracht. Halten die Koliksym-

ptome und die Unruhe auch nach Abgang des Darmpeches an, kann nur der Tierarzt mit Injektionen, Medikamentengaben ins Maul sowie Einläufen oder operativem Eingriff helfen.

4. Magen-Darmkatarrh der Neugeborenen

Drei verschiedene Formen müssen unterschieden werden:
1. Der nichtansteckende Darmkatarrh der ersten Lebenstage, der sich in mehr oder weniger starkem Durchfall von gelblicher Farbe, jedoch ohne üblen Geruch äußert. Die Temperatur ist dabei normal und die Heilung durch Hungerdiät mit nachfolgendem kontrolliertem, etwas verringertem Saugenlassen meist nicht schwierig. In hartnäckigen Fällen müssen Medikamente wie Arobon oder Stullmisan zugegeben werden, die den Durchfall schnell stoppen. Vor dem Einschütten von flüssigen Medikamenten mit der Flasche sei gewarnt, da durch die spezielle Konstruktion des Kehlkopfes beim Pferd sehr leicht Medikamente in die Lunge laufen können und dort zu einer gefährlichen Verschluck-Lungenentzündung führen.
2. Der ansteckende Darmkatarrh. Dieser ist gefährlicher und hartnäckiger. Er schwächt die Fohlen, läßt die Temperatur ansteigen und ist an dem unlustigen, matten Benehmen der Tiere sofort erkennbar. Der Durchfall ist grauweiß, stinkend, nicht selten mit Blut vermischt. Leider ist diese Form des Durchfalles ziemlich häufig, da die Darmwand des Fohlens in den ersten Lebenstagen ja noch für Bakterien durchlässig ist und daher alle mit dem Futter aufgenommenen bakteriellen Infektionen die Darmschranke überwinden können. Die Therapie des infektiösen Durchfalles muß dem Tierarzt vorbehalten bleiben.
3. Der bereits besprochene physiologische Durchfall, der zwischen dem 8. und 10. Tag nach der Geburt durch die einsetzende Rosse der Stute verursacht wird, bedarf normalerweise keiner Behandlung, falls er sich nach 3 Tagen gibt. Länger anhaltender Durchfall deutet auf Wurmbefall hin (s. S. 135, 177). Um Haarausfall in der Schweifgegend des Fohlens zu verhindern, kann während dieser Zeit die Afterumgebung mit einem milden Hautfett eingestrichen werden.

Eine weitere Durchfall auslösende Ursache kann das Kotfressen sein. Es zeigt dem aufmerksamen Züchter an, daß ein Vitamin- und Eisenmangel vorliegt, den der Tierarzt mit Injektionen beheben kann. Zu solch schnellwirksamen Maßnahmen ist unbedingt zu raten, um zu verhindern, daß sich das junge Fohlen eine übermäßige Wurmbürde auflädt. Geringe Mengen frischen Kots darf ein mehrere Wochen altes Fohlen aufnehmen – man sagt, daß es sich die normale Darmflora auf diese Weise aneignen muß, und es kann sich dabei keine nennenswerte Wurmbürde zuziehen. Erst der mehrere Tage alte Kot enthält ansteckungsfähige Entwicklungsstadien gefährlicher Würmer. Daher Sauberkeit im Fohlenstall! Häufiges Ausmisten und gutes Einstreuen!

> Merke: Nicht der frische Kot der Stute ist für das Fohlen gefährlich, sondern der mehr als 5 Tage alte Kot bzw. die Stroh- und Grashalme, die mit diesem Kot in Berührung gekommen sind bzw. rundherum wachsen. Oft deutet ein Fohlenrosse-Durchfall auf eine massive Zwergfadenwurm-Infektion hin. Mutter mitbehandeln! Die säugende Stute scheidet mit der Milch besonders während der 2. bis 4. Woche nach der Fohlengeburt sehr viele Zwergfadenwurmlarven aus.

Auch Aufnahme von zuviel Stutenmilch verursacht häufig Durchfall. Reichliche Milchproduktion ist zwar ein nicht zu übertreffender Vorteil, bedeutet jedoch für das neugeborene Fohlen eine Gefahr. Es saugt das Euter nicht ganz leer, dadurch verändert sich die Milchbeschaffenheit, was zum Durchfall führen kann. Außerdem können sich in dem nicht völlig entleerten Euter leicht Keime ansiedeln, da die zurückbleibende Milch einen idealen Nährboden für Bakterien darstellt. Abhilfe ist zu schaffen, indem die Mutterstute während der ersten drei Lebenstage nach der Geburt knapp gefüttert wird. Insbesondere mit Saftfutter ist Zurückhaltung zu üben, während gutes Wiesenheu unbedenklich verabreicht werden kann.
Das Belecken von Stallwänden, Eisengegenständen, Salzlecksteinen sowie Aufnahme von Kunstdünger auf frischgedüngten Weiden sind weitere Durchfallursachen. Ein junges Saugfohlen

sollte auf keinen Fall Zugang zur Selbsttränke haben. Oft erscheint ihm die Flüssigkeitsaufnahme aus dieser Selbsttränke müheloser als das Saugen an der schlecht Milch gebenden Mutter.
Beim ersten Auftreten von Durchfall ist regelmäßig die Temperatur zu kontrollieren. Bei allen Durchfallerkrankungen ist es ratsamer, Medikamente wie Stullmisan eßlöffelweise einzugeben statt mit der Flasche, da, abgesehen von der Verschluckgefahr, nicht selten die Sauger abgebissen und abgeschluckt werden.

Wurmbefall:
Er kann die Ursache eines hartnäckigen Fohlendurchfalls sein. Daher sollen zeitige Wurmbehandlungen durchgeführt werden. Die heute im Handel befindlichen, für das Fohlen ungefährlichen Wurmmittel können bereits von der dritten Lebenswoche an verabreicht werden. Ein wurmfreies Fohlen entwickelt sich nicht nur besser, sondern ist auch wesentlich unempfindlicher gegen alle möglichen Erkrankungen.

Kotuntersuchung:
Die Kotuntersuchung bietet oft keinen Anhalt für das Vorliegen eines Wurmbefalls, da im Jungtier massenhaft junge, noch nicht Eier legende Wurmstadien schmarotzen und deshalb auch noch keine Wurmeier im Kot gefunden werden können.

5. Spätlähme

Die ersten Krankheitsanzeichen einer Spätlähme gleichen denen einer Lahmheit und treten in der Hauptsache an Gelenken der Hintergliedmaße auf. Vielfach führt das Pflegepersonal die Steifheit eines Gelenkes auf einen Tritt oder Schlag der Stute zurück. Darum wird die Krankheit oft nicht ernst genommen und auch keine fachliche Hilfe zu Rate gezogen. Wenn sich nach einigen Tagen der Zustand verschlimmert hat und wertvolle Zeit mit unsinnigen Einreibungsversuchen vertan worden ist, kann jede fachliche Hilfe zu spät kommen.
Bei der geringsten Unpäßlichkeit greifen erfahrene Fohlen-Pfleger zum Fieberthermometer. Die Werte müssen morgens und

abends genommen und sorgfältig aufgeschrieben werden. Das Fieberthermometer wird mit einer Wäscheklammer am Schweifansatz befestigt.

Fohlentemperatur:
Die Normaltemperatur des Fohlens während der ersten Lebenstage beträgt ca. 38,9° C. Beim 14 Tage alten Fohlen ist schon eine Temperatur über 38,5° C krankhaft.
Bei Spätlähme werden im allgemeinen zuerst die Sprunggelenke, dann die Knie- und Vorderfußwurzelgelenke betroffen. Beim Berühren zeigt das Fohlen Schmerzäußerung. Die Gelenke sind prall gefüllt und warm. Im fortgeschrittenen Stadium können die Fohlen nicht mehr aufstehen. In manchen Fällen überwiegen auch andere Krankheitsanzeichen wie Nabelschwellung, Durchfall oder Husten.

Vorbeuge:
Eine vorbeugende Impfung gegen Spätlähme der Fohlen kann in gefährdeten Ställen nach dem 10. Tag durchgeführt werden. Die Wirkung ist aber unsicher. Wichtiger sind trockene Einstreu und Desinfektion der Boxe *vor* der Geburt. Erste Wurmkur bereits am 10. Lebenstag.

6. Husten

Die ersten Krankheitsanzeichen werden bei Fohlen im Alter von drei Wochen bemerkt. Aus beiden Nüstern fließt eine eitrigschleimige Flüssigkeit. Anfangs ist noch kein richtiger Husten erkennbar, die Fohlen prusten lediglich. Wenn sich die Nasengänge mit Eiter verkleben, entsteht ein eigenartiges Atemgeräusch. Das Allgemeinbefinden der Fohlen ist meist nicht gestört. Die Fohlen bewegen sich lebhaft, und die Körpertemperatur ist normal. Eine übermäßige Schwellung der Lymphknoten im Kehlgang ist nicht zu beobachten. Daher ist auch das Abschlucken nicht erschwert. Ein derartiger Katarrh der oberen Luftwege des Fohlens ist nicht, wie vom Züchter oft behauptet wird, eine Druse. Bei entsprechender Sauberkeit im Stall, regelmäßiger Des infektion der Wände und günstigen Stalluftverhältnissen klingen die Krankheitsanzeichen nach einigen Wochen ab. Die fieberfreien Fohlen können in den Auslauf gelassen werden, sollten aber bei kaltem Wetter, Regen und Wind aufgestallt bleiben. In hartnäckigen Fällen kann der Tierarzt mit Injektionen nachhelfen und das regelmäßige Auswaschen der Nüstern und Reinigen aller beschmutzten Stallgegenstände anordnen.

7. Lungenentzündung

In den letzten Jahren häufen sich die Ansteckungsfälle der Fohlen mit Eiterbakterien, die sich in der Lunge abkapseln. Gelegentlich platzt eine solche Kapsel auf und streut erneut Keime in die Umgebung. Mit dem Blutstrom werden sie in andere Körperteile getragen, wo zahlreiche neue Eiterabkapselungen entstehen. Es kann zu wochenlangem Fieber kommen, das sich durch kein Medikament beeinflussen läßt. Oft sind solche Nachkrankheiten vermeidbar, wenn die folgenden Punkte beachtet werden.

Stalluft:
Ein Fohlenstall muß zugluftfrei sein. Trotzdem sollte die Temperatur der Stalluft der der Außenluft möglichst entsprechen. Ein gleichmäßiger Luftaustausch ist erwünscht. Die sich in den Boxen dicht über dem Boden bildende schlechte Luft soll durch Gittertüren nach außen entweichen können. In einem kalten Stall beeinträchtigt kalte Zugluft die Tiere wesentlich weniger als in einem warmen.
Um das starke Anpassungsvermögen eines wenige Tage alten Fohlens auszunutzen und zu trainieren, sollte man bei gutem Wetter das Fohlen täglich einige Stunden mit der Mutter an die Außenluft, möglichst in den Auslauf, bringen. Allerdings ist dies bei den geringsten Krankheitsanzeichen des Fohlens – Fieber und Saugunlust sowie viel Liegen – erst nach Befragen des Tierarztes anzuraten. Ein an einer Lungenentzündung erkranktes Fohlen kann seinen Zustand durch Galoppieren auf der Weide erheblich verschlimmern. Holzkonstruktionen haben sich für das Stallklima wesentlich besser bewährt als Betonställe.

Luftfeuchtigkeit:
Bereits für wenig Geld ist im Handel ein Hygrometer erhältlich, mit dem die Stallfeuchtigkeit gemessen werden kann. Ein möglichst trockener Stall ist unbedingt anzustreben. Optimum unter 75 % Luftfeuchtigkeit. Die Luftfeuchtigkeit kann erniedrigt werden, wenn die Stalltemperatur mit einem elektrischen Öfchen leicht erhöht wird.

Die Einstreu:
Die Einstreu muß sauber und trocken sein. Das liegende Fohlen darf kein feuchtes Haarkleid bekommen. Durch Verdunstungskälte wird seine Abwehrbereitschaft vermindert. An jedem feuchten Strohhalm, der einige Zeit im Stall liegt, können mehrere hundert ansteckungsfähige Wurmlarven haften. Staubige und schimmelige Einstreu kann den Hustenreiz erhöhen.

Wurmschäden:
Einige Wurmarten wie Zwergfadenwürmer und Spulwurmlarven können sich während ihrer Wanderung durch die Lungen des Fohlens bohren. Diese gefährlichen Schädigungen sind keineswegs mit einer gelegentlichen, unordentlich durchgeführten Wurmkur zu beseitigen. In regelmäßigen Abständen, d.h. beim Fohlen mindestens sechsmal im ersten Lebensjahr, sollte eine Wurmkur mit einem hochwirksamen Präparat erfolgen, dessen Dosierung und Zusammensetzung durch den Tierarzt verordnet wird. Die Daten hierzu müssen im Gesundheitsplan festgehalten werden, um anhand dieser Unterlagen die Fristen exakt einhalten zu können.
Die Neuansteckung des Fohlens geschieht ständig durch den Kot der Mutter. Aus diesem Grunde muß auch die Mutterstute mindestens viermal im Jahr entwurmt werden.
Forschungen aus der Humanmedizin geben zur Annahme Anlaß, daß Wurmlarven auch sonst im Organismus, ohne direkt an der Lunge Schäden zu setzen, allergische Veränderungen bewirken, die einen asthmaähnlichen Husten zur Folge haben können.

Transporte:
Oft sind die zur Abfohlung oder Neubedeckung transportierten

Stuten bzw. ihre Fohlen Ansteckungsquelle des anderen Bestandes, ganz abgesehen von der krankheitsverschlimmernden Wirkung eines Transportes.

Attest:
In vielen Gestüten hat sich folgende Vorsichtsmaßnahme hervorragend bewährt: Alle zu transportierenden Stuten dürfen einem neuen Bestand nur dann zugeführt werden, wenn ein tierärztliches Gesundheitsattest vorliegt. Aus diesem geht hervor, daß das betreffende Pferd oder Fohlen frei von allen Anzeichen einer ansteckenden Pferdekrankheit ist und daß auch im gesamten Bestand keine Anzeichen für eine ansteckende Erkrankung der Pferde während der letzten 40 Tage bekannt geworden sind.

Isolierstall:
Erkrankte Fohlen sind eine gefährliche Ansteckungsquelle für gesunde Tiere. Aus diesem Grunde muß unbedingt eine Absonderung in einem Isolierstall mit respektvoller Entfernung von den andern Ställen erfolgen. Alle neu in einen Bestand kommenden Stuten oder Fohlen sollten unbedingt 14 Tage von allen anderen Tieren abgesondert und gut beobachtet werden. Das Personal trägt in den Absonderungsställen spezielle Kittel und benutzt besondere Eimer und eigenes Putzzeug.

Futter und Tränke:
Da viele Fohlen bereits von der 5. Woche an größere Futtermengen aufnehmen, muß ganz besonders darauf geachtet werden, daß weder im Heu noch im Stroh oder Hafer Schimmel- oder Fäulnisherde enthalten sind. Die Tränke muß bis zu diesem Zeitpunkt so angebracht sein, daß das Fohlen keinen Zutritt hat.

Licht:
Ganz besonders ungünstig für die Fohlenaufzucht sind Boxen, die dem Tageslicht keinen oder nur ungenügenden Zutritt gewähren. Die Fenster müssen mindestens 1/25 der Stallgrundfläche ausmachen, und die Sonne sollte, ohne durch Glas gefiltert zu werden, durch die Gitterstäbe in die Box strahlen können. Natürlich ist dies nur möglich, wenn entsprechender Windschutz besteht.

8. Schutzimpfungen

Die ersten Impfungen sollten beim Fohlen im Alter von 3 bis 5 Monaten durchgeführt werden.

1. In Wundstarrkrampfgebieten mit Tetanusimpfstoff.
2. In Turnierställen, in denen oft Pferdefreunde miteinander zusammenkommen, gegen Virushusten.
3. In allen Gestüten oder Reitställen mit mindestens einer Zuchtstute gegen Virus-Abort. Alle Equiden, also auch Esel, Wallache usw., sind zu impfen. Beobachtungen, die allerdings noch nicht exakt nachgewiesen wurden, sprechen dafür, daß gegen Virus-Abort geimpfte Stuten eher hustenfreie Fohlen aufziehen als ungeimpfte.
Der Virus-Abort-Impfstoff enthält eine Komponente, die zur Verminderung des Fohlenhustens beiträgt. Zur Vorbeuge des Fohlenhustens wurden inzwischen erfolgreich Impfungen bereits im Alter von 12 Tagen mit dem Virus-Abort-Impfstoff durchgeführt.
4. Die Impfung gegen Spätlähme der Fohlen kann in gefährdeten Ställen nach dem 10. Tag durchgeführt werden.

9. Maßnahmen bei Fohlenkrankheiten

Husten:
In vielen Fällen bleibt dem Tierarzt keine andere Möglichkeit als direkte Injektionen in die Luftröhre. In mehrstündigem Abstand müssen vom Tierhalter Medikamente in Form von Zäpfchen, Pulvern, Hustensäften oder Einreibungen verabreicht oder Inhalationen durchgeführt werden (s. S. 89ff.).
Oft wird das Fohlen, das eine derartige lebensgefährliche Erkrankung durchgemacht hat, trotzdem zum wertvollen, leistungsfähigen Pferd heranwachsen, da die Regenerationsfähigkeit erstaunlich ist.

Druse:
Meist im Alter als Absatzfohlen, häufig jedoch einige Monate vorher, kann die sehr unangenehm verlaufende Druseerkrankung

auftreten. Es handelt sich um eine Infektion mit einem Streptokokkus. Dieser tritt nicht selten als Komplikationserkrankung auf eine vorhergehende, harmlos erscheinende Viruserkrankung auf. Das hohe Fieber setzt den Fohlen sehr zu. Sie hören auf zu fressen und werden schnell schlapp. Die körpereigene Abwehrkraft sinkt. Nur durch optimal gestaltete Umweltverhältnisse kann verhindert werden, daß Eiterherde sich im ganzen Körper festsetzen.
Bei der oft wochenlang dauernden Druseerkrankung ist zweimal täglich die Körpertemperatur zu messen und auf einer Tabelle festzuhalten. Nur so wird ein plötzlicher Fieberanstieg, der tierärztliche Maßnahmen erneut nötig macht, rechtzeitig erfaßt. Wie bereits geschildert, sind die Lymphknotenabszesse im Kehlgang zu behandeln. Weniger als die direkten Schädigungen sind dem Pferdebesitzer die unzähligen Folgeerkrankungen wie Kehlkopfpfeifen, jahrelanges Kümmern, chronisches Lahmen und andere bekannt, die auf die Druse zurückgehen können. Leider wird der Druseerreger sehr häufig durch Besucher in den Bestand eingeschleppt. Grundsätzlich sollten ansteckungsverdächtige Besucher Pferde und Fohlen nicht anfassen. Einen erfahrenen Pferdezüchter erkennt man beim Besuch eines fremden Stalles daran, daß er beide Hände in seinen Manteltaschen hält, um seinem Gegenüber zu demonstrieren, daß er die Pferde im unbeobachteten Moment nicht anfaßt.
An den Tierarzt wird immer wieder die Frage gerichtet, ob man den Druseeiter gleich am ersten Tag allen Pferden in die Nüstern reiben sollte, um eine möglichst schnelle Durchseuchung des ganzen Stalles zu erreichen. Nach eigenen Erfahrungen ist dies nicht angezeigt. Vielmehr sind die erkrankten Fohlen abzusondern, und die ohnehin durch Tröpfchen in der Luft erfolgte Ansteckung der übrigen Pferde soll abgewartet werden. Eine solche Form der Ansteckung nimmt gewöhnlich einen schwächeren Verlauf als die starke Infektion durch den direkten Tierkontakt.

Nabelbruch:

Bei Fohlen im Alter von ca. 1 Monat wird nicht selten eine erbsengroße Schwellung oder ein walnußgroßes Säckchen in der Umgebung des Nabels sichtbar. Beim Betasten läßt sich eine weiche Masse feststellen, die sich leicht in die Bauchhöhle zurückdrücken läßt. In seltenen Fällen kann es zu kolikartigen Erscheinungen kommen, wenn im Nabelbruchsack ein Darmstück eingeklemmt ist. Möglichst früh sollte man auch bei einem einfachen Nabelbruch den Tierarzt zu Rate ziehen, der oft mit einer scharfen Einreibung oder einer einfachen Operation im Stehen den Fehler beseitigen kann, bevor ernste Komplikationen eintreten.

10. Huf- und Stellungsfehler

Stelzfuß:
Viele neugeborene Fohlen zeigen eine ausgesprochene Steilstellung der Hufe. Das Fohlen knickt in manchen Fällen sogar mit dem Fessel- oder Krongelenk ein. In ganz ausgeprägten Fällen berührt es den Boden nur mit den Fesselgelenken. Die Hufunterseite zeigt dabei nach hinten. Nur in leichten Fällen kann diese Krankheit ohne Behandlung verschwinden. Die zu kurzen Beugesehnen dehnen sich beim Laufen, gewisse Muskelgruppen festigen sich, und nach einiger Zeit kann das Fohlen korrekt stehen.
Zu einer vermehrten Bewegung ist nicht zu raten. Durch tierärztlich angemessene Stützverbände mit Schienen und eventuell durch gutgepolsterte Gips- oder Glasfiberverbände versucht man eine Streckung der Beugesehnen zu erreichen. Oft genügen schon vier Tage der Behandlung. Dabei liegt ein Problem im Auftreten der Scheuerwunden, die sich auch bei sachgemäßem Vorgehen nicht immer vermeiden lassen. Das Anlegen von Stützverbänden durch den Tierbesitzer ist daher nicht anzuraten. Bei Fohlen, die viel am Boden liegen, sind gerade diese Wunden in tetanusgefährdeten Gebieten einer erhöhten Infektionsgefahr ausgesetzt.

Bockhuf:
Ist das Fohlen bereits einige Monate alt und muß es lange Wege auf hartem Boden neben der Stute zurücklegen, bildet sich durch Abnutzung des Zehenteils sehr leicht ein Bockhuf aus. Er ist durch die Steilstellung der Vorderhufe gekennzeichnet. Das Fohlen berührt den Boden lediglich mit dem vorderen Hufteil.
Auf keinen Fall sollte man in diesem Fall versäumen, rechtzeitig

den Hufschmied zu Rate zu ziehen. Er wird zur Vermeidung der Zehenabnutzung ein halbmondförmiges Eisen aufschlagen. Es ist nun wichtig, daß das Fohlen nicht zuviel Bewegung hat. Oder der Tierarzt wird einen halbmondförmigen Kunststoffschuh der Firma Dallmer aufkleben. Die Ermüdung der Streckmuskeln würde erneut dazu führen, daß der Huf nach hinten wegknickt. Am besten wird das Fohlen aufgestallt, worauf in der Regel nach einigen Wochen Besserung eintritt.

Stelzfuß des Jährlings:
Bei dieser Erkrankung ist es wichtig, einen Heilungsversuch noch während der intensiven Wachstumsperiode des Pferdes zu versuchen. Bei Vernachlässigung wird der spätere Wert als Reitpferd stark sinken, weil es durch Schmerzen in den Hufen keinen gleichmäßigen Bewegungsablauf zeigt. In der Behandlung wird der Schmied ein Schnabeleisen aufschlagen, welches den vorderen Hufteil um einige Zentimeter überragt. Dieses Spezialeisen zwingt das Pferd, mit dem hinteren Hufteil tief durchzutreten. Dazu muß der Untergrund des Stalles fest sein. Der Schnabel des Eisens darf nicht im Boden einsinken und so den orthopädischen Effekt zunichte machen. Zweimal täglich soll das Fohlen auf hartem Boden geführt werden.

Hufpflege:
Vom 2. Monat an sollte der Hufschmied alle 4 Wochen regelmäßig die Fohlenhufe berunden. Die Fohlen werden zu diesem Zweck auf einer ebenen Grundfläche vorgestellt, damit er nach Beurteilung der Gliedmaßenstellung gleich die notwendigen Korrekturen vornehmen kann.

17. Kapitel

Verbandslehre

Verbände haben die Aufgabe, erkrankte Körperpartien abzudecken, um sie vor Bakterienbesiedelung zu schützen, sie ruhigzustellen sowie Medikamente länger an gewünschten Oberflächen einwirken zu lassen. Bei fixierenden Spezialverbänden wird oft auch eine Ruhigstellung der Gliedmaßen erreicht. Es ist in der Tiermedizin nicht leicht, Verbände so gut anzulegen, daß sie sich einerseits nicht verschieben oder abrutschen, andererseits keine Druckschäden verursachen. Als Verbandsmittel werden gebraucht:

1. *Binden:* Gaze- oder Mullbinden, Cambrick-Binden, Trikotschlauchbinden und elastische Binden, ca. 8 cm breit.
2. *Polstermaterial:* Watte, Zellstoff, Gaze, Mull, Kompressenstoff.
3. *Versteifungsmittel:* Isolierband, Tesa-Klebband, Gipsbinden, Elastoplastbinden, Kunstharzbinden, Technovit. In den seltensten Fällen werden beim Pferd Schienenverbände angelegt; auch Eisenarmierungen in Gipsverbänden bei Frakturbehandlung haben sich nicht sehr gut bewährt.
4. *Wasserdichte Lagen für feuchte Verbände:* Guttapercha, Plastikfolien, Gummi.
5. *Imprägnierungsmittel:* Holzteer, Collodium, Kreolin.
6. *Verbandsschutzmittel:* Hufschuh, Hufstiefel, Stachelbandage, Halskragen, Ausbindestock, Maulkorb, Ausbinden im Stand sowie unangenehm schmeckende Anstrichsalben.

Verbände:

Das Anlegen von sachgemäßen Verbänden muß geübt werden. Man sollte es nicht erst im Notfall zum erstenmal ausprobieren. Da die meisten Verbände regelmäßig gewechselt werden müssen, wird diese Aufgabe sehr häufig dem Tierbesitzer zufallen; denn aus Kostengründen kann er nicht jedesmal den Tierarzt bemühen. Er läßt sich daher mit Vorteil bei der ersten Anlage des Verbandes genau unterweisen und erkundigt sich auch nach der Art der am besten zu verwendenden Verbandsmittel.

Bei offenen Wunden ist es wichtig, für eine saubere Abdeckung der Wundfläche zu sorgen. Diese wird zunächst mit einem Puder (z.B. Penicillin-Puder) oder mit Salben (Bepanten, Bovoflavin, Cicatrex, Entozon) abgedeckt. Größere, frische Wunden werden mit einem Stück sauberer oder steriler Gaze abgedeckt, bevor man fasernde Stoffe wie Watte oder Zellstoff auf die Wunde bringt. Diese erste Lage wird bei frischen Wunden zur Desinfektion mit einer Rivanollösung oder Entozon-Granulat-Lösung (Schweiz: Betadine-Lösung) getränkt.

Die wichtigste Aufgabe der Watte ist die Abpolsterung. Das Polstermaterial muß gleichmäßig elastisch sein und in genügender Menge unterlegt werden. Am oberen und unteren Ende des Verbandes läßt man die Polsterung mindestens einen Finger breit überstehen, damit Stauungen und Einschnürung durch später

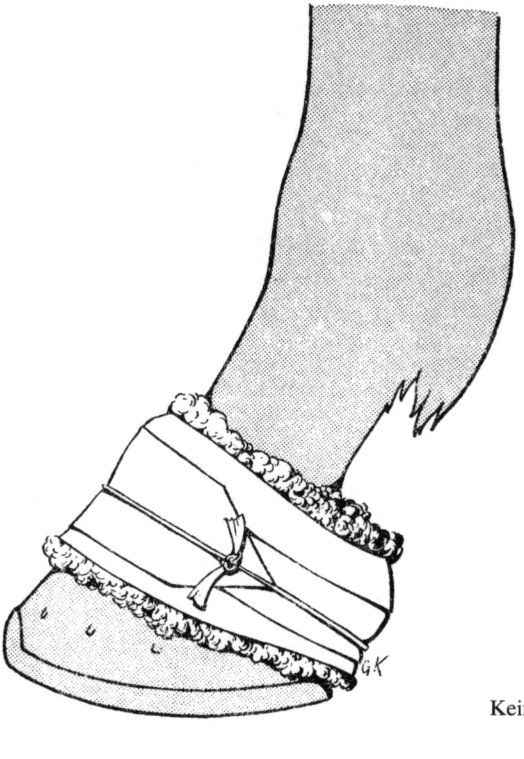

Kein Verband ohne Polster!

entstehende Schwellung vermieden werden. Außerdem sind frisch angelegte Verbände auf eben diese Schwellungen in kürzeren Abständen zu kontrollieren, damit man durch Einschneiden der obersten und untersten Lage notfalls Entlastung schaffen kann.

Bei *Gliedmaßenverbänden* beginnt man am unteren Ende, wobei die Bindentouren im Uhrzeigersinn so geführt werden, daß die neue Bindetour die vorhergehende in halber Breite deckt (s. Abb. 10 a bis f bei S. 80). Durch diese Technik, die geübt sein will, wird der Verband in allen Teilen gleichmäßig fest, und ein Abrutschen oder Auseinanderrutschen der einzelnen Bindentouren wird vermieden. Bei Gliedmaßenverbänden im Bereich der Röhre oder oberhalb des Hufbeins ist es wichtig, den Verband am Kronrand aufzustützen und von unten her nach oben aufzubauen. Im anderen Fall wird der Verband, insbesondere wenn er anschließend noch angefeuchtet wird, in kurzer Zeit nach unten rutschen.

Bei *Gelenkverbänden* (s. Abb. 9 bei S. 80 und 11 bei S. 81), die meist dem Fachmann vorbehalten bleiben, werden die Binden in Achtertouren um das betroffene Gelenk geführt. Vorstehende Knochen, wie Sprunggelenkhöcker oder Erbsenbein am Vorderfußwurzelgelenk, sind durch seitliche Polsterung besonders zu schützen oder müssen ausgespart werden. Das obere Verbandende wird an der äußeren Seite verknotet, um Druckschäden auf den

Bindenführung am Vorderfußwurzelgelenk*

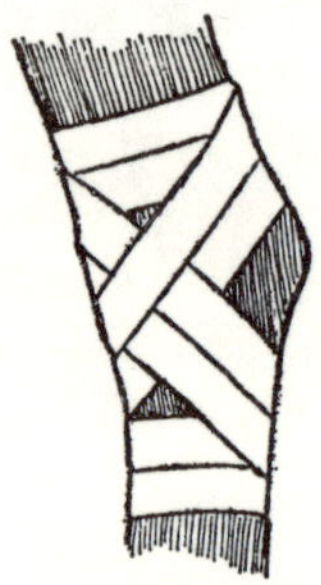

Bindenführung beim Sprunggelenkverband*

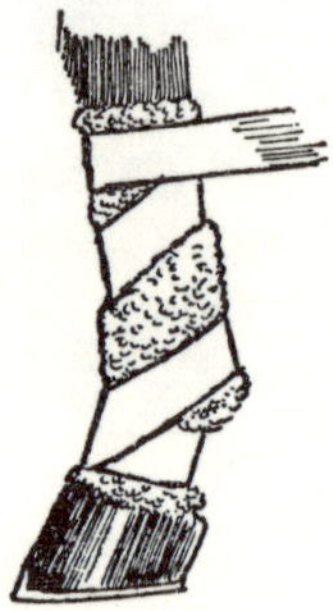

Zirkulärverband am Fesselkopf

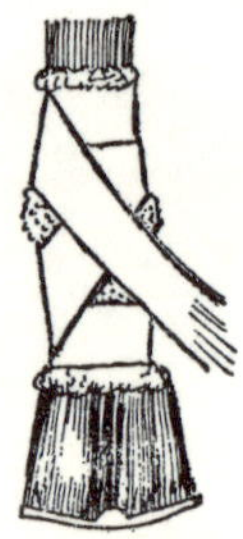

Achtertouren am Fesselkopf

* Zwecks besserer Übersichtlichkeit wurde hier die am Pferdebein unbedingt erfolderliche Watte weggelassen. Um das Rutschen des Verbandes zu verhindern, muß zusätzlich ein Stützverband bis zum Huf angelegt werden (s. Abb. 9 b, c bei S. 80).

Sehnen zu vermeiden. Die Schleifenenden werden versenkt, damit der Verband nicht so leicht gelöst werden kann. Durch Verkleben mit Tesaband kann ein Verband versteift und am Abrutschen gehindert werden.
Beim Hufverband werden nach entsprechender Polsterung des Hufes mit der Binde einige Steigbügeltouren über die Längsrichtung des Hufes angelegt, die dann durch die gewöhnlichen Zirkulärtouren gedeckt werden. Bei Hufverbänden ist darauf zu achten, daß die Hufkrone vom Verband miterfaßt wird, da es sonst zu Stauungen kommen kann. Grundsätzlich wird bei der Anlage eines Hufverbandes das Hufeisen abgenommen. Um den Hufverband vor zu schneller Abnützung zu bewahren, empfiehlt es sich, einen Hufschuh über den verbundenen Huf zu streifen oder den Verband durch einen Sackverband zu schützen. Bei Hufverbänden, die zur Reifung von Hufgeschwüren angelegt werden, wird der Huf zunächst mit Watte unwickelt. Dann taucht man eine Gazebinde in Wasser und läßt sie sich vollsaugen. Mit der so angefeuchteten Gazebinde kann die Watte sehr gut am Huf fixiert werden. Als nächste Lage bringt man eine angefeuchtete Schicht Butterbrotpapier um den Huf und befestigt sie mit der ebenfalls angefeuchteten Gazebinde. Den Abschluß des Ganzen bildet der Sackverband, der durch eine spezielle Verknüpfungsmethode gesichert wird (s. Abb. 13 a bis g bei S. 96). Nun kann der Huf regelmäßig angefeuchtet werden. Bei Gazebinden ist es wichtig, daß sie in schrägen Touren geführt werden und niemals gedreht werden dürfen, da sie sont sehr leicht einschneiden.
Viele Pferde haben die Untugend, Verbände sehr schnell abzureißen. Stehen spezielle Hilfsmittel wie Halskragen, Maulkorb, Stachelbandagen nicht zur Verfügung, kann man die Verbände mit Holzteeranstrich oder einer übel schmeckenden und riechenden Salbe schützen (z.B. Finalgon).
Jeder normale Polsterverband kann auch als sogenannter *feuchter Verband* Anwendung finden. Zur Wunddesinfektion wird er mit Rivanollösung, zur Kühlung mit einer essigsauren Tonerde- oder Alkohol-Wasser-Gemisch-Lösung mehrmals begossen.
Eine als *Prießnitz-Verband* bezeichnete Schwitzpackung benötigt zwischen Polster und Binde die Einlage einer wasserundurchlässi-

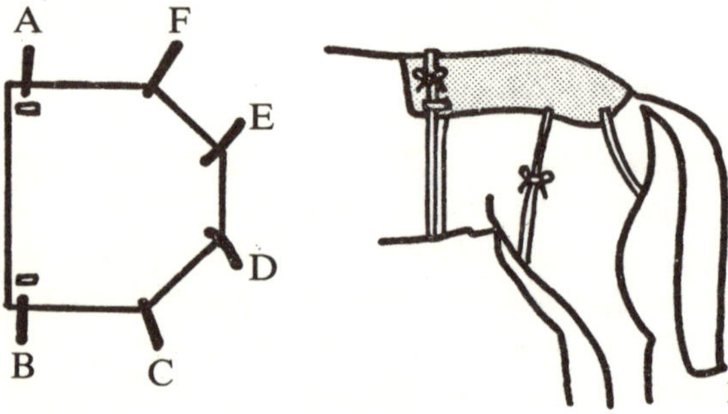

Kreuzgegend-Verband

Unterbrust- und Unterbauch-Verband

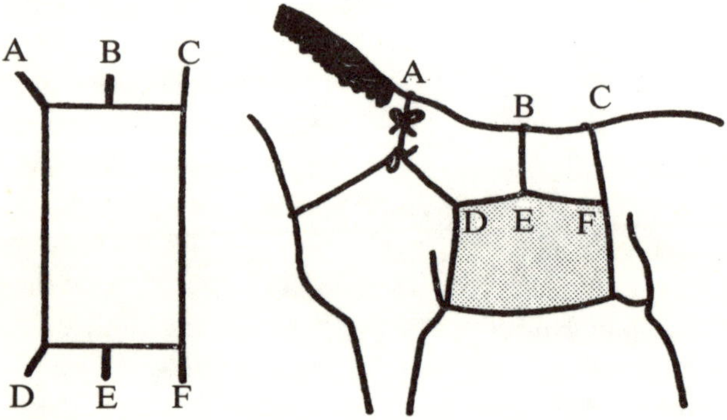

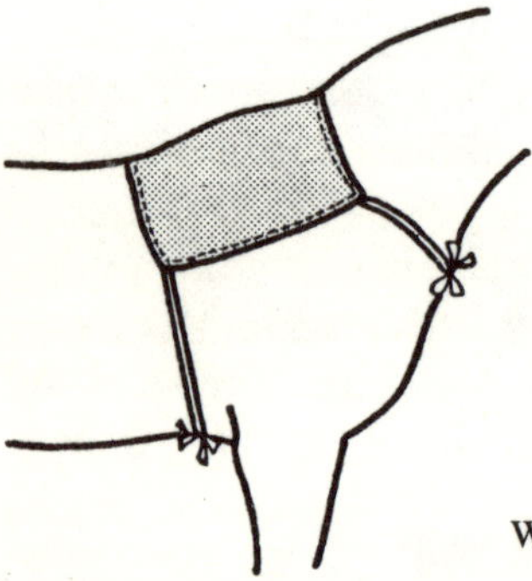

Widerrist-Verband

gen Schicht, zu der sich Guttapercha, Kunststoffolie oder einfaches Butterbrotpapier eignen. Am besten nimmt man mit Rivanol (in der Schweiz: Betadine) getränkte Watte als erste Auflage. Es ist sehr wichtig, daß diese feuchten Verbände nicht länger als 1 bis 1½ Tage an der Gliedmaße belassen werden, da sie

die oberen Hautschichten aufweichen, diese für Infektionserreger durchlässig machen und durch die stickige Reifung Haarausfall verursachen.
Wenn Wunden am *Rumpf* das Anlegen eines Verbandes erforderlich machen, schneidet man ein Tuch zurecht, an dem man Bänder befestig, die das mit Rivanollösung getränkte Tuch an der betreffenden Körperstelle festhalten (siehe Zeichnungen).
Bei Schwellungen in der Widerristsattelgegend, wie sie bei schlecht sitzendem Sattelzeug oder langen Belastungen auf Tourenritten immer wieder auftreten, faltet man eine dicke Watteschicht in ein genügend großes Leinentuch und tränkt dies in einer handwarmen 1 %igen Sublimatlösung. Die Kompresse wird auf die Druckstelle aufgelegt, mit einer mehrfach gefalteten Wolldecke abgedeckt und mit dem Gurt befestigt. Es ist darauf zu achten, daß der Gurt nicht direkt auf der entzündeten und geschwollenen Stelle aufliegt. Der Sublimatverband muß alle zwei Stunden gewechselt werden.
Bei Verletzungen und Entzündungen der Augen sollten diese abgedeckt und vor Lichteinfall geschützt werden. Zu diesem Zweck wird aus Leinentuch eine Kopfhaube hergestellt, bei der Öffnungen für das gesunde Auge und für beide Ohren ausgespart werden. Man kann sich auch mit einem viereckig gesteppten Kissen behelfen, welches mit vier Bändern am Halfer befestigt wird (s. Abb. 7 a und b bei S. 49).

Bandagieren:
Bei entzündeten, geschwollenen Gliedmaßen oder bei Pferden, deren Gliedmaßen nach der Arbeit zum Anlaufen neigen, legt man Stallbandagen an. Die Gliedmaßen werden zunächst gut gereinigt und getrocknet, dann wird ein 30 × 40 Zentimeter gestepptes Wattekissen aufgelegt und mit einer Woll- oder Flanellbinde eingebunden, so daß der obere Rand des Kissens noch 2 bis 3 Zentimeter hervorragt. Diese Stallbandagen sind jeden Morgen zu entfernen, um Stauungen auszuschließen. Die erste Bindenlage läßt man am besten am unteren Ende des Schienbeins beginnen und bandagiert das Fesselgelenk mit ein.
Im Gegensatz dazu bleibt bei der Arbeitsbandage – außer bei extremen Belastungen (Jagd) – das Fesselgelenk frei. Die Arbeits-

bandagen stellen keine Stärkung der Sehnen dar, sondern vielmehr einen Schutz gegen Verletzungen der benachbarten Gliedmaße. Es ist nicht ratsam, Pferde bei Ausritten im Gelände zu bandagieren, da bei Feuchtwerden der Bandagen Einschnürungen vorkommen und eindringende Fremdkörper (Sand) durch Reibung Verletzungen bewirken können.

Gamaschen und Gummiglocken müssen bei streifenden oder einhauenden Pferden, die sich mit der Zehe der Hintergliedmaße Verletzungen am Ballen zufügen, ebenfalls sehr sorgfältig angepaßt werden, um Druckschäden und Scheuerwunden zu vermeiden. Gut sitzende Bandagen, die das Fesselgelenk mit einbeziehen, geben der Gliedmaße einen guten Halt und schützen im geringen Maße auch vor Überdehnungen und Verstauchungen. Man sollte allerdings nicht bei der täglichen Arbeit auf diese Weise bandagieren, denn die Haltevorrichtungen eines gesunden Gelenkes festigen sich ohne äußere Stützen durch den ständigen Gebrauch besser.

18. Kapitel

Wandern zu Pferde

Der Geländeritt, besonders aber die mehrtägigen Ausritte über weitere Strecken, stellen höhere Anforderungen an Pferd und Reiter. Beim starken Anwachsen des Freizeit-Reitens und -Wanderns zu Pferde können unterwegs immer wieder Situationen auftreten, die eine sofortige Hilfe von seiten des Reiters notwendig machen. Dazu sind geringe Grundkenntnisse unerläßlich. Das Wissen um das richtige Vorgehen ist oft wichtiger als das Mitführen einer großen Apotheke, da in den meisten Ortschaften die nötigen Hilfsmittel schnell beschafft werden können, wenn man nur weiß, was man braucht und wie man das Benötigte benutzen soll.
In manchen Gegenden sind Hufschmiede so rar geworden, daß zumindest ein Reiter einer Reitergruppe die notwendigsten Voraussetzungen des Hufbeschlages beherrschen sollte. Er muß beim Beschneiden ausgebrochener Hufe und beim Entfernen von eingetretenen Steinen Erste Hilfe leisten können. Eine kleine Hufraspel und mindestens ein Hufmesser können, auch wenn man kein besonderes Geschick hat, sehr nützlich sein, sofern die folgenden Punkte beachtet werden.

Hufe:

1. *Ebene Hufsohle.* Die den Boden berührenden Hufteile sollen vollkommen eben sein. Es darf weder überstehende noch schwebende Hufteile geben.
2. *Schonung des Tragrandes.* Beim Reiten wird stets die äußere Hufhälfte stärker belastet und dadurch auch vermehrt abgelaufen. Bei Kürzung der Hufe mit der Raspel oder mit dem Hufmesser sollte daher von der äußeren Tragrandseite nichts weggenommen werden.
3. *Nur Zehe kürzen!* Da bei jedem Aufsetzen des Hufes der sogenannte Hufmechanismus ein Auseinanderspreizen der Trachten bewirkt, reiben sich auch diese Stellen vermehrt ab. So werden

innerhalb einer sechswöchigen Beschlagsperiode die vorderen Teile des Hufes zu lang und die hinteren zu kurz. Daher muß der Länge der Zehe Beachtung geschenkt werden.

4. *Hornrisse.* Bei senkrechten Rissen in der Hornwand muß möglichst früh dafür gesorgt werden, daß diese sich nicht allzu weit nach oben ausdehnen können. Mit dem Hufmesser oder der Raspel ist am oberen Rand des Hornspaltes eine Querrille in den Huf zu schneiden oder zu raspeln, um den senkrechten Rißverlauf zu unterbrechen.

5. *Schonung des Strahles.* Oft wird von Nicht-Fachleuten die Hufunterseite «gesäubert» oder «eingeebnet». Auf keinen Fall dürfen die weichen, leider mit dem Messer leicht zu schneidenden Strahlteile gekürzt werden, wenn nicht Fäulnisveränderungen dies unbedingt erforderlich machen. Der Strahl ist ein wichtiges Abfederungspolster im Bewegungsablauf und hat auf den Hufmechanismus wesentlichen Einfluß.

Beschlag:

1. *Lockere Eisen.* Vor jedem Ausritt ist der Sitz der Eisen zu prüfen. Dies kann geschehen, indem man das Pferd vortraben läßt und auf klapperndes Geräusch achtet. Auch durch Anschlagen eines Steines gegen das Eisen ist der Sitz des Eisens zu kontrollieren. Vor größeren Ausritten sind die Pferde genügend früh, d.h. mindestens einige Tage vor dem geplanten Abritt, neu zu beschlagen, da einerseits der Huf eine gewisse Zeit benötigt, um sich an das neue Hufeisen zu gewöhnen, und andererseits eine Vernagelung frühzeitig bemerkt wird.

2. *Nagelenden.* Bei nicht sauber umgenieteten und versenkten Nagelenden können sehr leicht Streifverletzungen entstehen. Das ist einfach zu kontrollieren und mit einem Hammer zu korrigieren. Wichtig ist dabei, das beim Nachnieten die sich umbiegende Nagelspitze oder der Nagelkopf durch die gegengehaltene Zange fixiert wird.

3. *Dicke der Eisen.* Neben dem Sitz der Eisen sind auch Eisendicke, aufgeschweißte Schenkelenden, Vollständigkeit und Festigkeit der Stollen zu kontrollieren.

4. *Stollenschlüssel.* Im Notbesteck für das Wandern zu Pferde ist ein passender Stollenschlüssel mitzuführen, der, wie z.B. der

Schweizer Armee-Stollenschlüssel, zugleich ein ausgezeichnetes Mehrzweckinstrument für kleinere Eingriffe am Hufeisen ist. Bei plötzlichem Wetterumschwung kann ein Stollenwechsel nötig sein.

Kühlung der Hufe:
Wird nach längeren Ritten ein kurzer Halt gemacht, kommt es beim Weiterreiten nicht selten zu einer leichten Lahmheit an beiden Vordergliedmaßen. Man bezeichnet sie als Pflasterlahmheit. Sie entsteht durch Überbeanspruchung der inneren Hufteile (Lederhaut) und führt zu Huflederhautentzündung. Kühlt man den Huf sofort durch Einstellen in fließendes Wasser oder durch Begießen, klingt sie meist sehr schnell wieder ab.

Eingetretene Steine:
Bei jedem Halt, bei jedem Abritt und bei jedem Einrücken ist der Huf sorgfältig auf eingetretene Steinchen zu untersuchen. Sind die Tragränder infolge Beschlagsbedürftigkeit etwas lang, müssen auch die Hohlräume zwischen Tragrand und Eisen geprüft werden.

Sehnenschäden:
Nach jedem Ritt tastet man die Sehnen seines Pferdes in angespanntem und nach Hochheben der Gliedmaße in entspanntem Zustand ab, um Überanstrengungen rechtzeitig zu erkennen. Bei Geländepferden treten im allgemeinnen Schäden am Unterstützungsband der tiefen Beugesehne als erstes auf. Die Überbeanspruchung der Sehnen, das Anlaufen und Warmwerden, wird manchmal erst einige Stunden nach Beendigung des Rittes spürbar; sie äußert sich als Druckschmerz.

Sattelgegend:
Bei ungeeignetem Sattelzeug, bei ungenügend geputzten Pferden – was nicht selten bei langbehaarten Robustpferden vorkommt – und bei Vergessen des Nachgurtens nach kurzen Rasten kann es zu Scheuerstellen in der unteren Gurtgegend und am hinteren Rand des Sattelpolsters kommen. Durch Auflage eines sauberen, mit einer milden Desinfektionslösung (Burowsche Mischung,

Rivanol, essigsaure Tonerde) angefeuchteten Tuches, welches in mehrstündigen Abständen laufend angegossen wird, schwillt der Druck recht schnell ab, sofern er frühzeitig genug erkannt wird. Robustpferde erholen sich bei den stündlichen Rasten sehr viel besser, wenn man sie absattelt und ihnen Gelegenheit zum Sichwälzen gibt. Danach muß besonders das dichte Winterfell vor dem Aufsatteln gründlich gereinigt werden. Dazu hat sich ein leicht mitzuführender Gummi-Reinigungshandschuh der Firma Astor A und O, Einsiedeln, sehr gut bewährt. Bei größeren Wunden in der Sattelgegend ist der Ritt sofort abzubrechen. Die lange Zeitdauer der Erholung bei derartigen Verletzungen und die Gefahr, daß sich infizierte Widerristfisteln bilden, mahnen zur größten Vorsicht. Beim Verwenden von abschwellenden, kühlenden Einreibemitteln – wie Benadryl, Hirudoid – müssen diese vor dem Satteln wieder abgewaschen werden. Harte Knoten in der Sattellage schaden oft beim einstündigen Reiten zu Hause nicht; jedoch beim Dauerritt werden sie schnell zu offenen Wunden. Daher vorher ausheilen lassen (s. Seite 72).

Defekte an den Maulwinkeln:
Geringste Unebenheiten an den Metallteilen des Gebisses sowie falsch verpaßte Kinnketten, Kehl- und Kinnriemen können zu Veränderungen insbesondere an den Lefzen führen. Olivenkopf- und Wassertrensen schleifen sich in der Ringführung nach einiger Zeit dermaßen ab, daß messerscharfe Kanten entstehen; sie können das Pferd gefährlich verletzen. Eine kleine Schlüsselfeile kann beim Entfernen solcher Metallvorsprünge erste Abhilfe schaffen. Bei langen Ritten ist ohnehin ein Ersatzgebiß mitzuführen. Lebertranhaltige Zink-Wundsalben lassen die Wunden schnell abheilen, wenn sie nicht durch das Gebiß ständig neu irritiert werden. Bei schweren Verletzungen in der Lefzengegend muß das Pferd notfalls einige Zeit mit einer Hackamore- oder Bosal-Zäumung geritten werden.

Reiten im Schnee:
Wenn die Pferde barfuß gehen, wird man im allgemeinen keine Schwierigkeiten mit dem Einballen von Schnee haben. Gegebenenfalls wird man die Hufunterseite mit Schmierseife oder Fett

einstreichen. Will man aber in einem Gebiet reiten, in dem schneefrei gemachte Asphaltstraßen benutzt werden müssen, dann ist man auf Hufbeschlag mit Gleitsicherung (Stollen) angewiesen. Erfahrungsgemäß ballt sich in derartig beschlagene Hufe der Schnee recht unangenehm ein, so daß es zu Überköten, Stolpern und Gelenkzerrungen kommen kann. Man muß also den Raum zwischen Hufeisen und Huf glatt ausfüllen. Dies kann geschehen durch Huflederkitt, der – in heißem Wasser knetbar gemacht – in den beschlagenen Huf hineingedrückt werden kann. Am besten läßt man allerdings vorher Eisen mit Abdeckung, die der Einlage Halt gibt, auflegen.
In Selbsthilfe kann man auch ausgeschnittene Plastikplatten, festen Schaumstoff oder Maurerputzschwamm mit Patex in den Huf einkleben. Vor dem Ausritt in Schnee wird man dann diese Platten einfetten. Mit einem Isolierband, das parallel zum Kronsaum und am Ballen zwischen Eisen und Huf vorbeiführt, werden die Einlagen zusätzlich gehalten.
Ebenfalls bewährt haben sich Kunststoffplatten, die zwischen Eisen und Huf vom Schmied mit aufgenagelt werden oder durch eine Spezial-Spannvorrichtung unter das Eisen geklemmt werden können.
Unter dem Namen Huf-Grip liefert die Firma Nosa Novelties Sales, Zürich, Gummiwülste, die mit gutem Erfolg zwischen Huf und Eisen eingenagelt werden. Ihr Vorteil: Auch in schneeloser Zeit hindern sie nicht. Huf-Grip ist im Hufbeschlags-Fachhandel erhältlich.

Insektenschutz:
Die Anzahl der Präparate, welche Insekten wirksam abwehren, ist sehr groß. Leider gibt es sehr wenige, die erstens auch nach ausgiebigem Schwitzen noch ausreichend wirksam sind, zweitens keinen unangenehmen Geruch verbreiten und drittens die Haut nicht reizen. In jedem Fall müssen die Gebrauchsanweisungen und Verdünnungsvorschriften exakt beachtet werden. Verdünnungen mit ungeeigneten Lösungsmitteln können verheerende Folgen haben.
Insektenstiche können beim Pferd vergiftungsähnliche Erscheinungen hervorrufen. Bis zum Eintreffen des Tierarztes sind die

betreffenden Stellen mit kaltem Wasser oder Benadryl-Lotion oder Hirudoid zu behandeln.

Der Fliegenplage im Stall kann man nur dann wirksam Herr werden, wenn man bereits vor Beginn der Hauptfliegensaison im Frühjahr Kontaktstreifen im Stall aufhängt oder einige Stellen der Box, an denen die Fliegen ihren Lieblingssitz haben (etwa in Augenhöhe der Pferde), mit einem entsprechenden Mittel (z.B. Tugon) bestreicht. Auf diese Weise kommt es gar nicht erst zur starken Vermehrung der Insekten. Vorsicht: Insektenmittel nicht über der Krippe anbringen – die toten Fliegen fallen ins Futter!

19. Kapitel

Stallapotheke, Gesundheitsplan und vorbeugende Maßnahmen

1. Stallapotheke

Im Laufe der Zeit sammeln sich in jedem Pferdestall Medikamente an, die ungeordnet und verstaubt in den Fensternischen herumstehen. Das birgt vielerlei Gefahren in sich. Nicht nur verlieren viele Medikamente über ein gewisses Verfalldatum hinaus ihre Wirksamkeit, sondern sie können durch Zersetzungsprozesse geradezu schädlich werden, ganz abgesehen davon, daß nach Unleserlichwerden der Beschriftung der Verwendungszweck unklar geworden ist. Der Preis für einen einfachen, sauberen Medikamentenwandschrank ist geringer als der Schaden, der durch unsachgemäß gelagerte und dadurch unwirksam gewordene und verschmutzte Medikamente entsteht.
In einem solchen Wandschrank hat jedes Präparat seinen Platz. Er sollte in einer Stallecke aufgehängt werden, die Kindern nicht zugänglich ist, aber doch leicht erreicht werden kann. Da er für den Notfall gedacht ist, sollte er nicht abgeschlossen werden. In ihm sind die notwendigsten Medikamente und Hilfsmittel für die Erste Hilfe an Mensch und Tier enthalten. Um einen besseren Überblick zu haben, wird deutlich sichtbar ein genaues Inhaltsverzeichnis an der Schranktür befestigt. Auch die Telephonnummern des Tierarztes und seines stellvertretenden Kollegen werden darauf notiert.
In regelmäßigen, mindestens jährlichen Intervallen soll eine Totalrevision der Stallapotheke durchgeführt werden. Bei der Einrichtung der Apotheke wird der Tierarzt sicherlich gern mit seinem Rat behilflich sein.
Ein Fach der Apotheke sollte den Medikamenten vorbehalten bleiben, die bei gerade stattfindenden Erkrankungen und Behandlungen vom Tierarzt verordnet werden.

Folgende Zusammenstellung der Stallapotheke hat sich bewährt:

Innerliche Mittel:

Für den Laien bedeutet innerliche Verabreichung die *Gabe eines Medikamentes mit dem Futter,* da Einschütten von Flüssigkeiten leicht zu Verschluckpneumonien führen kann.

Hustenpulver	Pflanzenextrakte oder schleimlösende und auswerfende Pulver.
Durchfallpulver	Gut bewährt hat sich Stullmisan.
Inhalieröl	Eukalyptusöl, Menthol und Fichtennadelöl (zu gleichen Teilen); 1 Eßlöffel Öl auf 1 l heißes Wasser.
Wurmmitel	s. Tabelle S. 184/185.

Äußerliche Mittel:

Wundbehandlung	Kodan-Sprühtinktur. Präparate zur Herstellung von desinfizierenden Flüssigkeiten (Rivanol, Entozon, Kamillosan; in der Schweiz auch Betadine), zur Verwendung bei Angußverbänden und zum Auswaschen von oberflächlichen Wunden. Wundöl (Althosol) zum Einbringen in Wundtaschen und Anbringen auf Wundrändern; fördert das Tiefenwachstum, begünstigt aber auch das Wachstum von wildem Fleisch. In der Schweiz für die gleichen Zwecke: Solcoseryl (Gelée und Salbe). Eisenchloridwatte zur Stillung von Flächenblutungen. Wundpuder und Wundspray mit Antibiotikum oder Sulfonamid zur Behandlung oberflächlicher, feuchter Hautwunden. – Vorsicht mit Puder; führt zu überstarker Krusten- und Borkenbildung. Wundsalbe zur Behandlung trockener Hautwunden.

Austrocknende, desinfizierende Wundsalbe bei leicht wuchernden Wunden wie in der Fesselbeuge (Bepanthen-, Cicatrex-, Entozon-Salbe).
«Wundbad» zum tägl. Betupfen großflächiger wuchernder Wunden.
Ätzpuder oder Silbernitratstift bei wildem Fleisch.

Wärmemittel – Wärmeerzeugende Einreibungen mit jod- und kampferhaltigen Salben. 20%ige Kampfersalbe, 50%ige Ichthyolsalbe.

Kühlende Mittel – Kühlende Angußverbände, mehrmals täglich angießen mit aufgelöstem Burowschen Pulver oder aufgelösten Burowschen Tabletten; Hirudoid und Kühlsalben, die Weitstellung der Gefäße und ein rascheres Abschwellen bewirken.
Tonerde für Gliedmaßenpackungen bei Sehnenüberanstrengungen.
Kyttaplasmasalbe bei Druckschäden durch Sattel oder Gurt.

Auge – 2%iges Borwasser zur Behandlung am Auge.

Hufmittel – Lorbeeröl zur Anregung des Hornwachstums. (Täglich 2mal 10 Minuten den Kronsaum massieren.) Wichtig bei Zwangshuf, Hornspalten und spröden Hufen.
Holzteer. Nach Waschen des Hufes hat sich dieser mit Wasser vollgesogen, ein Austrocknen wird durch Holzteeranstrich der Sohlenfläche verhindert. Zur Desinfektion, auch zum Einstreichen in Sohlenspalten geeignet.
Huffettanstrich verhindert ein Austrock-

nen des Hufes. Nicht geeignet bei robustgehaltenen Weidepferden, da Einfetten die Aufnahme von Wasser in das Horn verhindert.
Ätzmittel gegen Strahlfäule nach folgendem Rezept: 10 ml Formalin, 10 ml Spiritus, 10 g Kupfersulfat, 10 g Alaun in 100 g Wasser lösen. (Getränkten Wattebausch einmal täglich in die Fäulnisfurchen eindrücken.)

Verbandmaterial	Mullbinden 6 und 8 cm breit (Abschnürungsgefahr). Watte in Rollen 15 cm breit. Elastische Binden 8 cm breit. Trikot-Schlauchbinden 10 cm; schnüren auch bei festem Anziehen nicht ein. Idealbinden zur Anlage von gepolsterten Verbänden. Verbandsklammern. Sacktuch 50 × 50 cm für Hufverbände. 1 Rolle Tesa-Klebeband. 1 Paket sterile Gazetupfer.
Fohlengeburt	Gesonderte Kunststoffdose im Medikamentenschrank, staubdicht, mit folgendem Inhalt: Abgekochter Faden zum Abbinden der Nabelschnur. – Schere. Jodtinktur oder Antibiotikum-Spray zur Nabeldesinfektion. Mildes Desinfektionsmittel (Rivanol; Schweiz: Betadine).

Abb. 16. Ungünstig gelagerte Scheide einer Stute, die jahrelang wegen ständiger Bakterienbesiedlung nicht tragend wurde. Aus dem zu tief liegenden After fällt der Kot auf die nur unvollkommen geschlossenen Schamlippen. Als Zeichen einer Keimbesiedlung ist der aus der Scheide tropfende Eiter erkennbar.
Abb. 17. Diese weißen Pfriemenschwanzeier wurden von den weiblichen Würmern über Nacht außen am After angeheftet. Nach beendeter Eiablage schlüpfen die Würmer wieder in den Mastdarm zurück.
Abb. 18. Fohlendarm mit Spulwürmern.

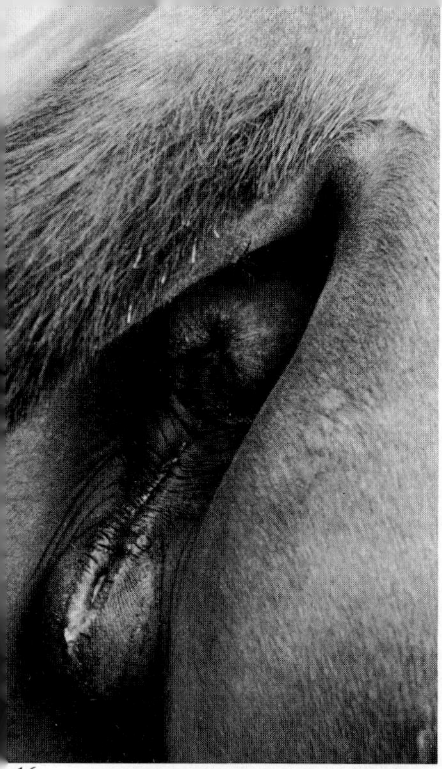

16

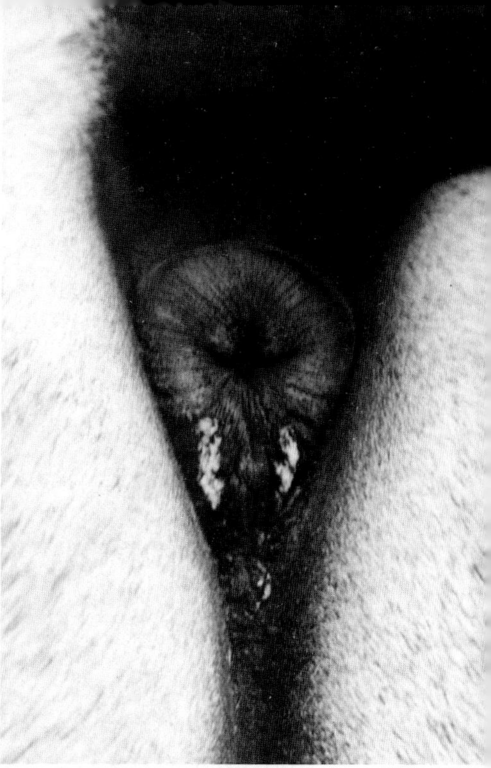

Abb. 17

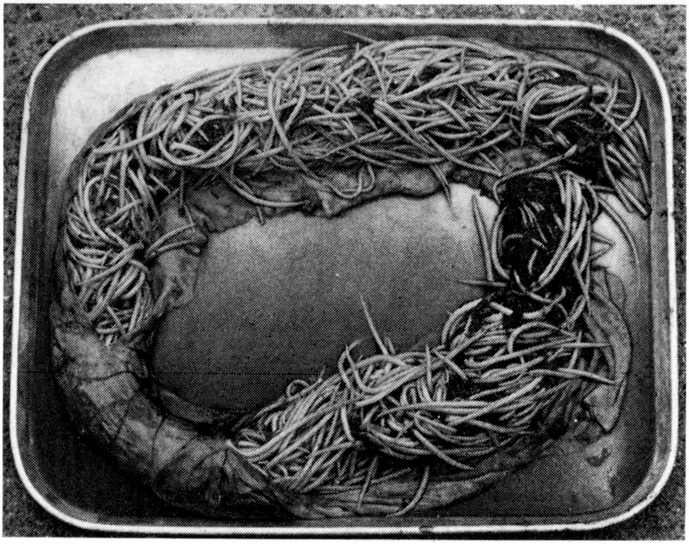

Abb. 18

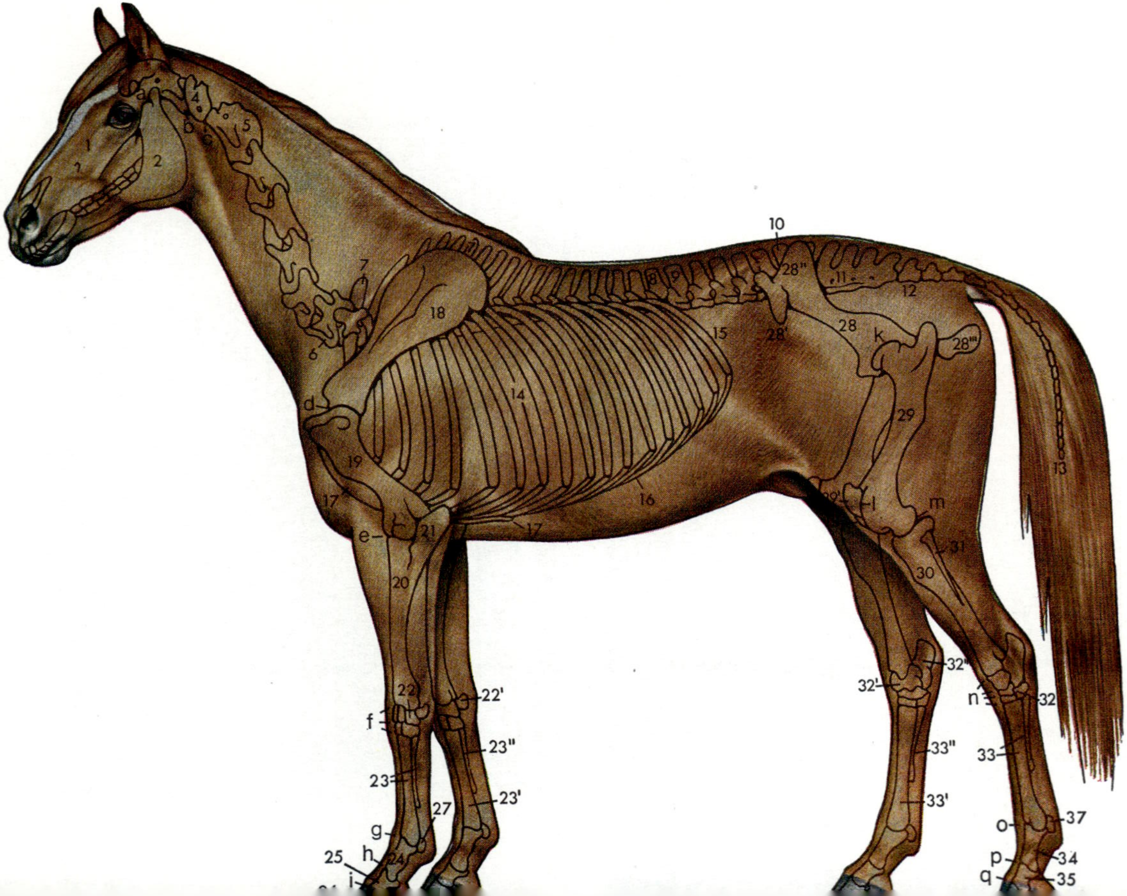

1
2
a
4
b
c
5
6
7
d
18
19
17
e
21
20
22
f
23
g
h
24
25
i
27
22'
23''
23'
14
16
17
10
28''
11
12
15
28'
28
k
28'''
29
l
m
31
30
32''
32'
33''
33'
n
32
33
o
37
p
34
q
35
13

	Wundpuder. Seife zur Reinigung der Geschlechtsorgane der Stute. Saubere Bandage zum Einbinden des Schweifes der Stute. Ausgekochte Geburtsstricke und 2 Rundhölzer, ca. 25 cm lang. 3 Fertigklistiere Practo-clyss. Telephonnummern zum Herbeiholen sachkundiger Hilfe bei Komplikationen (Tierarzt und erfahrener Züchter).
Hilfsmittel	Gebogene verchromte, rostfreie Verband- und Wundschere. Nasenbremse. Zwei Fieberthermometer mit Faden und Wäscheklammer zur Befestigung am Schweif. Hufraspel und Hufmesser. Trichter und Schlauch zum Durchführen von Einläufen.
Desinfektionsmittel	Incidin, Dekaseptol oder Tegolan zur Stall- und Geräteeinigung.

Abb. 19. Skelett des Pferdes.
1 Oberschädel; 2 Unterkiefer; 3 Augenhöhle; 4 1. Halswirbel, Atlas; 5 2. Halswirbel, Umdreher; 6 7. Halswirbel; 7 1. Brustwirbel, 7' Widerristdornfortsätze; 8 18. Brustwirbel; 9 1. Lendenwirbel; 10 6. Lendenwirbel; 11 Kreuzbein; 12 1. Schwanzwirbel; 13 17. (letzter) Schwanzwirbel; 14 8. Rippe (letzte Tragrippe); 15 18. Rippe (letzte Atmungsrippe); 16 Rippenbogen; 17 Brustbein; 18 Schulterblatt; 19 Oberarmbein; 20 Speiche; 21 Elle; 22 Vorderfußwurzelknochen, 22' Erbsenbein; 23 Vordermittelfußknochen, 23' Röhrbein, 23" Griffelbein; 24 Fesselbein; 25 Kronbein; 26 Hufbein, 26' Strahlbein; 27 Gleichbeine; 28 Hüftbein, 28' Hüfthökker, 28" Kreuzhöcker, 28''' Sitzbeinhöcker; 29 Oberschenkelbein, 29' Kniescheibe; 30 Schienbein; 31 Wadenbein; 32 Hinterfußwurzelknochen, 32' Rollbein, 32" Fersenbein; 33 Hintermittelfußknochen, 33' Röhrbein, 33" Griffelbein; 34 Fesselbein; 35 Kronbein; 36 Hufbein, 36' Strahlbein; 37 Gleichbeine.
a Kiefergelenk; b 1. Kopfgelenk (Nickbewegung); c 2. Kopfgelenk (Drehbewegung); d Bug- oder Schultergelenk; e Ellbogengelenk; f Vorderfußwurzelgelenk, Karpalgelenk; g Fesselgelenk; h Krongelenk; i Hufgelenk; k Hüftgelenk; l Kniescheibengelenk; m Kniekehlgelenk; n Sprunggelenk, Tarsalgelenk; o Fesselgelenk; p Krongelenk; q Hufgelenk.

	Absonal-Spray, Creolin, Lysol für den Tierkörper.
Behandlungskontrolle	In einer Klarsichtfolie (zum Herausnehmen) jederzeit sichtbare Gesundheitspläne mit Eintragungen über Impfungen, Wurmkuren, Zahnbehandlungen und eventuelle Krankheiten.

2. Gesundheitsplan und Impfpaß

Als große Hilfe für den Pferdehalter und den behandelnden Tierarzt haben sich Gesundheitspläne für den Gesamtpferdebestand bewährt. Sie erinnern an die wichtigsten Behandlungen und Untersuchungen und bieten einen stets greifbaren Überblick über die bereits vorgenommenen Wurmkuren und Schutzimpfungen wie Wundstarrkrampf, Virus-Abort, Virus-Husten, Tollwut usw. (s.S. 164 und S. 168/169).
Wenn die Pferde eines Bestandes stark wechseln, genügen die Impfpässe, die jeweils nur für ein Pferd ausgestellt werden. Man sollte darauf bestehen, daß der Tierarzt gleich nach der Impfung die Eintragung in den Impfpaß vornimmt bzw. einen neuen Impfpaß ausstellt, der ihm kostenlos von der Arzneimittelindustrie zur Verfügung steht.
Leider scheitern viele wirksame Vorbeugemaßnahmen im Pferdestall daran, daß sich weder Besitzer noch Tierärzte darüber informieren können, wann das betreffende Tier letztmalig geimpft oder entwurmt wurde. Oft wird die Mühe der Kontrolle gescheut und wider besseres Wissen gehandelt. Welch furchtbare Folgen das haben kann, mögen die folgenden Beispiele zeigen, die sich innerhalb *eines* Jahres im Tierarztpraxisbereich ergaben:
1. Für viele Auktionen sind 6 Wochen zuvor Druse-Impfungen vorgeschrieben. Als ein geimpftes, für die Auktion vorgesehenes Pferd wegen einer Krankheit ausschied, schickte der Besitzer ein anderes, allerdings nicht gegen Druse geimpftes Pferd mit dem Impfpaß des Geimpften zur Auktion. Das Tier erkrankte stark an Druse und wurde Kehlkopfpfeifer.
2. In ein bekanntes Gestüt wurde während der Abfohlsaison eine

Stute überführt, deren Begleitpapiere fehlten. Dem Gestütsleiter wurde versichert, die Papiere seien in Ordung, und er nahm leichtgläubig die Stute auf. Folge: 30 % der Stuten des Bestandes verfohlten 4 Wochen später, weil die neu hinzugekommene Stute nicht Virus-Abort-geimpft war und zusätzlich aus einem Abortbestand kam.

3. In einen Bestand mit einem Saugfohlen wurde ein nicht entwurmtes Pferd aufgenommen. Obwohl das Saugfohlen regelmäßig entwurmt worden war, erkrankte es 3 Wochen später so heftig, daß es nach weiteren 2 Tagen an Kolik einging. Blutwürmer hatten einen unheilbaren Schaden an einem großen Blutgefäß angerichtet.

4. Als der Tierarzt zu einer Gabelstichverletzung an einer Pferdegliedmaße gerufen wurde, fragte er, ob das Tier am Tag der letzten Tetanus-Impfung auch mit dabei gewesen sei. Der Pfleger bejahte dieses, ohne sich an Hand des in der Sattelkammer hängenden Gesundheitsplanes zu informieren. Er hätte dann nämlich festgestellt, daß das Pferd am besagten Tage nicht im Bestand war. Wenige Wochen später war das Tier tot: Tetanus.

Jeder Pferdehalter kann einen der beschriebenen Gesundheitspläne der Firma Pfizer über seinen Tierarzt kostenlos beziehen. Nach dem vorgegebenen Muster dürfte es aber nicht schwierig sein, für die speziellen Wünsche jedes einzelnen einen Plan selbst anzufertigen.

Die meisten auf diesem Plan vorgesehenen Maßnahmen schützen einen Gesamtpferdebestand nur dann, wenn sämtliche Pferde behandelt wurden. Dies gilt besonders für die Schutzimpfungen gegen Husten und Virus-Abort. An jedem Pferd werden im Laufe seines Lebens tierärztliche Verrichtungen vorgenommen, die in gewissen Zeitabständen wiederholt werden müssen. Hier ist termingerechtes Vorgehen wichtig. Bei auftretenden Notfällen sollte auch ein fremder Tierarzt sich mit einem Blick auf den Gesundheitsplan orientieren können, ob das Pferd bereits eine Grundschutzimpfung gegen Wundstarrkrampf erhalten hat und somit nur eine Wiederauffrischungsimpfung benötigt, oder ob Unverträglichkeiten wie Allergien gegen Penicillin oder andere Medikamente aufgetreten sind. Die bisher abgegebenen Impfausweise liegen meistens unzugänglich in der Privatwohnung des

Behandlungsplan für das Jahr

Januar	
Februar	1. Wurmkur bei Fohlen ab 10. Lebenstag; 1. Wurmkur der erwachsenen Pferde. Erstimpfung Husten und Tetanus. Zahnkontrolle.
März	Zweitimpfung Husten und Tetanus, dann jährliche Nachimpfung, frühestens nach 6, am besten nach 9 Monaten. Falls die letzte Hustenimpfung länger als 1 Jahr zurückliegt, muß die zweimalige Grundimmunisierung neu erfolgen.
April	2. Wurmkur bei Fohlen und erwachsenen Pferden.
Mai	
Juni	3. Wurmkur bei Fohlen vor Weideauftrieb.
Juli	Erstimpfung Virus-Abort
August	4. Wurmkur bei Fohlen nach Absetzen von der Mutterstute.
September	Zweitimpfung und jährliche Nachimpfung gegen Virus-Abort.
Oktober	5. Wurmkur bei Fohlen vor der Aufstallung. 3. Wurmkur bei erwachsenen Pferden. Zahnkontrolle
November	
Dezember	4. Wurmkur bei erwachsenen Pferden, besonders bei hochtragenden Stuten. Magenbremsenkur bei allen Weidepferden (nicht bei hochtragenden Stuten). 6. Wurmkur bei Fohlen.

Haustierarzt
Anschrift:
Telephon:
Vertretung:

Pferdebesitzers und nützen somit im Ernsfall nichts. Sie sind außerdem meist unvollständig ausgefüllt, da sie bei Nachimpfungen dem Tierarzt zum Ergänzen der Eintragungen nicht vorgelegt werden.

3. Vorbeugende Maßnahmen

Virus-Husten:
Beim Pferd sind die ansteckenden Erkrankungen im Bereich der Atmungsorgane wesentlich häufiger als in anderen Organteilen. Der bereits beschriebene Virus-Husten bildet nicht nur als Krankheit an sich eine Gefahr für das Pferd, sondern er wird durch die oft nachfolgenden bakteriellen Begleiterkrankungen äußerst gefährlich und ist nicht selten verantwortlich für eine beginnende Dämpfigkeit. Seit einigen Jahren gibt es einen Influenza-Impfstoff, der im Pferd gegen die drei häufigsten Virusarten dieses Hustens Abwehrkräfte bildet. Der Zeitpunkt der Impfung ist davon abhängig, wann das Pferd einer Ansteckung am stärksten ausgesetzt ist. Sportpferde sollten vor Beginn der Saison geimpft werden. Die Erstimpfung muß im Abstand von 4 bis 6 Wochen wiederholt werden. Daraufhin genügt eine einmalige jährliche Nachimpfung mit dem gleichen Impfstoff. Besonders gefährdete Pferde, die gewöhnlich im Herbst an internationalen Turnieren teilnehmen, sollen ein weiteres Mal im gleichen Jahr geimpft werden. Da zum Aufbau eines guten Impfschutzes vom Pferd eine aktive Leistung verlangt wird, hat es nur Sinn, gesunde, in guter Kondition befindliche und entwurmte Pferde zu impfen. Niemand sollte von seinem Tierarzt erwarten, daß er jederzeit Husten-Impfstoff in seinem Auto vorrätig hat. Wird dieser Impfstoff nämlich nicht vorschriftsmäßig gelagert, was im Auto kaum der Fall ist, wird er unwirksam oder kann bei der Verabreichung Reaktionen hervorrufen. Leider ist es – wie bei den Grippe-Epidemien des Menschen – noch nicht möglich, sämtliche Husten-Virusstämme in einem Impfstoff zu vereinen. Dies ist aber nur in seltenen Fällen die Ursache für das Durchbrechen einer Husten-Epidemie in einem geimpften Bestand. Wichtiger ist die Tatsache, daß ein geimpftes Pferd, obwohl es mit dem richtigen Virusstamm

geimpft wurde, von einem nicht geimpften hustenden Nachbarpferd angesteckt werden kann.
Hauptansteckungsorte sind Transportwagen und Reitturniere, zu denen die hustenden Tiere über Hunderte von Kilometer herangebracht werden. Im Vollblutrennsport gibt es daher eine Anordnung, die die Teilnahme an Rennen nur nach Vorlegen eines gültigen Zeugnisses über die durchgeführte Impfung gegen die ansteckenden Virus-Husten gestattet. Dieser Impfzwang wird sich in der kommenden Zeit notwendigerweise im gesamten Turniersport durchsetzen. Sehr viele Veranstalter gehen bereits heute dazu über, bei der Eintragung in die Startlisten einen Impfpaß zu verlangen, aus dem hervorgeht, daß das Pferd mindestens zweimal im Abstand von ca. 6 Wochen gegen Influenza geimpft wurde und daß die letzte Impfung mindestens 6 Wochen, jedoch nicht länger als 11 Monate zurückliegt.
Eine weitere Vorbeugemaßnahme bedeutet die Vorlage eines tierärztlichen Gesundheitszeugnisses, aus dem hervorgeht, daß das Pferd einem hustenfreien Heimatbestand entstammt.
Auch geimpfte Pferde sind auf Turnierplätzen den Ansteckungsgefahren ausgesetzt, weil trotz aller Vorsichtsmaßnahmen immer wieder einige Pferde die Kontrollen umgehen können. Da die Widerstandskraft der Pferde auf dem Turnierplatz ohnehin geschwächt ist, kann es sehr leicht zu einer Ansteckung kommen. Die ungünstigen Umweltfaktoren – zugige Ställe, übermäßige Staubentwicklung, schlechte Wasserversorgung, weite Wege zwischen Turnierplatz und Unterbringung und zu dichtes Nebeneinanderstehen der Pferde – tragen dazu bei.
Ist der Turnierleitung eine ausreichende, vom Gesundheitsstandpunkt aus vertretbare Unterbringung aller Gastpferde nicht möglich, sollte auf das Turnier lieber verzichtet werden. Auch der Pferdebesitzer sollte so viel Selbstdisziplin aufbringen, nicht sein eigenes möglicherweise erkranktes Pferd zur Teilnahme an einem Turnier zu zwingen und damit die anderen Pferde der Ansteckung auszusetzen.
Eine weitere wichtige Übertragungsmöglichkeit sind die Besucher, die aus hustenden Heimatbeständen an ihrer Kleidung Ansteckungsstoff mit sich tragen. Das Publikum ist daher aus den Turnierstallungen grundsätzlich fernzuhalten.

Tetanus:
Angesichts der bereits geschilderten schweren Krankheitssymptome und der hohen Verlustrate bei erfolgter Tetanusinfektion ist die Schutzimpfung gegen Wundstarrkrampf eine Selbstverständlichkeit. Die Pferde werden für die Grundimmunisierung zweimal im Abstand von ca. 4 Wochen geimpft und erhalten je nach Art des verwendeten Impfstoffes in regelmäßigen Abständen von 1 bis 2 Jahren eine Auffrischungsimpfung.

Zähne:
Das Pferd hat sich im Laufe seiner Entwicklungsgeschichte vom Laubfressen auf reine Grasnahrung umgestellt. Dabei erfuhr das Gebiß eine besondere Anpassung an die Aufnahme und Verwertung kieselsäurehaltiger, harter Steppengräser. Davon mußte das Pferd große Mengen aufnehmen und gründlich kauen, um seinen Nahrungsbedarf zu befriedigen. Das aus dieser Anpassung entstandene Abweiden der Gräser bis zur Wurzelnarbe haben auch unsere heutigen Pferde beibehalten. Sie werden oftmals zu Weidezerstörern, wenn sie zu lange auf zu kleinem Raum weiden müssen. Dies gilt insbesondere für die ganzjährig im Weidegang gehaltenen robusten Freizeitpferde.
Die Umstellung auf einseitig konzentrierte Kraftfutternahrung und die vielfältigen modernen Kraftfuttermittel können zu den verschiedenartigsten Zahnerkrankungen beim Pferd führen. Sie lassen sich weitgehend vermeiden, wenn man den Pferden einmal wöchentlich Gelegenheit gibt, Zweige zu kauen.
Mindestens zweimal pro Jahr sollte der Tierarzt anläßlich einer Routinebehandlung, wie der Entwurmung, die Maulhöhle des Pferdes untersuchen. Oft kann er mit einer Zahnraspel in wenigen Minuten Zahnhaken, die sich wegen einseitiger Kaubewegungen an den Backenzähnen gebildet haben, entfernen. Diese Zahnhaken können schwere Kaustörungen verursachen und bei starker Ausbildung zu blutigen Verletzungen in der Backenschleimhaut führen. Wurde jahrelang keine Zahnkontrolle durchgeführt, können die Veränderungen derart stark sein, daß eine Behandlung aussichtslos ist.
Lassen sichtbare Symptome auf eine Veränderung des Zahnbildes schließen, sind die Schäden meist schon unbehebbar. Wir sollen

Gesundheitsplan für Reitpferde		**Durchgeführte Impfungen**		
		Influenza Ansteckender Husten	Tetanus (Wundstarrkrampf)	Sonstige Impfungen je nach Gegend
		Erstimpfung zweimal im Abstand von ca. 5 Wochen; dann alle 6–9 Monate	Erstimpfung zweimal im Abstand von ca. 5 Wochen; dann jährlich einmal oder zusammen mit Influenza-Impfung	Tollwut Einmal jährlich
Pferdename Abstammung	1986			
Geburtsdatum	1987			
Medikamenten- allergie Eigentümer	1988			
Pferdename Abstammung	1986			
Geburtsdatum	1987			
Medikamenten- allergie Eigentümer	1988			
Pferdename Abstammung	1986			
Geburtsdatum	1987			
Medikamenten- allergie Eigentümer	1988			
Pferdename Abstammung	1986			
Geburtsdatum	1987			
Medikamenten- allergie Eigentümer	1988			

	Wurmbekämpfung					Zahnuntersuchung	
kendes Verfohlen bort)	Kotproben Datum Ergebnis (einmal jährlich)	Wurmkuren (Datum), Medikamentenname, Menge, Art der Verabreichung				Zweimal jährlich (Zahnhaken raspeln)	
pfung von allen über ate alten Pferden l im Abstand von aten (evtl. im 3.–4. -7. Trächtigkeits- dann jährlich . Trächtig- onat); pfung aller Pferde im Oktober		Fohlen sechsmal jährlich, Pferde viermal jährlich, tragende Stuten zusätzlich 6 Wochen vor Geburt und kurz nach Geburt				Befund Behandlung	
		Februar	April	Oktober	Dezember	April	Oktober
		1.Wurmkur	2. Wurmkur	3. Wurmkur	4. Wurmkur		

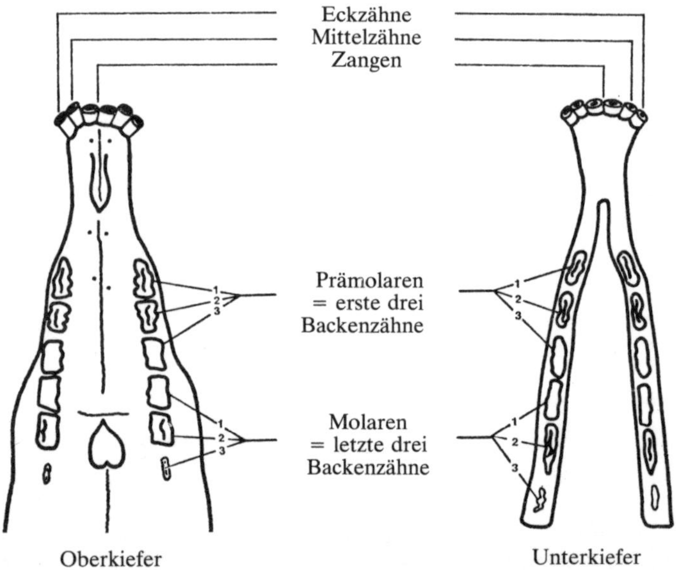

Zahnbild eines Pferdes im Alter vom 2½ Jahren: Die Zangen und die beiden ersten Backenzähne werden gewechselt. Der letzte Backenzahn ist noch nicht vorhanden.

es also nicht so weit kommen lassen, daß die Pferde durch langsames Fressen auffallen und abmagern. Die Krippe ist auf zusammengerolle Futterteilchen von Daumengröße zu kontrollieren, und der aufmerksame Pferdebesitzer wird sich ab und zu einmal die Zeit nehmen, sein Tier bei der Futteraufnahme genau zu beobachten. Setzt es mit den Kaubewegungen immer wieder spontan aus, oder läßt es Futterteilchen aus der Maulspalte herausfallen, ist eine Zahnuntersuchung dringend angezeigt.
Häufig leiden die jungen Pferde während der Frühjahrsmonate wenn die Schneidezähne gewechselt werden, an Zahnschmerzen. Wenn die Milchschneidezähne den Ersatzzähnen nicht rechtzeitig Platz machen, kann ein sogenanntes Doppelgebiß entstehen. Der äußerlichen Besichtigung nicht so leicht zugänglich sind Störungen an den Backenzähnen. Daher muß der Tierarzt sie feststellen. Fällt der Zahnwechsel der Backenzähne in eine Zeit besonderer Beanspruchung (Renn- oder Turniersport), kann das Pferd unangenehme Einbußen in bezug auf die Form erleiden.
Zahnwechsel, Form und Abrieb der Kauflächen der Zähne dienen

als Anhaltspunkte für die Altersbestimmung. Zwischen Warmblutpferden und Robustpferderassen sind gewisse Unterschiede im Termin des Zahnwechsels festzustellen. Heute ist der Tierarzt oder eine Pferdeklinik dank spezieller Instrumente sehr gut in der Lage, auch schwierige Zahnveränderungen zu beheben. Bricht durch Unfall ein Schneidezahn ab, oder muß aus Krankheitsgründen ein Backenzahn gezogen werden, ist dem gegenüberliegenden Zahn ständige Aufmerksamkeit zu schenken, da dieser durch den fehlenden Gegenbiß keine Abreibung erfährt und oft ein zu starkes Wachstum zeigt.

Tabellarische Übersicht über das Zahnalter des Pferdes

Geburt	Erste drei Milchbackenzähne (= Milchprämolaren) gerade durchgebrochen.
1. Woche	Milchzangen brechen durch.
3.–8. Woche	Die benachbarten Milchmittelzähne brechen durch.
5.–9. Monat	Alle Milchschneidezähne sind durchgebrochen.
2½ Jahre	Wechsel der Zangen zum bleibenden Gebiß und Wechsel der beiden vorderen Prämolaren (erster und zweiter Backenzahn). Kauschwierigkeiten.
3½ Jahre	Wechsel der Mittelzähne und der hinteren Prämolaren (dritter Backenzahn). Kauschwierigkeiten.
4½ Jahre	Wechsel der Eckschneidezähne.
5½ Jahre	Alle Zähne sind gewechselt und reiben sich gegenseitig.
6 Jahre	Die Kunden in den Zangen des Unterkiefers verschwinden. Hakenzahn spitz.
7 Jahre	Die Kunden der Mittelschneidezähne unten verschwinden.
8 Jahre	Die Kunden der Eckschneidezähne verschwinden, der Hakenzahn wird stumpf.

Die weitere Altersbestimmung ist nur noch eine annähernde, da starke individuelle Schwankungen auftreten.
Mit etwa 9 bis 10 und 11 Jahren verschwinden die Kunden in den Oberkieferschneidezähnen. Die Kaufläche der Zähne ändert ihre Form von rund über dreieckig zu längsoval. Die Gegeneinander-Stellung der Ober- und Unterkieferschneidezähne wird immer flacher.
Bei den nördlichen Robustpferderassen wie dem Islandpferd erfolgt der Zahnwechsel ca. je ein halbes Jahr später; die Abreibung der Kunden kann sich bis zu einem Jahr verschieben.

Anmerkung: Der Wechsel der beiden vorderen und der hinteren Prämolaren im Alter von 2½ bzw. 3½ Jahren verursacht die häufigsten Zahnschmerzen.

20. Kapitel

Wurmerkrankungen

Manches gut veranlagte Fohlen kommt über eine unbefriedigende Mittelmäßigkeit in der Leistung nicht hinaus. Schuld daran ist vielfach ein Wurmbefall. Bei gleicher Fütterung und Haltung zeigen wurmfreie Fohlen eine bessere Entwicklung als parasitenbefallene Artgenossen. Neben Wachstums- und Entwicklungsstörungen nimmt der Wurmbefall den Pferden auch die Kraft, die sie zur Abwehr gegen andere Krankheiten benötigen. Daher sind wurmbefallene Pferde sehr viel anfälliger gegen alle möglichen Ansteckungskrankheiten.
Die Behandlung des Wurmbefalls ist nicht mit der einmaligen Gabe irgendeines Wurmmittels abgetan. Jede Wurmart verlangt ein spezifisches Medikament. Leider werden auch heute noch unbrauchbare und giftige Wurmmittel angewandt. Unkenntnis und falsche Sparsamkeit sind die Ursachen.
Es mag sein, daß in einigen Jahren die hier aufgeführten Wurmmittel durch bessere ersetzt sind, denn die Industrie bringt immer wieder neue Medikamente auf den Markt. Bei der Auswahl eines Wurmmittels sollte nicht der Preis, sondern die Wirksamkeit und die Verträglichkeit des Präparates den Ausschlag geben.

Blut- oder Palisadenwürmer (große und kleine Strongyliden):
Es handelt sich um 0,5 cm bis 5 cm große Innenparasiten, die im Dickdarm des Pferdes leben.
Fast jedes Pferd, ob jung oder alt, beherbergt Strongyliden. Ein geringer Befall ist unbedenklich. Durch Unaufmerksamkeit des Tierhalters kann sich jedoch die Wurmbürde in kurzer Zeit vervielfachen. Die geschlechtsreifen Blutwürmer saugen sich an der Darmschleimhaut fest und entziehen dem Wirt Blut. Sie legen Eier, die mit dem Kot des Pferdes ausgeschieden werden. Hieraus entwickeln sich dann bei günstigen Umweltbedingungen in einer Woche ansteckungsfähige Larven. Diese lieben die Feuchtigkeit. Sie finden daher in der nassen Einstreu ungepflegter Ställe und

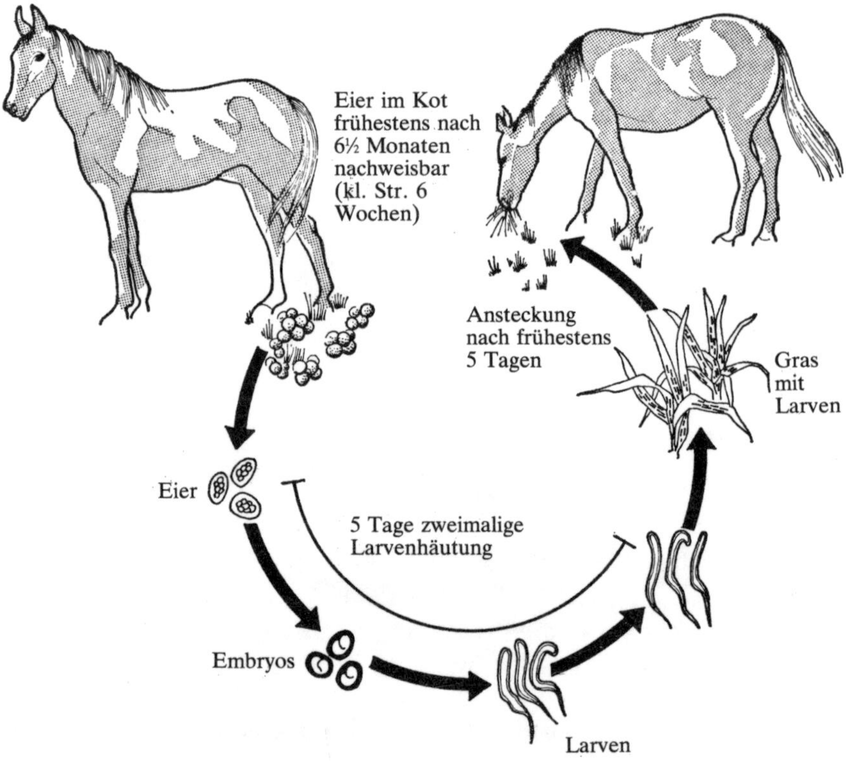

Entwicklung der Blutwürmer (Strongyliden).

auf feuchten Weiden ideale Lebensbedingungen. Auf der Weide verbergen sich die Larven tagsüber am Boden unter dem Pflanzenbesatz, um der Sonneneinstrahlung zu entgehen. Bei Taufall und bei Regen kriechen die Larven an den feuchten Gräsern empor und werden vom Pferd beim Grasen aufgenommen. Vom Dünn- oder Dickdarm aus treten die Larven, je nach Art des Wurmes, eine komplizierte Wanderung durch die verschiedenen Organe des Pferdes an. Die Larven einer Blutwurmart bohren sich durch die Darmwand in die Blutgefäße bis zur Hauptschlagader. Hier setzen sie sich besonders an den Abzweigungen des Gefäßes zum Magen-Darmtrakt fest, schädigen die Gefäßwände, und es bilden sich Blutgerinnsel. Die Verdauung wird erschwert. Bei Ablösen der Blutgerinnsel kann es zu Verstopfungen der Blutge-

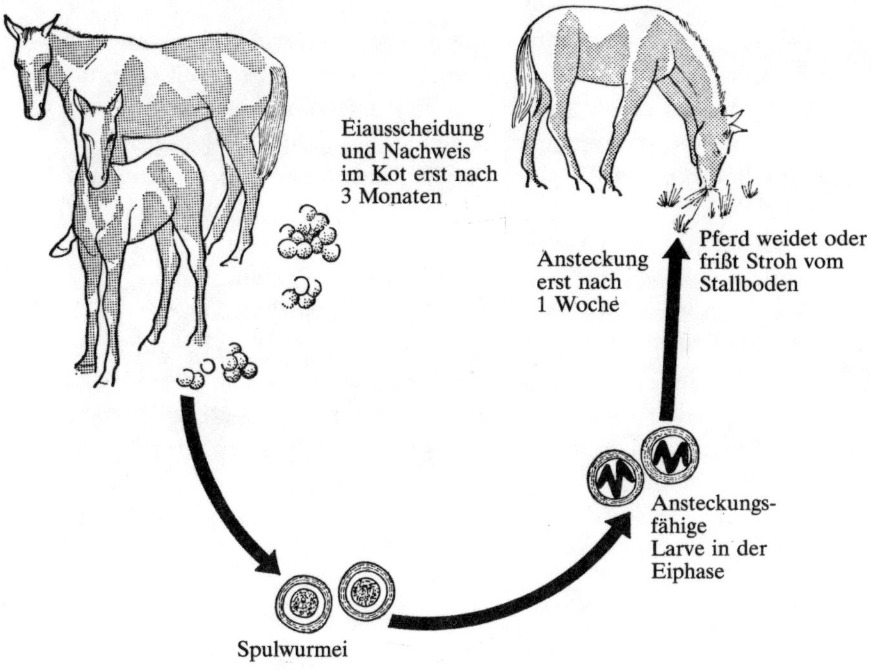

Entwicklung der Spulwürmer (Askariden).

fäße kommen, und die Pferde erkranken an den gefürchteten Wurmkoliken. Wieder andere Strongylidenarten gelangen auf ihrer Entwicklungswanderung im Pferdekörper in große Organe, z. B. die Leber, und schädigen diese schwer. Somit wird das Pferd weniger durch das Blutsaugen der geschlechtsreifen Würmer in der Darmschleimhaut als vielmehr durch die lange Wanderung der Blutwurmlarven im Pferdekörper geschädigt. Erst im letzten Stadium, wenn die Wurmlarven die Geschlechtsreife im Darm erreicht haben, was bis zu 11 Monaten dauern kann, und Eier ausscheiden, kann die Kotuntersuchung den Wurmbefall feststellen. Den Hauptschaden hat das Pferd bis dahin aber bereits erlitten.

Spulwürmer (Askariden):

Der Spulwurmbefall ist besonders für Fohlen und Jungpferde verhängnisvoll (s. Abb. 18 bei S. 160). Es handelt sich bei den Askariden um bis zu 40 cm lange, runde, weiße Würmer. Die geschlechtsreifen Würmer schmarotzen im Dünndarm. Ihre Eier werden mit dem Kot ausgeschieden. In der Außenwelt (Stallboden, Weide) entwickeln sich in ca. 8 Tagen oder länger Embryonen, die das dickschalige Ei nicht verlassen. Sie werden in der Eihülle von den Pferden wieder aufgenommen. Im Dünndarm schlüpft die Larve aus dem Ei, dringt durch die Darmwand und wandert mit dem Blutstrom über Leber und Herz zur Lunge. Dort bohrt sich die Larve in die Lungenbläschen und steigt die Luftröhre aufwärts zum Kehlkopf, wo sie abgeschluckt wird und im Dünndarm in 8 bis 12 Wochen zum reifen Wurm heranwächst. Erst einige Zeit nach der Ansteckung wird das Pferd selbst Eiausscheider, und der Spulwurmbefall kann im Kot nachgewiesen werden. Die Eier der Spulwürmer sind außerordentlich widerstandsfähig und können in Stallritzen und auf der Weide jahrelang überleben. Nur durch wenige Desinfektionsmaßnahmen können sie abgetötet werden. Da die Eiausscheidung ununterbrochen stattfindet, sind ständig ansteckungsfähige Eier vorhanden. Daher muß der Stall möglichst oft ausgemistet werden. Für die Spulwürmer gilt das gleiche wie für die Blutwürmer. Können die Wurmeier im Kot nachgewiesen werden, haben die Würmer ihre unheilvolle Wanderung durch den Körper bereits hinter sich. Mit der Wurmkur können also nur weitere Schäden verhindert werden. Eine Heilung gibt es nicht. Vor dem Abfohlen müssen die Mutterstuten entwurmt und der Stall gründlich

Abb. 20. Pferd im Längsschnitt, zur Darstellung der Eingeweide. Ansicht von links.
a Nasenhöhle mit oberer und unterer Nasenmuschel; b Atmungsrachen mit Zugang zum Luftsack; c Luftsack; d Kehlkopf; e Luftröhre, e' Luftröhrengabelung, linker Stammbronchus; f Herz; g Mundhöhle; h Zunge; i Schlingrachen; k Speiseröhre; le Leber; lu gestrichelte Linie kennzeichnet den Rand der rechten Lunge, die vom Mittelfell bedeckt ist; m Magen; n Milz; o Dünndarm, Leerdarm; p Dickdarm; q After; r linke Niere; s linker Harnleiter; t Harnblase; u linker Hoden; v linker Nebenhoden; w linker Samenleiter; x Beckenstück der Harn-/Samenröhre; y männliches Glied (Penis); z Penisspitze mit Eichel.
1 Oberschädel; 2 Unterkiefer; 3 Schädelbasis; 4 1. Halswirbel; 5 2. Halswirbel; 6 7. Halswirbel, 6' Nackenband; 7 1. Brustwirbel, 7' Widerristdornfortsätze; 8 18. Brustwirbel; 9 1. Lendenwirbel; 10 6. Lendenwirbel; 11 Kreuzbein; 12 1. Schwanzwirbel; 13 Beckenboden; 14 1. Rippe; 15 18. Rippe; 16 Rippenbogen; 17 Brustbein; 18 Hauptschlagader (Aorta); 19 Lungenschlagader; 20 Zwerchfell; 21 untere linke Längslage des großen Kolon; 22 Beckenkrümmung des großen Kolon; 23 linke obere Längslage des großen Kolon; 24 kleines Kolon; 25 Mastdarm; 26 Afterschließmuskeln; 27 Hodensack; 28 Vorhaut; 29 Gehirn; 30 Rückenmark; 31 Unterkieferlymphknoten; 32 Schilddrüse.

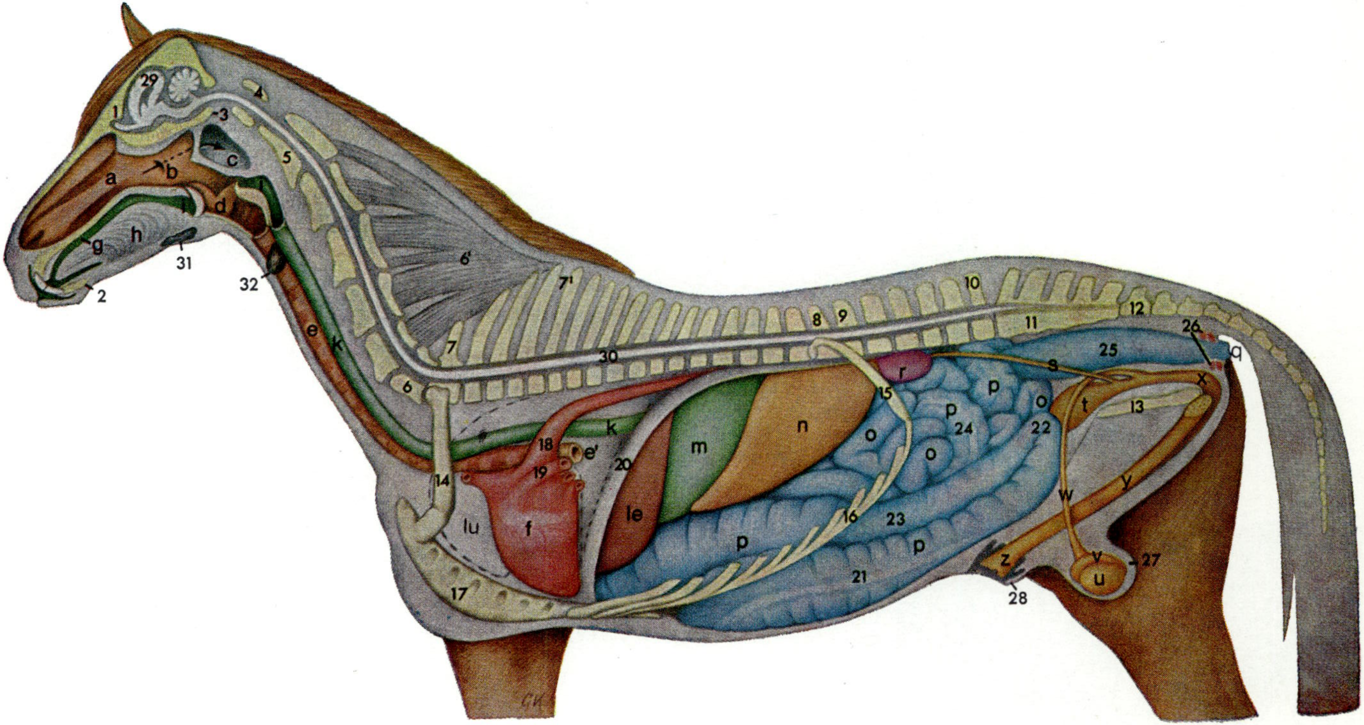

29
1
4
3
a
b
c
5
d
g
h
31
2
32
6'
7'
e
k
7
30
10
8
9
11
12
26
q
25
s
r
p
6
15
x
o
t
13
p
n
k
18
e'
m
24
22
20
o
o
14
19
y
w
lu
f
le
16
23
p
p
z
v
27
u
21
17
28

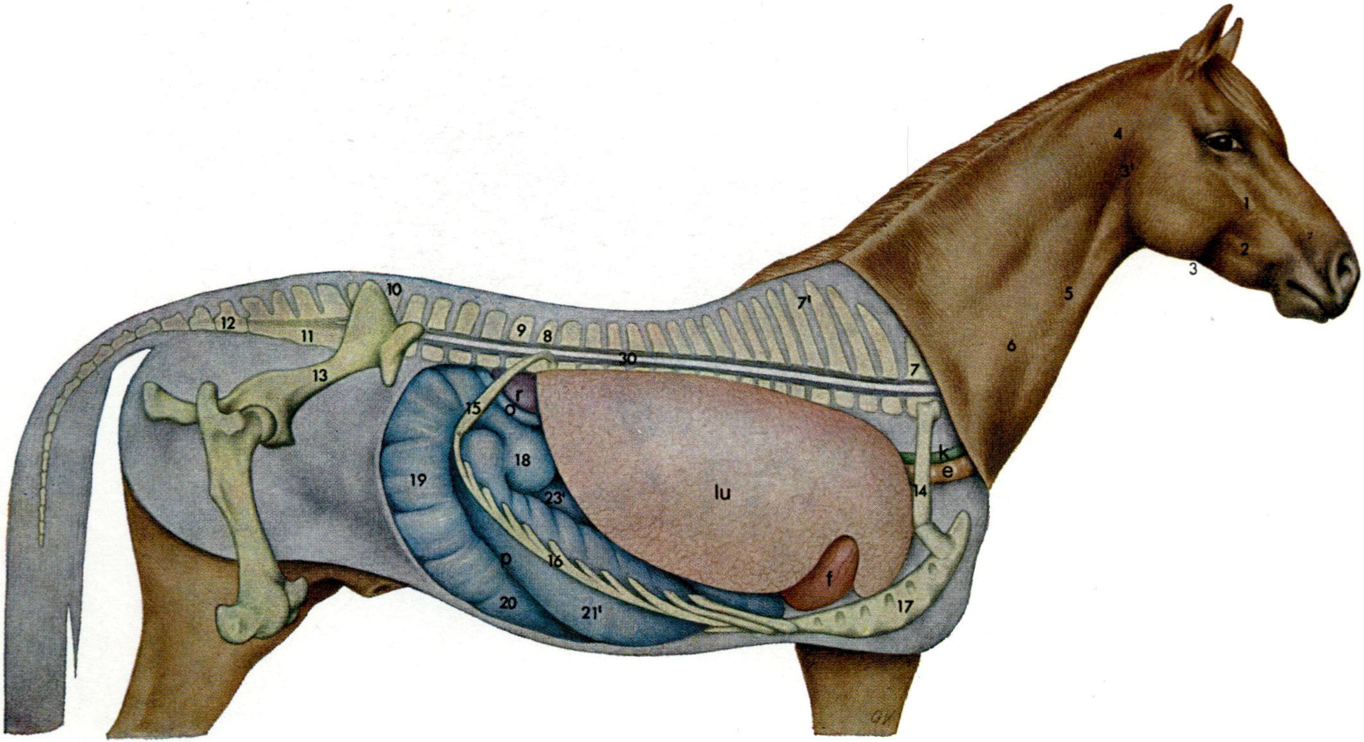

1
2
3
3'
4
5
6
7
7'
8
9
10
11
12
13
14
15
16
17
18
19
20
21'
23'
30
k
e
f
lu
r
o
p

gereinigt werden. Die heutigen Wurmmittel werden auch von hochtragenden Stuten gut vertragen. Spulwurmverdächtig sind Fohlen, die abmagern, obwohl sie gut fressen. Sie haben häufig einen Hängebauch und nicht selten Durchfall. Auffällig ist die ausgeprägte Lecksucht. Häufig können Wurmeier nur im Stutenkot nachgewiesen werden, weil das Fohlen noch keine geschlechtsreifen Würmer beherbergt.

Zwergfadenwürmer (Strongyloides):
Bei Fohlen finden sich häufig die Zwergfadenwürmer, die sich sogar außerhalb des Pferdes in feuchter Einstreu vermehren können. Die Larven bohren sich durch die Haut des Fohlens ein oder kommen mit der Muttermilch ins Fohlen. Sie schädigen auf ihrer Wanderung durch den Fohlenkörper die Lunge. Bei ausgeprägter Wurminvasion und langanhaltendem Durchfall kann es zur Lungenentzündung kommen. Werden bei der Kotuntersuchung Zwergfadenwurmeier nachgewiesen, ist die Verbesserung der hygienischen Verhältnisse im Stall durch trockene Einstreu genauso wichtig wie eine Wurmkur mit Cambendazol am 9. Lebenstag.

Magenbremsen (Gasterophiluslarven):
Ab und zu finden aufmerksame Pferdebesitzer im Kot ein bräunliches bis fleischrotes Lebewesen, das sie sehr stark an einen Engerling erinnert. Es handelt sich dabei um das Larvenstadium von Fliegen, die Magenbremsen, Pferdedasseln, Pferdemagenbiesfliegen oder Magendasseln (Gasterophilus) genannt werden. Die Fliegen sind 15 mm große, rostgelbe, bräunliche oder schwarze zweiflügelige Insekten, die von Juni bis August ihre gelben

Abb. 21. Pferd mit eröffneter Brust- und Bauchhöhle, zur Darstellung der Eingeweide. Ansicht von rechts.
e Luftröhre; lu rechte Lunge; f Herz; k Speiseröhre; o Dünndarm, Zwölffingerdarm; p Dickdarm; r rechte Niere.
1 Angesichtsleiste; 2 Backenzähne; 3 Unterkieferlymphknoten, in Höhe des Gefäßeinschnittes im Kehlgang gelegen, 3' Ganasche; 4 Flügel des 1. Halswirbels; 5 Drosselrinne; 6 Vorwölbung der Halswirbel; 7 1. Brustwirbel, 7' Widerristdornfortsätze; 8 18. Brustwirbel; 9 1. Lendenwirbel; 10 6. Lendenwirbel; 11 Kreuzbein; 12 1. Schwanzwirbel; 13 Becken; 14 1. Rippe; 15 18. Rippe; 16 Rippenbogen; 17 Brustbein; 18 Blinddarmkopf; 19 Blinddarmkörper; 20 Blinddarmspitze; 21' rechte untere Längslage; 23' rechte obere Längslage oder magenähnliche Erweiterung des großen Kolon.

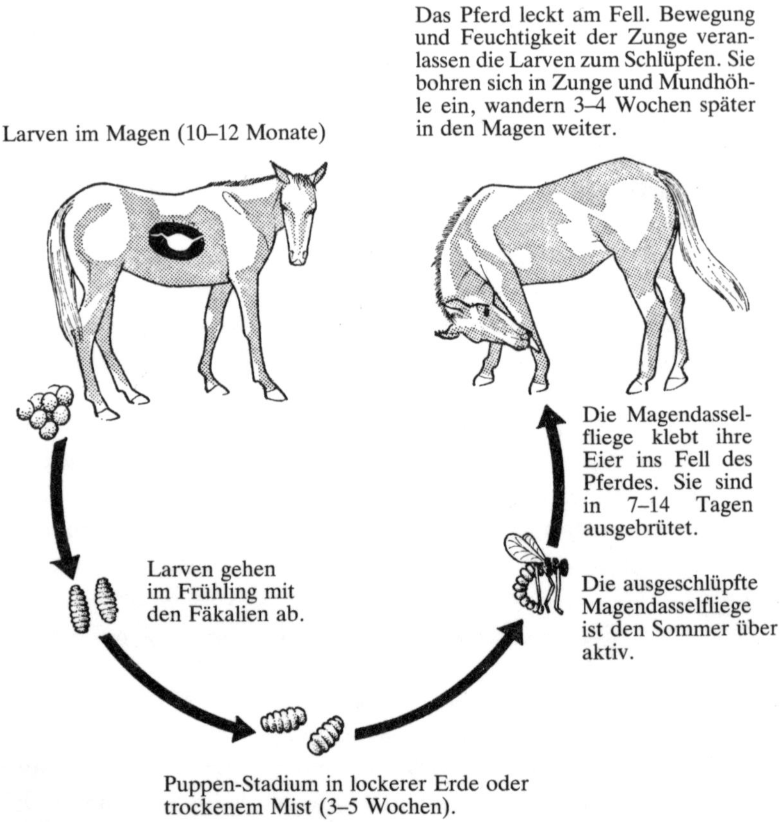

Entwicklung der Magendasseln (Gasterophilus).
Der gesamte Zirkel umfaßt ein Jahr.

oder weißen Eier im Fluge mit einer langen Legeröhre an den Haaren der Vordergliedmaße oder in der Umgebung des Maules beim Pferd ablegen. Dabei befestigen sie diese Eier mit einem wasserunlöslichen Kitt. Eine einzige Fliege produziert bis zu 2500 Eier. Bei günstiger Temperatur entwickeln sich nach 7 bis 14 Tagen aus den Eiern Larven. Der nun entstehende Juckreiz veranlaßt die Pferde, mit den Zähnen die Vordergliedmaßen zu beknabbern, wobei die Larven aufgenommen werden.
Bei seltener vorkommenden Arten können sich die 1 mm großen Larven auch in die Haut eingraben und unter dieser weiterwandern. Dies ist meist bei den am Kopf abgelegten Eiern der Fall. Diese (Primär-)Larven verursachen Bohrgänge, die als Sommer-

streifenekzem bezeichnet werden. Dieses ist meist bei Importpferden östlicher Herkunft zu beobachten.
Die vom Pferd abgeleckten Larven bohren sich in die Schleimhaut der Zunge und der Mundhöhle ein und verursachen Schluckbeschwerden. Nach 3 bis 4 Wochen wandern sie in den Magen. Dort leben sie, an die Magenschleimhaut festgesaugt, ca. 10 Monate. Mit dem Kot gelangen sie ins Freie. Nun vergraben sie sich im Boden, bilden eine Puppe, aus der nach 3 bis 5 Wochen eine sofort legereife Dasselfliege ausschlüpft.
Somit dauert der Entwicklungszyklus der Magenbremse rund ein ganzes Jahr. Bei starkem Befall mit diesen Larven, die in der Magenschleimhaut, nicht selten auch in den vorderen Dünndarmabschnitten durch ihr Einbohren geschwürige und wuchernde Veränderungen hevorrufen, treten bei den Pferden im Herbst Verdauungsstörungen auf. Die Tiere zeigen wechselnden Appetit, blasse Schleimhäute, magern ab und sind arbeitsunlustig und matt. Es können in seltenen Fällen auch Kolikerscheinungen auftreten. Der Nachweis dieser Erkrankung ist nicht einfach, da die mit dem Kot abgehenden Larven nur selten gefunden werden. Es lohnt sich aber, den Kot einige Male stichprobenartig daraufhin zu untersuchen. Gerade die Robustpferde in ganzjähriger Weidehaltung sind von den Magenbremsen besonders stark bedroht.
Die Haare der Maul- und Nasengegend, besonders aber der Fesseln und Röhren, sind sorgfältig auf die weißen oder gelben Eier zu untersuchen, wenn die Schwarmzeit der Magenbremsen in den Sommermonaten gekommen ist. Sie werden mit einem alten Rasierapparat abgeschoren oder mit einer Lysol/Benzin/Ölmischung abgewaschen. Durch Waschen mit warmem Wasser kann man die Larven zu verfrühtem Ausschlupf bringen. Sie sind dann in der Regel nicht lebensfähig. Gut bewährt hat sich der Zusatz von etwas Weinessig zum Waschwasser. Todesfälle durch Massenbefall sind zwar nicht sehr häufig, doch werden die befallenen Tiere derart geschädigt, daß beim Zusammentreffen mit anderen Erkrankungen oder mit Trächtigkeit die Abwehrkräfte des Pferdes zum Erliegen kommen können.
In selteneren Fällen können auch die kleinen Rinderdassellarven im Pferdekörper schmarotzen und die bekannten Beulenbildun-

gen in der Sattellage hervorrufen. Durch einen gutanliegenden und mit einer Plastikfolie luftdicht gemachten Schwitzverband, welcher mit Rivanol getränkt wird, kann man das Ausschlüpfen und Reifen dieser Larven beschleunigen.
Die Behandlung ist durch die Giftigkeit der Mittel nicht ungefährlich. In genau berechneter Dosierung in bestimmten Zwischenräumen wird den erkrankten Pferden ein Phosphorsäureester verabreicht: nicht zuviel geben (Equigard-Granulat oder Neguvon-Paste)! Einige neuere Präparate enthalten auch Neguvon. Man erkennt das daran, daß dem Medikamentennamen das Wörtchen «-plus» angehängt ist. Jungtiere unter 3 Monaten sowie Stuten mit einer höheren Trächtigkeit als 6 Monaten sollten nicht mehr behandelt werden. Für die Präparate gelten

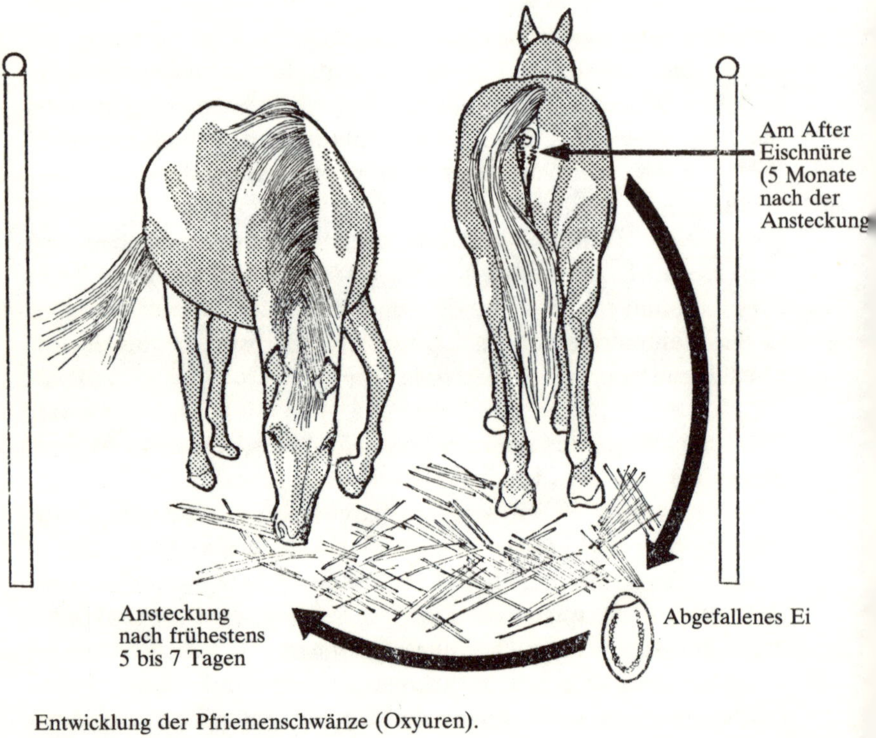

Entwicklung der Pfriemenschwänze (Oxyuren).

die üblichen für Phosphorsäureester vorgeschriebenen Vorsichtsmaßnahmen: das Verbot der Aufbewahrung in der Nähe von Lebensmitteln und Kindern. Bei Unvorsichtigkeit oder Nachlässigkeit können Vergiftungen auftreten, die von Mattigkeit, Durchfall und Erbrechen bis zu schweren Krämpfen und Bewußtlosigkeit reichen. Es steht im Atropin ein wirksames Gegengift zur Verfügung, welches auch jedem Tierarzt bekannt ist.

Pfriemenschwänze (Oxyuren):
Das pfriemenartig spitze Schwanzende hat diesen 2,5–10 cm langen, im Dickdarm lebenden Würmern den Namen gegeben. Die weiblichen Würmer legen um den After des Pferdes schnurförmig gelbliche Eipakete, die mit bloßem Auge erkennbar sind (s. Abb. 17 bei S. 160) und die Tiere zum Scheuern der Schweifrübe veranlassen. Die dabei abfallenden Eier gelangen in Futter und Einstreu und werden gefressen. Im Magen schlüpfen die Larven aus und wachsen im Dickdarm zum Wurm heran. Auch hier sind die jugendlichen Stadien schädlicher als die geschlechtsreifen Würmer, da sie Ursachen von Koliken sein können. Das ständige Scheuern der Schweifgegend an harten Gegenständen hat oft ekzematöse Hautentzündungen in diesem Bereich zur Folge. Eine gründliche Reinigung der Afterrosette ist wichtig. Dabei dürfen die Eischnüre nicht in das Stroh fallen. Aus diesem Grunde hat auch die Unsitte zu unterbleiben, die Einstreu, die das Pferd mit der Vorderhand nach hinten gescharrt hat, beim Strohaufschütten wieder nach vorn zu werfen. Stroh, welches einmal hinter einem Pferd gelegen hat, darf nicht mehr nach vorn zur Krippe gebracht werden.

Vorbeuge (betrifft sämtliche genannten Parasiten außer Magenbremsen):
Der Pferdemist muß möglichst oft aus den Ställen entfernt werden. Insbesondere ist die Fohlenbox mindestens wöchentlich einmal besenrein zu machen. Bei der Desinfektion verseuchter Ställe hat sich ein Dampfstrahlreinigungsgerät gut bewährt. Mit einem Karbolineumanstrich kann verhindert werden, daß die Larven verschiedener Wurmarten an den Boxenwänden hochkriechen und beim Lecken aufgenommen werden. Bei stark verseuchten

Beständen sollen die Pferde nicht auf die Weide gebracht werden, bevor der Tau abgetrocknet ist, um die Aufnahme von larvenhaltigem Gras zu verhindern. Eine Pferdeweide sollte nicht mit Pferdemist gedüngt werden. Zu lang gewordenes Gras muß gemäht und als Heu verwertet werden. Bei genügend Weidefläche sollte eine Weide nur in zweijährigem Turnus mit Pferden beschickt werden. Feuchte Stellen auf der Weide müssen eingefriedet oder besser noch dräniert werden.
Im Frühjahr wird bei allen Pferden, bevor sie auf die Weide kommen, eine Wurmkur durchgeführt, damit die Weide beim Auftrieb nicht sofort mit Parasiteneiern verseucht wird. Ein großer Teil der Wurmbrut (leider aber nicht die von Spulwürmern) geht bei intensiver Sonnenbestrahlung zugrunde. Ein gefährlicher Ansteckungskreislauf wird nur dann in Gang gehalten, wenn eine Weide jedes Frühjahr neu mit wurmeierhaltigem Pferdekot verunreinigt wird. Besteht die Möglichkeit, die Pferdeweide zu parzellieren und die Pferde wochenweise umzutreiben, wird die Ansteckungsgefahr wesentlich herabgesetzt. Beim heutigen Personalmangel wird es kaum möglich sein, eine so intensive Weidepflege zu treiben, daß der Kot in regelmäßigen Abständen aufgesammelt wird.
Pferdekot auf der Weide ist aber nicht nur eine Quelle parasitärer Ansteckung, sondern er verursacht auch häufig Geilwuchs der Pflanzen. Um das zu verhindern, hat sich die Ablösungsweide oder Mischweide mit Rindern sehr bewährt.
Bei Fohlen ist mindestens sechsmal, bei erwachsenen Pferden mindestens viermal jährlich eine Wurmkur durchzuführen. Bei Pferden in nicht ausgemisteten Tiefställen ist der Wurmbefall wesentlich stärker als bei Pferden, die angebunden oder in täglich ausgemisteten sauberen Boxen gehalten werden. Bei diesen genügt eine zweimalige Wurmkur pro Jahr.

Kotprobe:
Anhand eine Kotuntersuchung, welche stichprobenweise durchgeführt werden sollte, wird festgestellt, wie stark einzelne Wurmarten einen Bestand befallen haben. Durch richtige Dosierung und Auswahl der geeignetsten Wurmmittel werden überflüssige Geldausgaben vermieden. Bei manchen Wurmarten reicht nämlich eine

niedrigere Dosierung als die gerade empfohlene aus. Wird beim Untersuchungsamt eine Kotprobe ohne besondere Bemerkung abgegeben, erfolgt in der Regel nur eine generelle Untersuchung auf Strongyliden. Man erfährt nicht, um welche verschiedenen Arten es sich handelt. Die genaue Untersuchung auf einzelne Strongylidenarten geschieht nur auf besonderen Wunsch.
Der Kot darf zur Untersuchung nicht älter als 30 Stunden sein. Ist das nicht möglich, muß er kühl gelagert werden.

Behandlung:
Alle Wurmmittel sollten in den nüchternen Magen verabreicht werden. Pulver werden am besten mit dem Morgenfutter gegeben. Ist die Verabreichung in einem dem Pferd ungewohnten Futter beabsichtigt, gibt man ihm einige Tage vorher bereits die gleiche Futtermischung und setzt ihr ein wenig Melasse zu. So kann das Wurmmittel am Entwurmungstag gut an die Futtersubstanz gebunden werden. Bei diesem Vorgehen werden die Pferde weniger mißtrauisch und nehmen in der Regel das Wurmmittel ohne Schwierigkeiten auf. Die Präparate müssen von der gleichen Hand verfüttert und untergemischt werden, die den Pferden stets das Futter verabreicht. Fremder Körpergeruch warnt die Pferde.
Niemals darf eine Wurmbehandlung auf eigene Faust durchgeführt werden, da es viele Präparate gibt, die Giftstoffe enthalten. Nicht umsonst sind diese rezeptpflichtig. Wenn ein Wurmmittel bei einer Mahlzeit nicht restlos aufgefressen wird, sollte es in untergemischtem Zustand nicht zu lange aufbewahrt werden, da die Gefahr einer Zersetzung in giftige Substanzen besteht. Bei Schwierigkeiten wird der Tierarzt das Medikament mit der Nasenschlundsonde, dem Pillengeber, der Wurmpistole oder einem Spritzapparat eingeben. Heute gibt es viele Wurmmittel, die als Paste dem Pferd mit einer Tube direkt ins Maul gegeben werden, was die sicherste und einfachste Verabreichung darstellt.
Bestimmte Wurmarten werden im Laufe von Jahren erfahrungsgemäß auch gegen gute Wurmmittel resistent. Aus diesem Grund sollte man gleichwertige Präparate abwechselnd verwenden. Der Plan auf S. 184/185 sieht auf den ersten Blick ein wenig verwirrend aus. Trotzdem sollte man folgendes daraus ersehen: Es gibt unter

Wirkstoffgruppen	**Innenparasiten des Pferdes** In Anlehnung an Stoye, 1986	**Strongyliden** (Blutwürmer, Palisadenwürmer)			
		Große (bei Weidepferden)			kleine (bei Stallpferden
		S. vulgaris	S. edentatus	S. equinus	Trichonema spp.
	Wurmschäden	sehr gefährlich! Kolik, dicke Beine, rauhes Haarkleid, rasches Ermüden, Durchfall, Gelbsucht, Blutarmut			nicht ganz so gefährlich Kolik Abmagern
	Präparate				
	Piperazin	mäßig	unbrauchbar	unbrauchbar	gut
1	**Thibenzole** (50%) (=Equizole 33% =Preßlinge 10%) **Cambendazol**	sehr gut	sehr gut	sehr gut	sehr gut bis unsicher (teils resistente Würme
1	**Panacur** **Telmin** **Rintal**	sehr gut	sehr gut	sehr gut	sehr gut bis unsicher (teils resistente Würme
2	**Neguvon** und die Präparate mit dem Zusatz **«plus»**	gut	mäßig	gut	gut
2	**Equigard**	gut	gut	gut	sehr gut
3	**Banminth**	sehr gut	sehr gut	sehr gut	sehr gut
4	**Ivomec**	sehr gut	sehr gut	sehr gut	sehr gut
	Diagnose Wie kann der Befall nachgewiesen werden?	Der Nachweis dieser Gruppe insgesamt erfolgt mit einfacher Kotprobe Nur durch Larvendifferenzierung ist die genaue Aufschlüsselung möglich (also Sonderwunsch, bei Kotprobe verlangen!)			

n-	**Spulwürmer** (Askariden) bei Fohlen und Jährlingen	**Zwergfadenwürmer** (Strongyloides) bei Fohlen	**Magenbremsen** (Gasterophilus)	**Pfriemenschwänze** (Oxyuren) nur bei Stallhaltung	**Lungenwürmer** vom Esel über- tragen
r	Durchfall Freßunlust Kolik Husten Leberschäden	Hautschäden Husten Durchfall der jungen Fohlen	Abmagern Freßunlust Blutarmut Schluckbeschwer- den im Herbst	Darmschäden Juckreiz am After	chronischer Husten
r	sehr gut	unbrauchbar	unbrauchbar	sehr gut	
	sehr gut	sehr gut (Sauberkeit im Stall)	unbrauchbar	sehr gut	wirksam: Cambendazol, Panacur, Rintal. 3 Tage täglich doppelte Dosis, evtl.nach 5 Wochen weitere 3 Behandlungen
	sehr gut	unbrauchbar	unbrauchbar	unbrauchbar	
	gut	unbrauchbar	sehr gut (Behandlung im Dezember)	sehr gut	
	sehr gut	unbrauchbar	sehr gut (Behandlung im Dezember)	gut	
	sehr gut	mäßig bis gut	unbrauchbar	sehr gut	
	sehr gut	sehr gut	sehr gut	sehr gut	
	einfache Kotprobe	nur frischer Kot (bis ½ Tag alt)	keine Nachweis- methode, Verdacht bei Weidepferden	gelbe Eischnüre am After	kein Nachweis bei Pferden, je- doch nachweisbar beim Esel

den modernen Wurmmitteln verschiedene, die sich chemisch ähneln. Daher sollte man nicht die einzelnen Wurmmittel wechseln, sondern die Wirkstoffgruppen:

Gruppe 1: Telmin, Thibenzole, Cambendazol, Panacur, Rintal
Gruppe 2: Neguvon, Equigard sowie alle Präparate mit dem Zusatz «plus»
Gruppe 3: Banminth
Gruppe 4: Ivomec

Die Gruppen 2 und 4 gibt man der Wirkung auf Magenbremsen wegen am besten im Dezember; Gruppe 2 nur einmal im Jahr, da diese Mittel im Gegensatz zu den anderen Wurmmitteln nicht ungiftig sind.
Die Wirkstoffgruppen 1, 3 und 4 sollte man im übrigen abwechselnd anwenden.
Piperazin findet vereinzelt Anwendung bei Fohlen wegen der guten Spulwurmwirkung.
Die Dosierungsanweisungen sind auf das Körpergewicht des Pferdes abzustimmen, da zu niedrige Dosierungen keine Wirkung erzielen und die Würmer resistent machen. Nicht selten wird nach der Wurmbehandlung eine leichte Kolik beobachtet, die besonders bei sehr stark verwurmten Fohlen auftritt. Durch das plötzliche Absterben großer Wurmmengen kann es im Darm des Pferdes zu Verdauungsstörungen und – wegen der Zersetzung der abgetöteten Würmer durch die Verdauungssäfte – zu leichten Vergiftungen kommen. Der Tierarzt erkennt dies an einer vorübergehenden Freßunlust und an den angelaufenen Beinen der Tiere.

21. Kapitel

Die Anatomie des Pferdes

1. Das Skelett des Pferdes (Abb. 19 bei S. 161)

Es gliedert sich in *Kopfskelett* (1–3), *Skelett des Stammes* (4–17) mit Wirbelsäule, Rippen und Brustbein sowie Skelett der Gliedmaßen, bei dem *Skelett der Schultergliedmaßen* (18–27) und *Skelett der Beckengliedmaßen* (28–37) unterschieden werden.
Das Kopfskelett besteht aus dem *Oberschädel* (1) mit dem Gesichtsschädel, der die Nasenhöhle begrenzt und die *Augenhöhle* (3) bildet, und dem Hirnschädel, der als knöcherne Hülle das Gehirn umgibt, sowie aus dem *Unterkiefer* (2). An der Schädelbasis liegen die Austrittsöffnungen der meisten Gehirnnerven. Oberschädel und Unterkiefer sind im Kiefergelenk (a) gelenkig miteinander verbunden. In den Zahnfächern (Alveolen) des Oberschädels und Unterkiefers stecken die Schneide-, Eck- und Backenzähne als Hartgebilde der Mundhöhle.
Die *Wirbelsäule* setzt sich aus 7 *Halswirbeln* (4–6), 18 *Brustwirbeln* (7–8), 6 *Lendenwirbeln* (9–10), 5 *Kreuzwirbeln,* die zum Kreuzbein (11) verwachsen sind, und 15 bis 21 *Schwanzwirbeln* (12–13) zusammen. Die Wirbelsäule wird bis zu den ersten Schwanzwirbeln vom Wirbelkanal durchzogen. Darin liegt das Rückenmark. Es endet im Anfangsbereich des Kreuzbeines. Durch Zwischenwirbellöcher treten die Rückenmarksnerven aus. Der 1. Halswirbel (Atlas) (4) bildet mit dem Hinterhauptbein des Oberschädels das 1. Kopfgelenk (b) und mit dem 2. Halswirbel (Umdreher) (5) das 2. Kopfgelenk (c). Alle anderen benachbarten Wirbel sind durch Zwischenwirbelscheiben verbunden. Große Gelenkfortsätze an den Halswirbeln ermöglichen durch kräftige Halsmuskeln die starke Beweglichkeit des Halses.
Die vorderen Brustwirbel haben hohe Dornfortsätze (7), die die Grundlage des Widerristes bilden. Die durch Ineinandergreifen von Fortsätzen an den einzelnen Brust- und Lendenwirbeln fester gefügten Abschnitte der Wirbelsäule beteiligen sich an der Brückenkonstruktion des Rumpfes, die von den vier Gliedmaßen

als Pfeiler getragen wird. Auch nehmen die Lenden- und Brustwirbel über das Kreuzbein den Schub von der Hintergliedmaße bei der Vorwärtsbewegung auf. Die beweglichen Schwanzwirbel können u. a. als «Steuerorgan» wirken.
Die paarig ausgebildeten 18 Rippen gliedern sich jederseits in 8 wahre oder *Tragrippen* (14) und 10 falsche oder *Atmungsrippen* (15). Jede Rippe hat einen knöchernen und einen knorpeligen Anteil. Beide sind im Rippenknie zusammengefügt. Die Knorpel der Tragrippen verbinden sich mit dem *Brustbein* (17), die Knorpel der Atmungsrippen legen sich jederseits zum *Rippenbogen* (16) aneinander. Brustwirbel, Rippen und Brustbein bilden zusammen den knöchernen Brustkorb. Im kopfwärtigen Drittel der Seitenfläche des Brustkorbes kommt es zur rein muskulösen Verbindung zwischen dem Skelett des Stammes und dem der Schultergliedmaßen. Im Schultergürtelbereich befindet sich nur das *Schulterblatt* (18). Ein Schlüsselbein fehlt dem Pferd; es wird durch einen Sehnenstreifen im Kopf-Hals-Armmuskel vertreten. Das *Oberarmbein* (19) bildet mit dem Schulterblatt das Bug- oder *Schultergelenk* (d) und mit den Unter- oder Vorarmknochen *Speiche* (20) und nur unvollständiger *Elle* (21) das *Ellbogengelenk* (e). Oberarmbein, Speiche und Elle gehören zum Skelett der Gliedmaßensäule, auf die das Skelett des Vorderfußes mit *Vorderfußwurzelknochen* (22), *Vordermittelfußknochen* (23) und *Zehenknochen* (24–26) folgt. Zwischen den in zwei Reihen angeordneten Vorderfußwurzelknochen, von denen das *Erbsenbein* (22') als Hebelarm zum Muskelansatz herausragt, sowie dem Unterarm- und dem Vordermittelfußskelett ergeben sich drei Gelenkspalten, die funktionell als *Vorderfußwurzelgelenk* (Karpalgelenk) (f), fälschlich als Vorderknie bezeichnet, zusammengefaßt werden. Von den drei Vordermittelfußknochen ist der mittlere, das *Röhrbein* (23'), als stärkster Knochen in diesem Gliedmaßenabschnitt vollständig ausgebildet, während die beiden hinten seitlich von ihm gelegenen schwächeren die *Griffelbeine* (23") darstellen. Das Skelett der Zehe besteht aus drei Gliedern: *Fesselbein* (24), *Kronbein* (25) und *Hufbein* (26). Dem Hufbein ist jederseits ein Hufknorpel angefügt. Mit dem Röhrbein bildet das Fesselbein, unterstützt durch zwei Sehnenbeine, *Gleichbeine* (27), das Zehengrundgelenk oder *Fesselgelenk* (g).

Fesselbein und Kronbein gelenken im Zehenmittelgelenk oder *Krongelenk* (h) und Kronbein mit Hufbein, unterstützt durch ein weiteres Sehnenbein, das Strahlbein (26'), im Zehenendgelenk oder *Hufgelenk* (i). Über das Strahlbein gleitet die tiefe Beugesehne hinweg. Sie bildet mit dem Strahlbein und einem zwischengelagerten Schleimbeutel die Hufrolle (Hufrollenentzündung!, s. S. 31).

Das Skelett der Beckengliedmaße verbindet sich über das knöcherne Becken (Gliedmaßengürtel) in einem straffen Gelenk (Kreuzdarmbeingelenk), das nur wenig Bewegungsspielraum beläßt, mit dem Kreuzbein. Das Becken besteht aus den beiden *Hüftbeinen* (28). Jedes Hüftbein setzt sich aus Darmbein, Schambein und Sitzbein zusammen. *Hüfthöcker* (28'), *Kreuzhöcker* (28") und *Sitzbeinhöcker* (28"') dienen dem Ansatz von Muskeln und treten nur bei mageren, muskelschwachen Pferden unter der Haut deutlich in Erscheinung. Eine Gelenkpfanne bildet mit dem Kopf des *Oberschenkelbeines* (29) das *Hüftgelenk* (k), das von einem hebelartigen Muskelfortsatz überragt wird. Mit den Unterschenkelknochen, *Schienbein* (30) und *Wadenbein* (31), stellt das *Oberschenkelbein* (29) die Gliedmaßensäule dar. Das Kniegelenk setzt sich aus zwei Gelenken zusammen, dem *Kniescheibengelenk* (l) und dem *Kniekehlgelenk* (m). Im Kniescheibengelenk gleitet die *Kniescheibe* (29'), ein starkes Sehnenbein im Streckmuskel des Kniegelenkes, auf einer Gelenkwalze vornunten am Oberschenkelbein. Zwei kräftige Gelenkknorren des Oberschenkelbeines bilden mit dem Schienbein das Kniekehlgelenk (m). In der sogenannten Hankenbiege wird das Kniegelenk der belasteten Gliedmaße durch gleichzeitige Wirkung von Streck- und Beugemuskeln in labiler Beugestellung gehalten, wobei die Kniescheibe, unter der Haut sichtbar, auf ihrer Gelenkwalze leicht auf- und abwärtsgleitet.

Wie an der Schultergliedmaße die Elle, so ist an der Beckengliedmaße das Wadenbein im unteren Abschnitt während der Stammesentwicklung des Pferdes zurückgebildet. Mit dieser Rückbildung geht auch die der Griffelbeine und damit der Verlust von Zehen am Pferdefuß sowie die Aufrichtung der letzten Zehe auf ihre Spitze, das 3. Zehenglied, Hufbein, einher. Das Pferd ist zu einem Zehenspitzengänger geworden. So gelenkt beim Pferd nur noch das Schienbein mit den *Hinterfußwurzelknochen* (32). Diese sind in drei Reihen angeordnet und bilden untereinander sowie mit den *Hintermittelfußknochen* (33) vier Gelenkspalten, die funktionell als *Hinterfußwurzel-* oder Sprunggelenk (Tarsalgelenk) (n) zusammengefaßt werden. Tastbar von den Hinterfußwurzelknochen sind das *Rollbein* (32') und das *Fersenbein* (32'') als Hebelarm für den Ansatz des Fersensehnenstranges. Eine sehnige Spannsägenkonstruktion zieht bei einer Beugung des Kniegelenkes die Beugung des Sprunggelenkes nach sich. Die Hintermittelfußknochen (33) setzen sich aus *Röhrbein* (33') und zwei *Griffelbeinen* (33'') zusammen. Die Zehenknochen *Fesselbein* (34), *Kronbein* (35) und *Hufbein* (36) sowie die *Gleichbeine* (37) und das *Strahlbein* (36') beteiligen sich wie bei den Schultergliedmaßen an der Bildung von *Fesselgelenk* (o), *Krongelenk* (p) und *Hufgelenk* (q). Die Hufrolle ist seltener überbeansprucht.

2. Atmungsorgane und Herz (Abb. 20 u. 21 bei S. 176/177)
Das Nasenloch führt in die *Nasenhöhle* (a), die durch die Nasenscheidewand in eine rechte und linke Hälfte unterteilt wird. In der Nasenhöhle liegen die beiden großen *Nasenmuscheln.* Der Nasenhöhle schließt sich über dem Nasenrachengang der einheitliche *Atmungsrachen* (b) an. Von diesem führt jederseits ein Zugang (mit Pfeil) zum *Luftsack* (c). Beide Luftsäcke umlagern Dach und Seitenwände des *Rachens* (b, i). Bei Entzündungen der oberen Luftwege (Husten) kann sich in den Luftsäcken Eiter ansammeln. Der *Kehlkopf* (d), hier in Atmungsstellung abgebildet, reguliert die Luftzufuhr zu den Lungen und ist das Organ der Stimmbildung. Die Stimmlippen, deren Lähmung das Kehlkopfpfeifen verursachen kann, begrenzen den Zugang zu den seitlichen *Kehlkopftaschen* mit. Dem Kehlkopf schließt sich die *Luftröhre* (e) an. Sie verläuft zuerst am unteren Halsrand, wo eine Metallkanüle eingesetzt werden kann, und tritt dann rechts neben der Speiseröhre durch den vom 1. Rippenpaar (14) seitlich begrenzten Brusteingang. Im Mittelfell gelangt die Luftröhre auf die Herzbasis und teilt sich in einer Gabelung (e') in die beiden Stammbronchien für die rechte bzw. linke Lunge. Jede *Lunge* (lu) liegt in einem Brustfellsack. Dabei umlagern die Lungen das vom Herzbeutel umschlossene *Herz* (f). Aus der linken Herzhälf-

te geht die große *Körperschlagader* (18) hervor und aus der rechten Herzhälfte die *Lungenschlagader* (19). Die hintere Lungengrenze verläuft im Bogen vom letzten Zwischenrippenraum bis zum Ellbogenhöcker. Bei Dämpfigkeit vergrößert sich die Lunge, so daß die Lungengrenze weiter nach hinten-unten verschoben ist. In die Brusthöhle wölbt sich kuppelförmig das *Zwerchfell* (20) als Hauptatmungsmuskel vor und grenzt die Brusthöhle gegen die Bauchhöhle ab.

3. Verdauungsorgane (Abb. 20 und 21 bei S. 176/177)
Sie setzen sich zusammen aus *Kopfdarm* mit Mundhöhle (g) und Schlingrachen (i); *Vorderdarm* mit Speiseröhre (k) und Magen (m); *Mitteldarm* = *Dünndarm* (o) mit Zwölffingerdarm, Leerdarm und Hüftdarm; *Enddarm* = *Dickdarm* (p) mit Blinddarm (18, 19, 20), Grimmdarm, Kolon, großem Kolon (21, 22, 23 sowie 21', 23'), Querkolon, kleinem Kolon (24) und Mastdarm (25); *After* (q), der von zwei Schließmuskeln begrenzt wird (26). In den Kopfdarm münden die Ausführungsgänge der Kopfspeicheldrüsen, Ohrspeicheldrüse, Unterkieferdrüse und Unterzungendrüse, und in den Zwölffingerdarm die Ausführungsgänge der Darmanhangsdrüsen, Leber (le) und Bauchspeicheldrüse.
Ober- und Unterlippe begrenzen die Mundöffnung. Das Dach der *Mundhöhle* (g) bildet der harte Gaumen, und am Boden der Mundhöhle liegt als von Schleimhaut überzogener Muskelwulst die *Zunge* (h). Der Mundhöhle schließt sich der *Schlingrachen* (i) an mit dem weichen Gaumen oder Gaumensegel als Dach. Während der Atmung ragt die Kehlkopfkrone durch den Schlingrachen und eine Öffnung im Schlingrachendach bis in den Atmungsrachen vor. Über dem Kehlkopf liegt der hintere Abschnitt des Schlingrachens, auf den die *Speiseröhre* (k) folgt. An dieser Stelle kann es bereits zu Schlundverstopfungen kommen. Der Halsteil der Speiseröhre liegt zunächst auf der Luftröhre, im Brusteingang links neben der Luftröhre (hier zweiter Engpaß bei Schlundverstopfungen), dann zieht der Brustteil der Speiseröhre im Mittelfell über die Luftröhrengabelung (e') hinweg durch den Speiseröhrenschlitz des Zwerchfells (20) in die Bauchfellhöhle, wo ihr kurzer Bauchteil, etwas links von der Mittelebene, in den einhöhligen *Magen* (m) einmündet. Zwischen Magen und

Zwerchfell liegt die *Leber* (le). Ihr größerer Anteil findet sich rechts der Mittelebene. Auf der linken Seite ist die *Milz* (n) als Abwehrorgan und Blutspeicher dem Magen benachbart. Ihr oberes Ende ist breit, ihr unteres Ende spitz. Leber, Magen und Milz liegen in dem Teil der Bauchfellhöhle, der durch die kuppelförmige Zwerchfellwölbung in den knöchernen Brustkorb hineinragt. Deshalb sind diese Organe einer Untersuchung nicht unmittelbar zugänglich. Bei Magenüberfüllung nehmen Pferde zur Entlastung des Zwerchfells und damit von Atmung und Kreislauf hundesitzige Haltung ein. Dem rechterseits hinter der Leber gelegenen Pförtner des Magens schließt sich der *Dünndarm* (o) mit seinem ersten Abschnitt, dem Zwölffingerdarm, an. Dieser geht in den Leerdarm über, auf den der Hüftdarm folgt. Der *Zwölffingerdarm* (o) beschreibt einen Haken um die rechte Niere (r) und um den mit ihr verklebten Blinddarmkopf (18). Der *Leerdarm* (o) hängt girlandenförmig an seinem Gekröse und erfüllt mit dem kleinen Kolon (24) den linken oberen Quadranten der Bauchfellhöhle. Der *Hüftdarm* zieht in Höhe des 3. bis 4. Lendenwirbels von links nach rechts, wo er in den Blinddarmkopf einmündet. Die Wand des Hüftdarmes hat eine besonders kräftige Muskulatur. Verstopfungen des Hüftdarmes führen zu starker Gasbildung im Dünndarm. Der *Dickdarm* (p) beginnt mit dem *Blinddarm,* der aus Kopf (18), Körper (19) und Spitze (20) besteht. Die Spitze zeigt zum Brustbein (17), der Körper liegt hinter dem Rippenbogen (16) der seitlichen Bauchwand an und der Kopf unter den Lendenwirbeln (9, 10) in der rechten Flankengegend. Aus dem Blinddarmkopf geht das doppel-U-förmig gekrümmte *große Kolon* (21–23) hervor. Es beginnt mit der rechten unteren Längslage (21'), die über die untere Zwerchfellkrümmung in die linke untere Längslage (21) übergeht. Diese leitet in der engen, haarnadelförmigen Beckenkrümmung (22), die sich von links in den Bereich des Beckeneinganges, zuweilen bis hinter den Blinddarmkopf schiebt, in die linke obere Längslage (23) über. Dieser folgt die obere Zwerchfellkrümmung und zuletzt die rechte obere Längslage (23'), die wegen ihrer Ausweitung auch magenähnliche Erweiterung genannt wird. Unter Verengung schließt sich das Querkolon und diesem das kleine Kolon (24) an. Es geht in der Beckenhöhle in den ampullenartig erweiterten *Mastdarm* (25) über, der vom *After* (q) mit seinen beiden kräftigen Schließmuskeln (26) abgeschlossen wird. Der Dickdarm ist durch Bandstreifen und Poschen vom Dünndarm, der eine glatte Oberfläche hat, leicht zu unterscheiden. Verstopfungen des Blinddarmes, des Blinddarmkopfes, der unteren Längslagen, der Beckenkrümmung des großen Kolon und seiner magenähnlichen Erweiterung am Übergang zum Querkolon können Kolik auslösen sowie auch Verdrehungen der linken Lagen des großen Kolon. Die Diagnose kann nur der Tierarzt durch Untersuchung vom Mastdarm aus stellen.

4. Harn- und Geschlechtsorgane (Abb. 20 bei S. 176)

Die harnbildenden *Nieren* liegen neben der Mittelebene unterhalb der Wirbelsäule. Die rechte, herzförmige Niere (r) liegt einige Wirbelbreiten vor der linken und damit in dem Teil der Bauchhöhle, der in den Brustkorb hineinreicht. Sie berührt den rechten Teil der Leber. Die linke, bohnenförmige Niere (r) liegt unter den ersten Lendenwirbeln hinter dem breiten oberen Ende der Milz. Die *Harnleiter* (s) verlaufen seitlich unter den Lendenwirbeln zur Beckenhöhle, wo sie von oben an der Verengung der *Harnblase* (t) zum Harnblasenhals in diese einmünden. Die leere Harnblase liegt zusammengezogen in der Beckenhöhle auf dem Beckenboden. Bei stärkerer Füllung ragt sie bis in die Bauchfellhöhle vor. Der Harnblase schließt sich die *Harnröhre* an, die bei der Stute von unten her in den Scheidenvorhof mündet und beim Hengst nach Einmündung der Samenleiter zur *Harn-/Samenröhre* (x) wird. Beim Hengst nimmt das Beckenstück der Harnröhre auch die Ausführungsgänge der akzessorischen Geschlechtsdrüsen, Samenblase, Vorsteherdrüse und Harnröhrenzwiebeldrüse, auf. Im *Hodensack* (27) liegen, vom Scheidenhautfortsatz umgeben, die männlichen Keimdrüsen, *Hoden* (u). Jedem Hoden ist der *Nebenhoden* (v) angelagert, aus dem der *Samenleiter* (w) hervorgeht. Der Samenleiter tritt im Samenstrang, von Blutgefäßen begleitet, durch den Leistenspalt in die Bauchfellhöhle, von wo aus er in die Beckenhöhle zieht und unter Verdickung zur Samenleiterampulle in das Beckenstück der Harnröhre einmündet. Innen an den Sitzbeinhöckern entspringt mit je einer Wurzel das Begattungsorgan, *Glied (Penis)* (y). Ihm fügt sich die Harn-

Samenröhre an, die mit einem kurzen Fortsatz an der *Eichel* (z) mündet. Der Penis verläuft unter der Haut durch den Zwischenschenkelspalt, seitlich von den Samensträngen gekreuzt. Die Penisspitze mit der Eichel ist von der *Vorhaut* (28) umgeben.
Die hier nicht abgebildeten weiblichen Geschlechtsorgane setzen sich zusammen aus *Eierstöcken, Eileitern, Gebärmutter, Scheide* und *Scheidenvorhof*. Der äußere Abschluß erfolgt durch die *Schamlippen*, in deren unterem Winkel der *Kitzler* gelegen ist. Er wird während der Rosse, aber auch nach dem Harnabsatz vorgestülpt («Blinken»). Eierstöcke, Eileiter und die in zwei Hörner aufgegabelte Gebärmutter liegen vor dem Eingang zur Beckenhöhle in der Bauchfellhöhle, Scheide und Scheidenvorhof über dem Beckenboden zwischen Mastdarm (oben) und Blase sowie Harnröhre (unten). Der Bereich zwischen After und Scham ist der Damm. Das aus zwei Komplexen zusammengesetzte Euter der Stute hängt vorn im Zwischenschenkelspalt. Jeder Komplex hat eine kurze Zitze mit zwei Strichkanälen.

5. Zentrales Nervensystem (Abb. 20 und 21 bei S. 176/177)

Das *Gehirn* (29) wird in der Schädelhöhle von den Hirnschädelknochen umschlossen. Über das Hinterhauptloch steht es mit dem *Rückenmark* (30) in Verbindung, das im Wirbelkanal verläuft und in Höhe der ersten Kreuzwirbel endet. Das Ende des Wirbelkanales wird nur noch von Kreuz- und Schwanznerven durchzogen. Aus der Halsanschwellung des Rückenmarkes im unteren Halsbereich gehen die Wurzeln für das Armgeflecht, das die Nerven für die Schultergliedmaßen entläßt, und aus der Lendenanschwellung im Lendenbereich die Wurzeln für das Lendenkreuzgeflecht, das die Nerven für die Beckengliedmaßen entläßt, hervor. Die Nerven treten jeweils durch Zwischenwirbellöcher aus dem Wirbelkanal aus.

6. Zum Kopf-Hals-Bereich (Abb. 20 und 21 bei S. 176/177)

Von den Lymphknoten sei auf den Unterkieferlymphknoten (3) im Kehlgang verwiesen. Bei Druse schwillt dieser Lymphknoten stark an und führt häufig zur Vereiterung. – Hinter dem Kehlkopf ist am Anfang der Luftröhre jederseits die Schilddrüse gelegen. – Unter der Haut der Ganaschengegend (3') erstreckt sich vom

Ohrgrund bis zum Kehlgang die Ohrspeicheldrüse (Schmerz bei starker Beizäumung, Ganaschenzwang). – In der Drosselrinne (5) verläuft oberflächlich unter der Haut eine große Vene (Drosselvene), in die der Tierarzt intravenöse Injektionen vornimmt.

Register